# "资源诅咒"与拉美国家初级产品出口型发展模式

*Resource Curse and The Development Model of Exporting Primary Commodities in Latin America*

赵丽红 著

中国社会科学院
拉丁美洲研究所
INSTITUTO DE AMERICA LATINA
ACADEMIA DE CHINA DE CIENCIAS SOCIALES

当代世界出版社

图书在版编目（CIP）数据

"资源诅咒"与拉美国家初级产品出口型发展模式／赵丽红著.—北京：当代世界出版社，2010.10
ISBN 978-7-5090-0689-4

Ⅰ.①资… Ⅱ.①赵… Ⅲ.①资源经济学—研究—拉丁美洲 Ⅳ.①F173.045

中国版本图书馆 CIP 数据核字（2010）第 204062 号

| | |
|---|---|
| 书　　名： | "资源诅咒"与拉美国家初级产品出口型发展模式 |
| 出版发行： | 当代世界出版社 |
| 地　　址： | 北京市复兴路4号（100860） |
| 网　　址： | http://www.worldpress.com.cn |
| 编务电话： | （010）83908403 |
| 发行电话： | （010）83908410（传真） |
| | （010）83908408 |
| | （010）83908409 |
| | （010）83908423（邮购） |
| 经　　销： | 新华书店 |
| 印　　刷： | 北京才智印刷厂 |
| 开　　本： | 880毫米×1230毫米　1/32 |
| 印　　张： | 9.875 |
| 字　　数： | 248千字 |
| 版　　次： | 2010年10月第1版 |
| 印　　次： | 2010年10月第1次 |
| 书　　号： | ISBN 978-7-5090-0689-4 |
| 定　　价： | 26.00元 |

如发现印装质量问题，请与承印厂联系调换。
版权所有，翻印必究；未经许可，不得转载！

# 《拉美研究丛书》编委会名单

**名誉主编：** 成思危

**顾　　问**（按姓氏笔画为序）：
　　　　苏振兴　李北海　李金章　陈凤翔　洪国起
　　　　原　焘　蒋光化　裘援平　蔡　武

**主　　编：** 郑秉文

**编　　委**（按姓氏笔画为序）：
　　　　王　华　王宏强　王晓德　刘纪新　刘承军
　　　　杨万明　吴白乙　吴志华　吴国平　吴洪英
　　　　沈　安　宋晓平　张　凡　陈笃庆　林被甸
　　　　郑秉文　赵雪梅　贺双荣　袁东振　柴　瑜
　　　　徐世澄　徐迎真　康学同　曾　钢　韩　琦

**学术秘书：** 刘东山

# 《拉美研究丛书》总序

拉美和加勒比地区共有33个国家，总人口5亿多，经济总量高达1.8万亿美元，在世界政治和经济中发挥着越来越重要的作用。中国与拉美和加勒比地区虽然相距遥远，但友好交往源远流长，在政治、经济、文化等方面的交流与合作具有广阔的发展前景。拉美和加勒比地区是我国实施和平外交政策的重要对象，也是共同构筑和谐世界的重要伙伴。

我国历代领导人都十分重视发展与拉美和加勒比地区国家的关系。早在1988年，邓小平以其深邃的战略家的眼光，对世界发展的前景作出了这样的预言："人们常讲21世纪是太平洋时代……我坚信，那时也会出现一个拉美时代。我希望太平洋时代、大西洋时代和拉美时代同时出现。"他还指出："中国的政策是要同拉美国家建立和发展良好的关系，使中拉关系成为南南合作的范例。"2004年，胡锦涛总书记提出了要从战略高度认识拉美的重要指示。2004年11月12日，胡锦涛主席在巴西国会作演讲时指出，中拉关系在不远的将来能够实现如下发展目标：（1）政治上相互支持，成为可信赖的全天候朋友；（2）经济上优势互补，成为在新的起点上互利共赢的合作伙伴；（3）文化上密切交流，成为不同文明积极对话的典范。

我国与拉丁美洲和加勒比地区国家在争取民族解放、捍卫国家独立、建设自己国家的事业中有着相似的经历，双方在许多重大国际问题上有着相同或相似的立场。我国高度重视拉美在维护世界和平、促进共同发展方面所发挥的积极作用；越来越多的拉美国家领导人也认识到中国的重要性，对与中国的交往及合作持积极态度。

作为中国—拉丁美洲友好协会的会长，我非常高兴地看到近年来中拉关系发展迅速。许多拉美国家的国家元首、政府首脑纷纷到中国来访问，中国国家领导人也曾多次访问拉美。特别是2004年11月胡锦涛主席访问了阿根廷、巴西、智利和古巴四国；2005年1月，曾庆红副主席又访问了墨西哥、秘鲁、委内瑞拉、特立尼达和多巴哥以及牙买加。至今中国与委内瑞拉建立了"共同发展的战略伙伴关系"，与巴西、墨西哥和阿根廷建立了"战略伙伴关系"，与智利建立了"全面合作伙伴关系"。我国全国人民代表大会与许多拉美国家的议会都保持着较密切的交往，中国现在已经成为美洲国家组织和拉美议会的观察员，和里约集团、安第斯共同体、加勒比共同体、南方共同市场都有联系。中国与拉美国家在经贸领域中的合作也已全面展开。在1993~2003年的十年中，中拉贸易额增长了近六倍。2005年，中拉贸易额首次超过500亿美元。

中国社会科学院拉丁美洲研究所是国内唯一专门从事拉丁美洲研究的科研机构，成立于1961年。长期以来，该所科研人员完成了大量科研成果，为党和国家的决策做出了一定的贡献。从2006年开始，他们在这些研究成果的基础上，出版一套《拉美研究丛书》，以满足我国外交部门、企业界、高等院校、科研机构、媒体以及公众对拉美知识的需求。我深愿这套丛书的出版能增进中国各界对拉美的了解，也将对促进中国与拉美和加勒比地区的友谊及合作作出应有的贡献。

成思危

2006年5月2日

# 前　言

自 1993 年奥提（R. M. Auty）在《矿业经济的可持续发展：资源诅咒》中首次提出"资源诅咒"（resource curse）的概念以来，资源诅咒假说（The Resource Curse Hypothesis）或资源诅咒命题（The Resource Curse Thesis）逐渐发展成为一个新兴的经济学理论。所谓资源诅咒，是指在自然资源丰富的国家和地区，虽然拥有较好的资源禀赋，却未能给这些国家和地区带来富足的生活，出现了经济发展速度和水平长期低下、收入分配极不平等、人力资本投资严重不足、腐败和寻租活动盛行、内战频繁等一些不利于经济持续增长的现象。

对世界许多国家发展进程进行的实证研究表明，在一个较长的时间范围内，资源丰裕国家的经济增长速度很缓慢，甚至是停滞的。1965～1998 年，全世界低中收入国家的人均 GNP 以年均 2.2% 的速度递增，而同期，石油输出国组织成员国（OPEC）的经济增长率却下降了 1.3%。1970～1998 年，在全球 65 个资源相对丰裕的国家中，只有 4 个国家（印度尼西亚、马来西亚、泰国和博茨瓦纳）的人均 GNP 年增速达到 4%，而东亚的一些资源匮乏的经济体（中国香港、新加坡、韩国和中国台湾）的经济增长却超过了发达国家的平均水平。

拉美是世界上自然资源最丰裕的地区，尤其拥有人类经济社会发展所需的各种矿产、能源资源以及各类农、林、畜、渔产品。由于各种原因造成了许多拉美国家的经济结构单一，严重依赖某种或少数几种自然资源出口,出现了明显的"资源诅咒"效应。因此,拉美国家是"资源诅咒"的重点研究对象。国外学术界关于拉美"资源诅咒"问题的比较研究、案例研究和实证研究文献层出不穷,但国内学术界鲜有类似研究。对拉美"资源诅咒"效应的研究是一个复杂的、系统的、综合性的工程,因此,本书以拉美经济的典型特征——初级产品出口型发展模式作为研究的切入点,在按纵向时间序列梳理拉美初级产品出口型发展模式的发展历程的过程中,验证拉美国家在经济、社会等方面出现的"资源诅咒"效应。案例研究不可或缺,委内瑞拉和智利同样是("点")资源丰裕的国家,但两国的经济、社会和政治及制度的发展轨迹的差异相当大,委内瑞拉陷入了"资源诅咒",而智利却没有。

"他山之石,可以攻玉"。本书意在通过总结拉美国家在发展过程中所遭受的种种"资源诅咒"问题,以及在解决和应对"资源诅咒"问题上的经验和教训,对我国资源丰裕地区在解决可持续发展问题上提供借鉴和参考。

2005年以来,"资源诅咒"问题也逐渐受到了中国国内学者的关注。大多数实证研究表明,在中国,无论是在地区层面上还是资源型城市都存在着明显的"资源诅咒"现象。从地区层面上看,我国中西部地区是资源密集区,能源、矿产资源一直是西部经济发展的一大优势,而东部沿海大部分地区资源匮乏,资源供给长期不足。但是,中西部省份经济增长却大大落后于东部沿海省份。随着资源的开采,许多资源丰裕中西部地区不是越来越富,反而与东部发达地区的差距越拉越大。中西部地区的资源优势未能转化成经济优势,出现了"富饶的贫困"。中国区域经济增长在长周期上存在的"资源诅咒"效应是中国地区发展差距的一个重要原因。

目前,我国共有煤炭、石油等各类资源型城市118个,其中煤炭城市 63 个，有色金属城市 12 个，黑色冶金城市 8 个以及 9 个石油城市，均表现出"资源诅咒"效应。部分资源型城市的矛盾和可持续发展的问题早在 20 世纪 90 年代末已经显现，进入 21 世纪，我国进入了重化工业阶段，新一轮的资源繁荣期更加剧了这些矛盾和问题。到 2009 年，国务院共确定了 44 个资源枯竭城市，中央财政将予这些资源枯竭城市以财力性转移支付资金支持，促进资源型城市的可持续发展和区域经济协调发展。

在课题研究期间，作者曾几次到榆林、鄂尔多斯、太原、大同、晋中以及新疆部分城市进行实地调研。这些中西部资源丰裕的城市留给我最深刻的印象是：巨大的资源财富与城市开发建设的滞后形成强烈的反差。初入城市，便见烟囱林立，浓烟滚滚，空气污染，刺鼻难闻；低矮老旧的民宅（有的正在开发修建楼房）与鹤立鸡群的豪华大酒店、大商场相伫而立，在颠簸不平的马路上豪华轿车不时飞驰而过……发展中的不公平可见一斑。在深入调研中发现，这些城市都存在着相当大的贫富差距，普通百姓的每月收入只不过几百或上千元，而在资源开发企业以及与其相关的政府机构工作的人每月工资和福利水平远比普通人的收入高出数倍甚至数十倍。少数人的暴富掩盖了多数人的贫穷；财政增长速度大大快于居民收入，财政的富裕掩盖了百姓的贫穷，出现了"企富民贫"、"县富民贫"的现象。这些资源型城市由于过分依赖自然资源产业，其综合抗风险能力很低。当资源枯竭时，剩下的就只有"生态伤痕"：水干了、地陷了、树死了、人走了。可见，解决我国资源型城市的可持续发展问题的确迫在眉睫。

本书分为四大部分，第一部分是第一至三章，第二部分是第四至六章，第三部分是第七章，第四部分是结语。

第一至三章是理论问题的探讨。第一章对"资源诅咒"理论的形成、发展、主要理论模型和观点以及如何摆脱"资源诅咒"的路径选择作了系统的整理。总的来说，自 20 世纪 90 年代中期以来，资源诅咒研究主要集中于两个方向：一是关于贸易条件论、"荷兰病"、人力资本理论、资源—经济类型理论以及资源—冲突理论的讨论；另一个方向是在原有模型中引入政府及政治行为、制度及制度质量，将资源的作用扩展到非生产性利用，并在制度经济学的框架下研究资源的禀赋、制度变迁和制度质量的关系。大量研究表明，所谓"资源诅咒"，并非自然资源具有什么天赋的魔力。资源型经济体的不发达以及相关问题的出现，并不是资源本身的问题，而是与资源开发相关的制度安排的问题。正是这些国家对资源和资源财富的治理失当，才引发了所谓的资源诅咒问题。简单地说，资源诅咒的关键是，把资源财富放错了地方或用错了地方，而不是资源财富本身出了什么问题。因为经济增长取决于自然资源与人的行为，其中人的行为更为重要。资源型经济体出现诅咒现象的问题在于，在骤然繁荣的资源产业以及滚滚而来的资源财富面前，这些国家未及时建立起相应的、合理地使用这些资本的有效框架，资源财富不仅被大量地浪费掉了，而且还带来了其他诸多问题。因此，资源诅咒不过是更深层次诅咒的"替罪羊"。

第二章是回答为什么资源丰裕的发展中国家（如拉美国家）按照比较利益原则出口资源型产品，却未获得较多的贸易利益，反而拉大了与发达国家之间的发展差距？首先要解决一个分析方法的问题，因为古典学派的静态比较成本理论早已不能解释现代国际贸易实践中的问题。随着国际贸易的发展，比较利益理论本身也获得了发展，经历了从古典学派的李嘉图的比较成本理论和新古典学派的赫克歇尔—俄林的生产要素资源禀赋论，到"比较利益陷阱"理论，再到动态比较优势理论和竞争优势理论的演变过程。因此，解答这个问题需要运用动态比较优势理论和竞争优势理论。

包括拉美在内的发展中国家之所以按照比较利益原则出口资

源型产品,却未获得预期的发展目标的原因在于:至今发展中国家出口的仍主要是自然资源密集型的初级产品和劳动密集型的产品,这种靠天然比较优势形成的贸易结构,虽然在一段时期里使发展中国家得到了一些贸易利益,但也强化了发展中国家低水平的产业结构,形成了对发达国家依附性。而且,这种建立在自然禀赋比较优势上的贸易增长动力将随着自然资源或劳动力资源优势的逐步丧失而减弱,从而陷入了"比较利益陷阱"。在短期内,比较优势原则仍适用于包括拉美国家在内的发展中国家,因为从整体上来看,这些国家的经济结构并未发生重大的调整和改变,相反在21世纪初的这一轮资源繁荣期里,许多资源丰裕的发展中国家甚至又重新回到了依赖资源出口的发展道路上。但是,如果发展中国家要想在未来的国际贸易中获得更多的贸易利益,缩小与发达国家的差距,就必须尽快从比较优势战略向竞争优势战略转变。从政府角度,首先应制定战略性的贸易政策和产业政策(通过人力资源投资、技术创新、专业化经济等各种手段以获得内生性比较优势);从产业角度,应优化产业结构;从企业角度,应加速企业的制度创新、管理创新、技术创新和产品创新。只有通过上述三个方面的共同努力,发展中国家在经济全球化的条件下才可能创造新的比较优势和获得国际竞争优势,逐步缩小与发达国家的差距。

第三章是解答在自然资源高价时代,普雷维什—辛格假说是否仍然适用的问题。进入21世纪以来,由于一些新兴发展中大国的迅速发展,引致国际市场上初级产品价格持续上涨,因此有学者提出"普雷维什—辛格假说已被打破"的观点。大量实证研究表明,从长期来看,发展中国家的贸易条件仍在不断恶化,普雷维什—辛格命题至今仍具有适用性和现实意义。随着世界科技水平的不断发展,发展中国家与发达国家之间以及发展中国家内部之间的贸易,主要存在着三个技术层次上的交换:即以初级农矿产品与劳动密集型产品的交换、劳动密集型产品与资本密集型产品的交换，以及资本密集型产品与知识密集型产品的交换。研究表明，每一个处于较高技术分工层次的国家相对于更高技术层次的国家均存在着贸易条件的恶化趋势。只有技术水平越高，一国才越有可能占领市场先机，才能拥有更多的有利贸易条件，实现经济增长。由此可见，贸易条件恶化不在于生产什么产品，而在于生产中所达到的技术水平，最终决定一国在世界体系中的地位的是一国科技发展的水平。国际贸易的竞争实质上是科技实力的竞争，只有不断地增强科技实力，提升产业结构，才能真正改善贸易条件。虽然发展中国家似乎在国际贸易格局中的地位略有改善，但在现阶段的国际经济格局中，发展中国家相对于发达国家在总体上仍处于较低的技术水平上，因此，单凭短期的资源价格上涨导致的贸易条件改善是不稳定的，根本无法打破长期贸易条件恶化的趋势。而且，普雷维什"贸易条件恶化论"揭示的是生产和出口初级产品的发展中国家相对于出口工业制成品的发达国家的贸易条件恶化的一个历史趋势。这一历史趋势是"长期的和总体性的"趋势，不会因为初级产品价格上涨和贸易条件暂时性的改善而改变。

第四至六章是剖析拉美初级产品出口型发展模式不可持续性的原因及其资源诅咒问题。第四章分析了拉美初级产品出口型发展模式不可持续性的原因，并讨论了时下热门的理论争论，即在自然资源高价时代，拉美是否打破了贸易条件恶化论的问题。主要观点是：拉美经济增长不可持续的根源并不在于初级产品出口的发展模式本身，而是在于：（1）没有形成一种资源收益的社会化分享机制，因此无法将资源红利进行公平、有效地分配，强化了经济脆弱性，并恶化了收入分配不均的程度，这些都反过来抑制了经济进一步的发展；（2）没有像亚洲国家那样，在其发展初期应遵循比较利益原则，在有了资本积累之后，就逐渐转向制成品出口，大力发展制造业，从而减少出口收入不稳定性对经济产生不利的影响。由于资源产业的高收益只是短期的，而从长期来看，制造业的投资收益率要远高于资源产业的收益率。而拉美国家总是没有能够利用资源红利来改造其内部的经济和社会结构，所以每当外部产生危机，拉美就会发生增长的断裂。

至于拉美是否打破了贸易条件恶化论的问题，主要观点是：拉美地区始终一直存在着商品生产专门化问题，其贸易条件的变化与初级产品贸易价格的变动之间具有高度的协同性。2003～2008年间，拉美贸易条件的改善完全是由于国际市场需求的带动，而不是通过改造内部经济结构推动的，因此是脆弱的、短暂的和不可持续的。一旦遭受到外部冲击，贸易条件就开始恶化，出口收入减少，经济陷入停滞，甚至是负增长。初级产品贸易条件恶化的趋势在国际贸易中仍是客观存在和不可否认的，加上初级产品价格的波动性很大，短期的贸易条件改善是不稳定的，根本无法扭转初级产品贸易条件恶化的长期趋势。

第五章从经济层面、社会层面和政治层面分析了拉美的"资源诅咒"效应。拉美遭受"资源诅咒"的典型地区，在其发展过程中积累了诸如经济结构失衡、收入分配不公、失业和贫困、社会动荡等深层次的矛盾和问题，陷入了"富饶的贫困"，有些学者甚至将其亦称为"拉美化"现象。"资源诅咒"在经济领域主要表现为：（长期的）低经济增长、经济结构单一性、财政不稳定、高通货膨胀、人力资本不足和创新能力差、就业不足；在社会领域主要表现为：收入不平等和贫困；在政治领域主要表现为：腐败、社会动荡和冲突。

第六章是委内瑞拉和智利的案例分析。委内瑞拉是石油经济，智利是矿业经济，均属于"点资源"丰裕的国家，但两国无论是在经济发展、社会发展还是政治及制度的发展方面都呈现出截然不同的轨迹：委内瑞拉的人均GDP增长率比智利低，且波动性很大。这表明，委内瑞拉具有更高的出口产品集中度，经济严重依赖石油出口，整体经济走势对石油价格的波动具有很强的敏感性和脆弱性。而智利由于多年来的多样化政策，实质是在较大程度上从单一依赖"点"资源（即矿产资源）转变为"点"资源和"散"资源（即农业资源）多样化地发展，使其出口产品集中度大大降低。与委内瑞拉相比，智利的整体经济的抗风险能力更高，因此经济发展较平稳；委内瑞拉的人类发展指数和全球排名均低于智利，其贫困发生率比智利高，且贫困的改善情况也不如智利有效；根据2009年透明国际的全球腐败指数，智利处于轻微腐败，而委内瑞拉处于极端腐败。在制度质量指数的比较中，无论是总体指数还是各项制度质量的指标，委内瑞拉都比智利得分低得多。案例分析的结论是：资源丰裕是经济发展的基础，是经济发展的必要条件却不是充分条件。同样是资源丰裕的国家，委内瑞拉陷入了"资源诅咒"，而智利却没有，两国的经济、社会和政治及制度的发展轨迹的差异相当大。这在很大程度上取决于在发展过程中政府采取的政策（诸如鼓励非矿业部门的发展、出口多样化、设立稳定基金等）是否适当，以及制度和管理（包括严格的财政制度、对腐败的监管等）是否透明有效。可见，"资源诅咒"并不是资源本身的问题，而是人们对资源的使用出现了问题，资源使用的适当，就带来"福音"，使用的不适当，便是"诅咒"。

  第七章分析中国的"资源诅咒"问题。从中国地区层面、典型地区、单要素分析以及不同类型资源产业这四个方面分析了中国存在的"资源诅咒"效应。借鉴国外应对"资源诅咒"效应的经验教训，对于存在"资源诅咒"的地区给出的政策建议是：(1)提高资源的开采率，避免过度开采的短期行为；(2)开发与环境保护并重，建立和完善生态环境补偿机制；(3)调整和优化产业结构，大力发展新兴产业；(4)加大人力资本投入，培育经济增长新的动力；（5）改革现行的资源税，增强地方财政能力；（6）设立资源基金，增强经济体的抗风险能力；（7）提高资源租的使用效率，建立有效透明的监督机制；（8）改变资源收入分配不合理，促进资源地区经济社会的和谐发展；（9）推进制度改革，减少寻租和腐败。

最后的结论部分是关于"后资源经济"时代资源开发新模式的探索。所谓"后资源经济"时代，是指现阶段的经济发展不可能再像以往那样依赖于资源要素的大量投入。因为，由于人类长期过度开发和消耗自然资源，一些资源已趋于枯竭状态，自然资源的高价时代已经到来。而且，长期以来的人类活动已经产生了明显的生态灾难如全球气候变暖、自然灾害频发。因此，发展以低能耗、低污染为基础的"低碳经济"已成为世界各国新的共识。2009年在哥本哈根召开的联合国气候变化大会标志着"资源经济"时代的终结和"后资源经济"时代的开启。但是，在人类社会经济发展的任何阶段，资源仍然是最重要的物质基础。为此，无论资源丰裕国家还是资源贫乏的国家，都在加紧研究和探索在这一新背景下的资源开发和利用的新模式。

自墨西哥湾原油泄漏事件之后，人们意识到，石油开采的影响不仅仅在技术层面，还有许多风险是无法控制的，因此"后石油经济"需要创造新的资源消费与生产模式。2010年8月3日，厄瓜多尔政府与联合国开发计划署（UNDP）签署了世界首个绿色石油协议，通过建立信托管理基金的模式向厄瓜多尔提供经济援助，换取厄瓜多尔放弃开发有环保争议的油田，以支持厄瓜多尔保护亚马孙热带雨林地区的生物多样性，避免因石油开采而可能产生的温室气体排放。这个绿色石油协议被称为开创性的协议，因为它不同于以往的任何条款，不是出售石油资产的开采权，而是用来购买石油的"不开采权"或购买"封存"的石油。该协议可以说是一个"先锋"项目，由富裕国家对贫困国家进行财政补偿,而贫困国家则放弃开采本国生态重地内的石油资源。但这个方案最终能否达到预期的效果还将拭目以待。但无论如何,绿色石油协议是"后资源经济"时代资源开发新模式的一种具有开创性的探索。

我国也在积极探索如何发展"低碳经济"。在2009年的哥本哈根气候变化大会上我国已承诺,到2020年,中国单位GDP二氧化碳排放比2005年下降40%~45%。目前我国仍然是以煤炭为主、多种能源互补的能源结构,但煤炭仍占65%的比重,这种以煤为核心的能源结构在现在以及以后相当长的时期内都很难改变。煤炭的消耗将成为碳减排的最大阻力。中国目前以煤为主的能源结构和传统煤炭生产和利用的方式在长远看来是不可能持续的,那么中国的资源产业何去何从?应该建立在可持续的基础之上,不仅能给煤炭企业本身带来良好的经济效益,还要有利于社会发展和环境的改善,发展的目的就是要建立一种新型的资源节约、环境友好的煤炭工业体系,即绿色煤炭工业体系,简单的说就是煤炭工业要实现煤炭资源的节约、废弃物的回收与循环再利用、伴生矿产资源的充分利用和环境最小程度的污染。

总之,尽管丰裕的自然资源容易对经济增长产生抑制作用,但这种"诅咒"并非无法破解。一些成功国家发展的经验事实告诉我们,在高质量的政府管理和对资源收入合理分配并在促进增长的其他方面上同时改善的条件下,资源开发完全能够对经济增长起到良好的推动作用。

最后要强调的是,对拉美"资源诅咒"效应的研究是一个复杂的、系统的、综合性的工程,因此,本书的研究不免会有不足或错误。例如,产生资源诅咒的因素很复杂,本书较偏重于经济方面的分析,对政治制度的分析还不够深入;在案例研究中,玻利维亚、阿根廷等国也是相当典型的案例,但由于篇幅和时间的限制,本书只选择了委内瑞拉和智利作对比研究。

# 目 录

总序 ·················································································· 1

前言 ·················································································· 1

**第一章　资源诅咒假说** ························································ 1

　第一节　概念的提出 ·························································· 1
　第二节　资源诅咒现象 ······················································· 3
　第三节　资源诅咒产生的理论观点 ······································· 6
　第四节　摆脱"资源诅咒"的路径选择 ································· 25
　第五节　小　结 ································································ 28

**第二章　比较利益原则与发展中国家的发展悖论** ··················· 30

　第一节　"比较利益陷阱" ················································· 30
　第二节　竞争优势理论 ······················································ 36
　第三节　比较优势理论对发展中国家的适用性 ······················ 44
　第四节　小　结 ································································ 46

**第三章　关于贸易条件恶化论的争论** ··································· 49

　第一节　普雷维什—辛格命题 ············································· 50
　第二节　对普雷维什—辛格命题的检验 ································ 57
　第三节　普雷维什—辛格命题被打破了吗？ ························· 71

第四节 小　结 …………………………………………… 80

## 第四章　拉美初级产品出口型发展模式的不可持续性 ……… 84

第一节 拉美发展进程的断裂 …………………………… 84
第二节 对拉美发展进程断裂的原因分析 ……………… 99
第三节 拉美初级产品出口型发展模式 ………………… 112
第四节 拉美打破了贸易条件恶化论了吗 ……………… 122
第五节 小　结 …………………………………………… 132

## 第五章　"资源诅咒"在拉美 ……………………………… 136

第一节 "资源诅咒"在经济领域的表现 ……………… 136
第二节 "资源诅咒"在社会领域的表现 ……………… 152
第三节 "资源诅咒"在政治领域的表现 ……………… 161
第四节 小　结 …………………………………………… 164

## 第六章　拉美国家的案例分析 ……………………………… 167

第一节 委内瑞拉的"资源诅咒" ……………………… 167
第二节 智利如何规避"资源诅咒" …………………… 196
第三节 小　结 …………………………………………… 207

## 第七章　中国存在"资源诅咒"吗？ ……………………… 212

第一节 中国地区层面的"资源诅咒"现象 …………… 213
第二节 典型地区的案例研究 …………………………… 230
第三节 "资源诅咒"的单要素分析 …………………… 246
第四节 不同类型资源产业的"诅咒"效应 …………… 255
第五节 小结与政策建议 ………………………………… 260

结语:"后资源经济"时代资源开发利用新模式
　的探索 …………………………………………… 269

参考文献 ………………………………………………… 278

# 第一章 资源诅咒假说

## 第一节 概念的提出

经济增长和发展一直是经济学家们致力于研究的重大问题。长期以来,经济学家们不断探索着增长源问题。自然资源(或禀赋)、物质资本、技术进步、公共秩序与法律乃至信念和价值观,相继成为增长源研究对象。其中,自然资源作为国家财富的重要组成部分,是物质生产活动的必要投入品,是经济赖以发展的重要物质基础,对经济发展具有十分重要的意义。因此,资源相对丰裕的国家应该具有更大的发展潜力。在马尔萨斯(T. R. Malthus)和李嘉图(D. Ricardo)所处的时代,经济学家们对自然资源抱有异乎寻常的崇拜心理,因为有无充足的自然资源支持对于一个农业社会及其随后的工业化社会的持续增长是至关重要的。近代以来的经济发展史也表明,自然资源的确对于一国国民财富的初始积累起到了非常重要的作用,例如美国、澳大利亚、加拿大和斯堪的纳维亚国家的快速工业化就与其丰裕的自然资源密不可分。

但是,自20世纪中期以来,越来越多的资源丰裕国家却纷纷陷入了增长的陷阱,这个事实引起了经济学家们的深思。通过对世界许多国家发展进程进行的实证研究发现,在一个较长的时间范围内,资源丰裕国家比资源匮乏国家的经济增长速度更缓慢,甚至是停滞的。① 新内生增长理论对索洛增长理论的"趋同过程"和"赶超假说"提出了质疑,经济学家们开始从事大量的实证研究,比较各国经济增长速度的差异,从而探寻自然资源丰裕国家的经济增长令人失望的原因。

自1993年奥提(R. M. Auty)在其著作《矿业经济的可持续发展:资源诅咒》中首次提出"资源诅咒"(resource curse)概念以来,资源诅咒假说(The Resource Curse Hypothesis)或资源诅咒命题(The Resource Curse Thesis)逐渐发展成为一个新兴的经济学理论。② 所谓资源诅咒,是指在自然资源丰富的国家和地区,虽然拥有较好的资源禀赋,却未能给这些国家和地区带来富足的生活,出现了经济发展速度和水平长期低下、收入分配极不平等、人力资本投资严重不足、腐败和寻租活动盛行、内战频繁等一些不利于经济持续增长的现象。从世界范围内来看,资源诅咒现象在非洲和拉美地区表现得比较突出,主要是由于这些国家的经济对某种相对丰裕资源的过分依赖所致。尽管在这些自然资源丰裕、以资源型产品占据主导地位的国家,可能会由于资源价格的上涨而实现短期的经济增长,但从长期增长来看,却比那些资源贫乏国家的增长要低得多。在我国,自然资源丰富的山西、东北、西南等地也均出现了类似的现象。人们不禁要问:到底是什么原因使得这些地区的经济发展没有享受到资源的恩惠,反而遭受到了资源的"诅咒"?这便是研究资源诅咒(或资源悖论)现象的核心任务,即揭示自然资源禀赋与经济发展、价格

---

① World Bank, *World Development Report 1999~2000: Entering the 21st Century*, Oxford University Press, 2000.

② R. M. Auty, *Sustaining Development in Mineral Economies: The Resource Curse Thesis*, London: Routledge, 1993.

体系之间的因果关系和作用路径。

## 第二节 资源诅咒现象

资源诅咒对一国经济层面的负面影响是多种多样的,既可以表现为国民产出水平的整体衰减、收入不平等程度的扩大等现象,还表现为坏制度的延续以及战乱频发和政治动荡。

**一、资源丰裕与低经济增长**

奥提对 1960~1990 年间发展中国家经济增长的研究表明,在这 30 年里,资源贫乏国家的平均经济增长率比资源丰裕国家的平均经济增长高 2~3 倍;而且,耕地资源丰裕的国家的平均经济增长率要大大低于资源贫乏且以制造业为主的国家的经济增长率;矿产资源丰裕国家的经济表现是最差的。[1]

萨克斯(J. D. Sachs)和沃纳(A. M. Warner)在 1995 年、1997 年和 2001 年连续发表了三篇论文,对"资源诅咒"理论进行了开创性的实证检验。[2] 他们选取了 95 个发展中国家作为样本,测算 1970~1989 年间这些国家 GDP 的年增长率。回归检验表明,以自然资源为基础产业(农业、矿业和能源产业)的国家中,除了马来西亚和毛里塔尼亚的年增长率超过 2% 之外,其他样本国家的出口与经济增长之间都存在着显著的负相关

---

[1] R. M. Auty, *Resource abundance and Economic Development*, Oxford: Oxford University Press, 2001.

[2] J. D. Sachs and A. M. Warner, "*Natural Resource Abundance and Economic Growth*", NBER Woring Paper w5398, 1995; J. D. Sachs and A. M. Warner, "Fundamental Sources of Long–run Growth", *The American Economic Review*, Vol. 87, pp. 184~188, 1997; J. D. Sachs and A. M. Warner, "The Curse of Natural Resources", *European Economic Review*, Vol. 45, pp. 827~838, 2001.

性。资源型产品（农产品、矿产品和燃料）出口在 GNP 中所占的比重每提高 16%，其经济增长率就下降 1%。即使将更多的解释变量（如制度安排、区域效果、价格波动性等）纳入回归方程，其负相关性仍然存在。

在盖尔布（A. Gelb）关于石油出口国研究以及沙姆斯（M. Shams）关于 OPEC 国家研究的基础之上，[①] 奥提研究了 1970 年以来自然资源丰裕国家的经济崩溃。他将自然资源分为"点资源"（point resources）和"散资源"（diffuse resources）。前者主要是指矿产资源，如煤、石油和天然气等，后者主要是指用于生产农产品的资源。研究表明，在点资源丰裕的国家出现资源诅咒现象更明显、更严重。[②] 世界银行的研究也指出，自 20 世纪 90 年代以来，拥有中等规模矿业部门的国家（即矿业部门出口收入占 GDP 的比重在 6%~15% 之间），其人均 GDP 平均每年下降了 0.7%，拥有较大规模矿业部门的国家（即矿业部门出口收入占 GDP 的比重在 15%~50% 之间），其人均 GDP 平均每年下降了 1.1%，而拥有更大规模矿业部门的国家（即矿业部门出口收入占 GDP 的比重在 50% 以上），其人均 GDP 平均每年下降了 2.3%。[③]

## 二、资源丰裕与收入不平等

奥提还研究了资源丰裕国家的收入不平等现象。在亚洲，如

---

[①] A. Gelb, *Oil windfalls: Blessing or curse?*, Oxford University Press, New York, 1988；M. Shams, "The Impact of Oil Revenues on the OPEC economy", *Energy Economics*, vol. 11, issue 4, pp. 242~242, 1989. 研究表明，在一些 OPEC 国家，石油收入与长期经济增长率之间存在着明显的负相关关系。

[②] R. M. Auty, *Resource abundance and Economic Development*, Oxford: Oxford University Press, 2001.

[③] World Bank, *World Development Report 2000–2001: Attacking Poverty*, Oxford University Press, 2002.

马来西亚和泰国这样的自然资源丰裕国家,其20%最富的人群的收入与20%最穷的的人群的收入比值为9.9,而在资源贫乏的其他亚洲国家和地区,该比值只有6.9;在非洲情况也是如此,在资源丰裕国家这一比值高达17,而在资源贫乏的其他非洲国家,该比值为11.5。①

### 三、资源丰裕与教育的不发达、人力资本投资严重不足

罗斯(M. L. Ross)在研究中发现,资源丰裕国家的人力资本投资严重不足,导致婴儿死亡率处于较高水平。在资源丰裕国家,石油和矿产资源出口与其婴儿死亡率存在着强相关性。矿产资源出口每增加5%,婴儿死亡率就增加12.7%;如果一国经济对石油出口的依赖度上升5%,则婴儿死亡率将增加3.8%。② 萨克斯、沃纳和吉尔瓦逊(T. Gylfason)分别探讨了资源丰裕国家为何对教育投资缺乏积极性。他们认为主要原因是资源开采部门对高素质劳动力的需求严重不足。③ 伯索尔等人(N. Birdsall)通过建立模型考察收入不平等、人力资本投资不足和资源丰裕之间的关系。研究发现,在资源丰裕国家,资源租金往往集中在少数人手中,导致政策往往倾向于某些重点资源行业的发展。而资源型产业是资本密集型产业,它对劳动力的知识和技术要求并不高,从而导致整个社会对劳动力技能的需求降低,人力资本投资开始下降,从而形成恶性循环。研究结果表明,在资源丰裕的国

---

① R. M. Auty, *Resource abundance and Economic Development*, Oxford: Oxford University Press, 2001.

② M. L. Ross, "Does Oil Hinder Democracy?" *World Politics*, No. 53, pp. 325~361, 2001.

③ J. D. Sachs and A. M. Andrew, *Natural Resource Abundance and Economic Growth*, Cambridge, MA, 1997; T. Gylfason, T. Herbertsson and G. Zoega, "A Mixed Blessing: Natural Resources and Economic Growth", *Macroeconomic Dynamics*, No. 3, pp. 204~225, June 1999.

家，儿童入学率和成人识字率均低于资源贫乏国家的指标。①

### 四、资源丰裕与频繁的战乱

对资源的贪婪和私欲是战争的动机，钻石和石油财富没有给非洲和拉美国家带来财富，反而是长期的政治和社会动荡。科利尔—赫夫勒模型（Collier - Hoeffler Model）揭示了内战与人均收入水平、经济增长率和经济结构（用初级产品的出口依赖度来衡量）之间的关系。研究表明，若人均收入翻一番，内战风险将降低一倍；若经济增长率提高一个百分点，内战风险将降低一个百分点；而初级产品出口对内战的影响却不是线性的，当初级产品出口占一国 GDP 的比重达到 30% 时，发生内战的风险最高。②

## 第三节　资源诅咒产生的理论观点

如何解释资源丰裕国家经济增长的不同绩效？自然资源丰裕到底是祝福还是诅咒？为什么资源丰裕国家比资源贫乏国家增长更慢？资源诅咒是如何产生的？这成为 20 世纪 90 年代以来的发展经济学中最令人感兴趣的焦点问题。就已有的研究成果来看，用于解释资源诅咒的理论观点繁多，大致可分为两大类：

### 一、非制度安排的理论观点

（一）贸易条件论

贸易条件论是迄今为止从市场角度讨论资源诅咒问题理论上

---

① N. Birdsall, T. Pinckney and R. Sabot, "*Natural Resources, Human Capital and Growth*", Carnegie Endowment for International Peace Working Paper, 2001.

② P. Collier and A. Hoeffler, "Resource Rents, Governance and Conflict", *Journal of Conflict Resolution*, Vol. 49, No. 4, pp. 625~632, 2004.

争议最少的模型。原因在于，它用新古典静态理论直接推导出资源膨胀如何通过贸易条件影响经济增长的必要条件及其推论。其重要理论成果包括：著名的"贫困化增长"命题（Immiserizing Growth）、雷布钦斯基定理（Rybczynski Theorem）的推论和普雷维什—辛格（Prebisch - Singer）的贸易条件恶化论。①

"贫困增长"命题是用新增的国民收入在新的价格体系下支付的商品量的收入弹性来衡量国民经济福利水平的增减。模型表明，生产的扩张未必带来国民经济的福利水平整体性的提高，导致一国经济陷入贫困化增长陷阱的必要条件是贸易条件的恶化。

雷布钦斯基定理的推论指出，若商品均为正常品，某种资源的增加将使得密集使用该要素的商品的相对价格下降，从而该国的贸易条件得到改善还是恶化将取决于该商品是进口品或是出口品。当两种要素资源同时增长，贸易条件变化的方向将不确定，可能陷入贫困化增长的泥沼。

著名的结构主义学派发展经济学家普雷维什（R. Prebisch）、辛格（H. Singer）和希施曼（A. O. Hirschman）认为，初级商品出口国即使按照比较优势也将不可避免地遭受贸易条件恶化的命运。由于这些初级产品缺乏需求收入和价格弹性，将导致发达的中心工业化国家和贫穷的初级产品出口国之间的"剪刀差"越来越大。

莱文（V. Levin）指出，国际初级产品市场价格的剧烈波动将给初级产品出口国政府制造困境。初级产品出口商品价格的剧

---

① Gandolfo Giancarlo, *International Trade Theory and Policy*, Springer - Verlag, Berlin Heidelberg, 1998; R. Prebisch, *The Economic Development of Latin America and Its Principal Problems*, New York: United Nations, 1950; H. Singer, "The Distribution of Gains Between Borrowing and Investing Nations", *American Economic Review*, No. 40, pp. 473 ~ 485, 1950; A. O. Hirschman, *The Strategy of Economic Development*, New Haven: Yale University Press, 1958.

烈波动往往导致政府的税收大受影响,并进而波及一国的宏观经济政策。此外,从产业联系视角,他还认为资源部门的发展不可能促进甚至有可能阻碍其他部门的发展,因为自然资源开采部门不存在"前向联系"和"后向联系"。而且在许多资源丰裕的国家,其自然资源部门大多都掌握在跨国公司手中,使这些部门成为发达国家的经济飞地,无法带动并促进整个经济的发展。[①]

(二)"荷兰病"(Dutch Disease)

所谓"荷兰病",是指20世纪60年代,在荷兰北海一带发现了丰富的天然气资源,随着天然气的大量开采和出口,荷兰盾变得坚挺,非石油出口的竞争力下降了。人们将这种经济综合征称之为"荷兰病"。"荷兰病"分析模型将一国经济分为三个部门,即可贸易的制造业部门、可贸易的资源出口部门和不可贸易的部门。假设该国经济处于充分就业状态,如果突然发现了某种自然资源或者是自然资源的价格意外上涨,将导致两个后果:一是劳动和资本转向资源出口部门,则可贸易的制造业不得不花费更大的代价来吸引劳动力,使制造业劳动力成本上升,从而打击了制造业的竞争力。同时,由于出口自然资源带来外汇收入的增加使本币升值,进一步打击了制造业的出口竞争力,这被称为资源转移效应。在资源转移效应的影响下,制造业和服务业同时衰落;二是自然资源出口带来的收入增加会增加对制造业和不可贸易的部门的产品的需求。但此时对制造业产品需求的增加却是通过进口国外价格相对较低的同类制成品来满足的,这对本国制造业又是一个灾难。但是,不可贸易部门的产品需求的增加则无法通过进口来满足,因此在一段时间后,本国的服务业会重新繁荣,这被称为支出效应。"荷兰病"的典型表现是,在自然资源

---

[①] V. Levin, "*The Export Economies: Their Pattern of Development in Historical Perspective*", Cambridge, Mass., 1960.

丰裕的发展中国家制造业逐渐衰落。制造业承担着技术创新和组织变革甚至培育企业家的使命,而自然资源开采部门往往缺乏联系效应和外部性,甚至对人力资本的要求也相当低。所以,一旦制造业衰落,发展中国家的人力资本外流将是必然趋势。因此,即使服务业繁荣,一旦制造业衰落,就长期而言,发展中国家国民经济也难以健康发展。①

但是,"荷兰病"模型并不能完全解释发展中国家的资源诅咒问题。因为"荷兰病"模型的假设前提是,在资源出口繁荣之前存在充分就业且资本是固定的,这肯定是不符合发展中国家的实际情况。在发展中国家,明显存在着劳动力绝对过剩和资本的严重不足。按照"荷兰病"模型的分析思路,由于发展中国家劳动力过剩,资源部门的意外繁荣会使得过剩的劳动力转向繁荣的资源产业,但同时并不会提升制造业的工资水平,因此资源转移效应中所说的劳动力成本上升未必发生。另外,发展中国家制造业的中间产品大都需要进口,如果汇率升值,本国的制造业未必会失去竞争力,而不是像"荷兰病"模型中所说的制造业一蹶不振。尽管如此,"荷兰病"模型仍具有重要意义,其价值在于它强调了本土的制造业在发展中国家经济增长中的决定性作用。这一观点与后来一些学者从新增长和人力资本视角研究资源挤出效应不谋而合。

(三)人力资本论

一些经济学家试图从新增长和人力资本视角来解释"资源诅咒"效应,探讨资源丰裕国家为何对教育投资缺乏积极性,以及丰裕的资源如何挤出人力资本要素的深层次机制。他们认

---

① W. M. Corden and J. Peter Neary, "Booming Sector and Deindustrialization in a Small Open Economy", *The Economic Journal*, 92, December, pp. 1~24, 1982; W. M. Corden, "*Booming Sector and Dutch Disease Economics: Survey and Consolidation*", Oxford Economic Papers 36, pp. 359~380, 1984.

为，膨胀的自然资源具有挤出效应，即自然资源挤出了推动经济增长更重要的一些要素如教育。

吉尔瓦逊等人的实证研究发现，在资源丰裕度高的国家，资源开采部门本身对熟练或高素质劳动力的需求严重不足。大多数自然资源大国忽视教育的公共支出，其教育投入占GDP的比例普遍较低，中学的入学率均低于全世界平均水平，不关注人力资本的积累，导致自然资源挤出人力资本。因此，这些国家人力资本的缺乏是导致资源诅咒的关键，这和现代经济增长理论中罗默模型和卢卡斯模型的结论是一致的。[1]

穆尔希德（S. M. Mushed）等人的研究表明，在发生资源诅咒的国家，其政权往往是由一小撮醉心于资源租金的精英所控制。资源收益主要被用于进口消费品，即使有一些生产性投资也主要集中于国内消费品领域，有些国家甚至将资源收益中相当大的一部分用于购买军事装备，而很少用于国内的基础设施、教育等具有正外部性的公共产品或准公共产品的投资。主要原因是，基础设施和人力资本从投资到产生收益通常具有一个较长的滞后期，而精英阶层对未来基础设施和人力资本收益的折现值则很低。[2]

伯索尔等人将收入不平等、人力资本投资不足和资源丰裕纳入到一个分析框架内进行研究。一般而言，只有当人力资本投资的回报率超过折现率时，穷人才会投资人力资本，从而实现短期的经济增长；而短期的增长也会对人力资本的持续投资产生促进

---

[1] T. Gylfason, T. Herbertson and G. Zoega, "A Mixed Blessing: Natural Resources and Economic Growth", *Maroeconomic Dynamics*, Vol. 3, pp. 204~225, 1999; T. Gylfason, "Natural Resources, Education and Economic Development", *European Economic Review*, Vol. 45, pp. 847~859, 2001.

[2] S. M. Murshed, "Short - Run Models of Natural Resource Endowment", in R. M. Auty (ed.) *Resource Abundance and Economic Development*, Oxford: University Press, pp. 113~125, 2001.

作用如对学校的需求将会增加。假定其他政策给定,人力资本投资的增加将降低收入不平等程度,从而促进长期经济增长和进一步的人力资本积累。在这个良性循环中,政府及其政策起着至关重要的作用。因为首先,政府应提供教育这种公共产品;其次,要想让穷人投资教育,就必须确保对教育的投资要大于教育的机会成本。因此,政府的发展政策对穷人的选择将产生重要的影响。如果政府的经济发展政策强调的是对劳动力技能的需求以增强国际竞争力,无疑会提高人力资本投资的回报率,促使穷人选择投资教育。但是,研究发现,在资源丰裕的国家,这一良性循环往往无法出现或者是被打破了。因为资源租金往往集中在少数人手中,导致政府的政策往往倾向于某些重点资源行业的发展。而资源型产业是资本密集型产业,它对劳动力的知识和技术要求并不高,从而导致整个社会对劳动力技能的需求降低,人力资本投资开始下降,从而形成恶性循环。研究结果表明,在资源丰裕的国家,儿童入学率和成人识字率均低于资源贫乏国家的指标。[1]

(四)资源—经济类型论

穆尔希德在萨克斯等人的研究基础上,将资源—经济类型分为点资源型经济(point-resource economies)和散资源型经济(diffused resource economies)。所谓点资源型经济,是指一国的经济产业主要集中于少数几个资源型企业或行业;散资源型经济则是指一国的经济结构呈现多元化的特点。实证研究表明,经济长期快速增长的东亚国家多属于散资源型经济,而发生资源诅咒的国家如拉美国家、非洲和中东国家均属于点资源型经济。因此,穆尔希德认为,资源诅咒的本质并不在于资源丰裕度,而在于资源—经济的类型。如果一国的经济单纯依赖于少数几种资源

---

[1] N. Birdsall, T. Pinckney and R. Sabot, "*Natural Resources, Human Capital and Growth*", Carnegie Endowment for International Peace Working Paper, 2001.

的生产和出口如石油或矿产等,这些资源型产业的产值在该国GDP中所占比重相当大,就会形成所谓的点源型经济。单一的资源如石油和矿产,会导致该国的生产、资本、技术和人力资源都向某种资源产业集中,结果是本来就处于弱势的农业和加工业进一步弱化,从而使整个经济基础遭到破坏。从长期来看,一旦资源繁荣消失,资源型和非资源型产业均会遭受衰退,经济增长停滞。①

(五) 资源—冲突论

艾迪生 (T. Addison) 等人指出,在那些冲突管理制度薄弱、收入不平等严重的国家,面对突如其来的资源繁荣时,会导致贪婪和社会长期积累的不满爆发,增加了国家陷入冲突的危险。贪婪是获得更多财富的欲望,是产生冲突的重要动机。资源的价格提高,使社会各阶层(团体)的期望收益增加;社会不满的根源是由于政府对不同团体和阶层提供差别化的经济利益造成的,特别是当政府不能为社会公众提供普遍的安全和最低限度的公共产品时,被歧视者就会依靠亲属纽带结成以种族资本 (ethnic capital) 为基础的"不满阶层(团体)"以获得安全保障和支持。在贪婪和社会不满的驱使下,不同利益团体为了获得更多的自然资源租金,通过犯罪、腐败甚至不惜发动战争来争夺资源的控制权。此时,政府为确保政权,就会大量增加军事开支,挤占其他方面的公共支出。当资源租金成为可观的"奖金"时,暴力冲突就不断发生,结果是资源收益成为了各方用于冲突的费用,破坏了国家的经济基础,增长难以实现。②

---

① S. M. Murshed, "Short – Run Models of Natural Resource Endowment", in R. M. Auty ( ed. ) *Resource Abundance and Economic Development*, Oxford: University Press, pp. 113 ~ 125, 2001.

② T. Addison and S. M. Murshed , "On The Economic Causes of Contemporary Civil Wars', in S. M. Murshed ( ed. ), *Issues in Positive Political Economy*, London: Routledge, pp. 22 ~ 38, 2002.

**二、制度安排的理论观点**

近年来,在制度经济学的框架下解读"资源诅咒"命题的实证研究成为新的研究方向。所谓制度,是指行为主体在政治、经济等活动中所必须遵循的规则体系。对于资源丰裕国家或地区而言,面临突如其来的资源繁荣和大量收入,由于缺乏相应的制度预备及有效监督,使得其他生产要素沦为资源的附庸。原有的经济平衡被打破了,形成了以资源开发为动力、以资源财富为主导的新的发展平衡。制度规范和治理约束是防范资源优势肆虐的最根本途径。资源型经济现象之所以出现,从根本上看,就是资源产权及交易制度、资源开发制度、资源收益分配制度和人力资源开发制度的严重缺失,使资源成为经济活动的主宰性力量,恶化了贸易条件和产业发展生态,扭曲了经济要素的流动方向和配置方式,抑制了技术创新活动,从而导致了资源诅咒现象的发生。

研究结果表明,资源禀赋对制度的发展路径和制度的质量有重要的影响,但同时制度的发展路径和制度的质量会影响长期经济绩效。好的政治、经济制度是经济增长的关键。"好制度"安排是促进生产性的制度安排,能够将资源繁荣所带来的收益投资于基础设施和人力资本,使社会福利最大化,因此能够促进经济的长期增长。而"坏制度"则是掠夺性和与民争利的制度安排,催生寻租、游说和非竞争性的产业,将导致一国陷入诅咒。①

莱特(C. A. Leite)和魏德曼(J. Weidman)在这一领域进行了初步尝试,他们的实证研究表明,富集的矿产资源会产生腐败,而腐败又会阻碍经济的发展。莱特—魏德曼(L-W)模

---

① H. Mehlum, K. Moene and R. Torvik, "*Institutions and the Resource Curse*", Working Paper, http://www.svt.ntnu.no/iso/Ragnar.Torvik/ej_march05.pdf, 2006.

型将腐败作为控制变量以后,发现矿产资源的出口在经济发展回归中并不显著,这意味着一国的矿产资源对该国经济表现没有直接的经济效应,只会通过影响社会"基本制度"这一间接方式影响经济发展。①

萨拉—伊—马丁(Sala-i-Martin)和苏布拉马尼安(A. Subramanian)的实证研究显示,石油和矿产等自然资源会诱发贪婪的寻租行为,弱化一国的制度质量,进而对经济增长施加负的非线性影响,并且这种制度弱化才是"资源诅咒"产生作用的根源所在。制度质量涵盖了法律制度、对财产权的保护、政府官员的责任心与听取社会各界意见的渠道、寻租、官员腐败、政府的效率、浪费等内容。资源丰裕的发展中国家,缺少将其资源收益成功转化为投资所需的投资环境,容易诱导地方精英争抢资源,导致纷争不断,也就没有足够的动力和精力去改善投资环境,提高本国的经济多样化程度,最终形成恶性循环。②

制度理论模型在一定程度上解释了自然资源丰裕地区的不发达以及诅咒问题的出现,并不是资源本身的问题,而是资源开发及相关制度安排的问题。制度的作用是重要的,制度质量低下必定会阻碍经济增长和社会福利的提高。由于制度结构不同,即使自然资源禀赋相似的国家也可能具有不同的发展路径。因此,资源丰裕的国家需要改革和完善连接资源丰裕和经济发展绩效的制度变量,从而变资源诅咒为资源福祉。

坎波斯(N. F. Campos)和纽金特(J. B. Nugent)认为,衡量政治经济制度好坏的标准是建立在一定制度基础上的政府是否具备生产性功能,包括行政部门是否负责任、公共设施是否完

---

① C. A. Leite and J. Weidman, "*Does Mother Nature Corrupt? Natural Resources, Corruption and Economic Growth*", IMF Woring Paper, No. 99/85, June 1999.

② Sala-i-Martin and A. Subramanian, "*Addressing the Natural Resource Curse: An Illustration from Nigeria*", NBER Working Paper w9804, 2003.

善、是否有法制精神、平民能否参与政策制定、政策制定程序是否公开透明，以及是否具有强化的产权和契约等。政府生产性功能的完善程度通常间接地以一国的人类发展指数、单位资本收益、儿童疾病率和成人识字率四个可量化指标来衡量。① 近年来，学术界的相关研究的共同结论是：凡出现资源诅咒的国家，都有一种坏的制度安排；而"坏制度"通常与资源额外的租金有关。

（一）坏制度如何导致"资源诅咒"的主要理论观点

1. 产权理论。自20世纪六七十年代起，虽然许多发展中国家将资源部门被收归国有，但是实际上产权界定不清。由于资源产业的短期回报率非常高，所以即便产权不清也不会阻碍资源产业的发展。但是，资源产业的高投资回报率和产权不明晰必将导致大规模的寻租活动，甚至是战乱。②

2. 企业家才能误配论。该理论观点认为，企业家会在寻租和生产活动之间进行选择，企业家才能既可以用于生产，也可以用于掠夺，主要取决于哪种活动的收益和成本的比较，容易获得的自然资源租金对腐败、掠夺和寻租行为更有吸引力。越是法制薄弱和缺乏契约精神的国家，这种激励就显得越为强烈。高质量制度会使企业家全部成为生产商，低质量制度将会使一部分企业家成为寻租者（或掠夺者）。在后一种情况下，大量的自然资源只能带来较低的国民收入。③

---

① N. F. Campos and J. B. Nugent, "Development Performance and the Institutions of Governance: Evidence from East Asia and Latin America," *World Development*, No. 27, pp. 439~452, 1999.

② A. O. Krueger, "The Political Economy of the Rent-Seeking Society", *American Economic Review*, Vol. 64, pp. 291~303, 1974; G. Tullock, *Rent Seeking*, Brookfield, Vt.: Edward Elgar, 1993.

③ H. Mehlum, K. Moene and R. Torvik, "Institutions and the Resource Curse", *Development of Economics*, Memorandum No. 29, 2002.

具有代表性的研究是让—马里巴尔兰（Jean - Marie Baland）和弗朗索瓦（P. Francois）构建的"二元人力资本选择经济"模型。该模型认为，人力资本进入寻租的机会成本是将人力资本投入企业家行为的回报，当经济进入完全企业家均衡（Full Entrepreneurship Equilibrium）时，人力资本从事企业创新活动相对收益较大，相反，经济进入寻租均衡状态（Rent - seeking Equilibrium），寻租将最终破坏经济增长的原动力。[①]

哈佛大学著名经济学家施莱弗（A. Shleifer）在论文《论人才的配置》中也谈到，租金的存在对优秀人才的人力资本配置会产生重要影响。如果一国高水平的人力资本主要集中在非生产性活动中竞争额外的"租"，肯定不利于国民经济其他部门的发展。[②]

3. 政治激励论。该理论观点认为，"坏制度"容易导致错误的政治激励。经验研究发现，在那些资源依赖型经济中，资源的膨胀和繁荣可能导致扭曲的政府行动，尤其是公共部门的特定行为。[③]世界银行对非洲国家的研究显示，政策失效既是资源大国经济波动的原因，也是某种与资源相联系的政治体制失败的结果。因此，与其说是经济"资源诅咒"，还不如说是政治"资源诅咒"。

奥提认为，资源丰裕国家，尤其是油气资源丰裕国家容易出现寡头政治统治。政府在小集团控制下会形成强大的部门利益，造成国家的资源开采和生产，通常为了小集团的利益而损害公众

---

① Jean - Marie Baland and P. Francois, "Rent - seeking and Resource Booms", *Journal of Development Economics*, Vol. 61, pp. 527~542, 2000.

② A. Shleifer, K. M. Murphy and R. W. Vishny, The Allocation of Talent: Implications for Growth, *Quarterly Journal of Economics*, May, 1991.

③ D. Newberry, *Natural Resources and the Macroeconomy*, Basil Blackwell, Oxford, 1996.

利益如俄罗斯曾出现过的情况。这种资源行业发展模式会抑制制造业等生产效率高、对国民经济影响大的行业的发展，导致国民经济体系畸形发展。①

罗宾逊（J. A. Robinson）等人基于对非洲和南美等发展中国家的政治体制所作的研究，构建了一个当权者竞争选民的"续任选举"（Re‐elected）模型来论证资源悖论命题。丰裕的资源及其价格上涨，使在位者能够获得更多的资源租金，从而提升了权力的价值。政客们为了获得权力或谋求连任，会倾向于过度攫取资源。而且，资源收益不能在产业之间、投资和消费之间进行合理分配，导致长期经济增长停滞。这反映出自然资源未来收益的低折现率，但实际上反映的是这些国家的制度缺陷如监督机制不健全、决策不透明、信息不对称等。②

梅勒姆（H. Mehlum）、莫尼（K. Moene）和托尔维克（R. Torvik）认为，自然资源丰裕的国家之所以会同时存在经济增长的输家和赢家，关键在于制度的质量。资源诅咒和资源之间的关系可以描述为制度质量被资源丰裕所破坏，并且在资源和经济发展之间构成直接的因果关系，资源和制度质量之间的相互作用表现为：当制度好时，资源丰裕就是福祉；但当制度坏时，资源丰裕就变成资源诅咒。③

萨拉—伊—马丁和苏布拉马尼安对尼日利亚进行的实证研究表明，石油及其他矿产资源的繁荣诱发了市场和经济领域的腐败，弱化了一国的制度质量，进而对长期经济增长施加负的、非

---

① R. M. Auty, *Resource abundance and Economic Development*, Oxford: Oxford University Press, 2001.

② J. A. Robinson, R. Tovik and T. Verdier, "Political Foundations of the Resource Curse", *Journal of Development Economics*, Vol. 79, pp. 447~468, 2006.

③ H. Mehlum, K. Moene and R. Torvik, "*Institutions and the Resource Curse*", Working Paper, http://www.svt.ntnu.no/iso/Ragnar.Torvik/ej_march05.pdf, 2006.

线性的冲击。对"荷兰病"与制度质量进行比较分析发现，石油生产的浪费和腐败现象甚至比"荷兰病"效应对经济长期增长低迷的影响更明显。这种制度上的弱化被认为是资源诅咒的根源。① 科尔霍宁（I. Korhonen）通过对 100 个国家的实证分析，指出政治民主将对资源依赖型国家的经济绩效起到正面作用。②

4. 强权联盟论。该理论观点认为，"坏制度"容易导致一国出现国家的政治强权和经济强权的联盟。强权联盟的目的是最大限度抽取或从社会的其他部分转移租金，这种转移是以社会其他组织和经济一般生产部门的损失为代价的。资源繁荣所带来的意外收益会刺激权力联盟获得超额转移租金的胃口，使这些权势集团变得更加贪婪，要求获得国家收入中的更大份额。贪婪的后果导致生产的边际收益下降、资本的回报率减少和增长率降低。③

5. 诱致性独裁体制论。该理论观点认为，那些拥有丰富矿产、尤其是石油资源的国家都没有走向民主体制或在民主指数上的分值较低。其独裁体制长期持续的原因主要有三个：一是经济财富没有转移到社会和文化进步领域，财富没有成为社会进步的物质基础；二是压制效果，即矿产和石油资源丰裕的国家更倾向于花费更多的财力建立高水准的军事和内部安全装备，以压制内部的愤激；三是寻租的影响，即来自矿产资源的税收被用于向公众行贿，使大众沉默或认可权威。在这些国家，政府提供公共产品的资金主要来自资源租金而非税收，赋税普遍较低。这是因为，税收通常会产生将国家引入民主体制的压力。因此可以说，

---

① Sala-i-Martin and A. Subramanian, "*Addressing the Natural Resource Curse: An Illustration from Nigeria*", NBER Working Paper W9804, 2003.

② Iikka Korhonen, "*Dose Democracy Cure a Recource Curse?*", BOFIT Discussion Papers, No. 18, 2004.

③ P. R. Lane and A. Tornell, "*Voracity and Growth*", NBER Woring Paper W6498, 1998.

这些国家持续的独裁体制是由于丰裕的自然资源诱致形成的。独裁体制的强制性、掠夺性、短视以及对民众长期利益的漠视是出现资源诅咒国家的制度垢病。①

6. 大规模寻租论。该理论观点认为，"坏制度"容易滋生经济生活中的大规模寻租行为。在一个"坏制度"下，当权者唯一关注的是制定和调整制度，其目的是为了在资源租金的博弈中取得优势地位，实现其租金最大化，而非整个社会收益的最大化。而民间资本会由于租金成本上升而减少投资。寻租过程中的浪费使资源的收益分散，生产性投资减少，最终使经济增长受阻。②

托维克（R. Torvik）也认为，资源膨胀助长了寻租活动，由于寻租的规模效应，最终使得资源膨胀带来收入的增长远低于其他主要经济部门收入减少的程度，从而降低了经济社会福利水平。③

巴比埃（E. B. Barbier）认为，任何自然资源的衰落必然需要通过投资其他产品来抵消。但在许多发展中国家，资源丰裕没有转变成产品投资。相反，资源模式与腐败、官僚作风、效率低下、政治特权化有关。如果自然资源租金不被特殊利益集团通过寻租获得，那么这些租金可以用来投资于长期经济增长，从而导致更高的生活水平和经济发展水平。④

穆尔希德在拉姆齐（F. Ramsey）模型的基础上引入寻租行

---

① M. L. Ross, Does Oil Hinder Democracy? *World Politics*, No. 53, pp. 325~361, 2001.

② S. M. Murshed, "*When Does Natural Resource Abundance Lead to a Resource Curse*", IIED – EEP, Working Paper 04 – 01, 2004.

③ R. Torvik, "Natural Resource, Rent – seeking and Welfare", *Journal of Development Economics*, Vol. 67, pp. 455~470, 2002.

④ Edward B. Barbier, "The Role of Natural Resources in Economic Development", *Australian Economic Papers*, Vol. 42, No. 2, pp. 253~272, 2003.

为，建立了一个动态均衡模型，讨论资源繁荣、寻租和经济增长之间的关系。他假定产出中的一部分用于寻租活动并获取租金收益，且租金收益是外生的。在这一假定下，得出了寻租行为会降低资本的有效边际产出和均衡的资本存量的结论。资源繁荣，尤其是点资源的繁荣，形成大量的资源租金，刺激更多的人寻租，从而导致更大比例的产出用于寻租。这种为了获取资源租金而进行的浪费性的寻租博弈导致宏观经济增长崩溃。而且，这种在资源部门的寻租行为在一个地区内会形成一定的扩散效应，加剧了经济下滑的趋势。①

7. 交易费用论。该理论观点认为，"坏制度"必然导致交易费用增加。根据交易费用理论，制度、政治和经济之间的关系是：制度是政治过程的内生产品，反过来，政治活动又受制度的制约；制度与经济之间具有直接关系，即制度设计会加大或减少经济活动中的交易费用。在政治和经济活动中，交易费用增加的原因是相互行动中的机会主义以及对委托的违背。交易费用减少的原因是制度持续性和结果确定性的增加。

而在"坏制度"环境中，难以形成使所有执政党都能执行的规范制度，即使是最适合的制度。由于政治和经济利益的差异及其不同的期望，后任者有违背前任制定的制度和违背委托人意愿的激励，容易出现逆向选择和道德风险，降低制度的可信任度。尽管交易费用理论所涉及的逆向选择和道德风险，并不是发展中国家或资源丰裕度高的国家独有的问题，但在制度环境较差的国家，制度的变化更加随意和普遍，并且往往会朝着更坏的方向发展，出现大量违约、欺诈和政府失信。"坏制度"导致经济活动中交易费用、风险和不确定性增加，使微观经济主体的投资

---

① S. M. Murshed, "When Does Natural Resource Abundance Lead to a Resource Curse", IIED – EEP, Working Paper 04 – 01, 2004.

激励下降。以经济收益最大化为目的的当权者更愿意将资源收益（包括攫取的资源租金）存放在国外银行，而民间投资者宁愿将收益转移到相对风险较小的其他国家而不是留在本国。如此，资源收益无法拉动本国经济增长的消费和投资。①

（二）在出现"资源诅咒"的国家，"坏制度"是如何形成的呢？

1. 出口模式决定论。该理论观点认为，资源诅咒国家的"坏制度"是由出口模式决定的。所谓出口模式，是指一国大宗出口产品的构成，可简单地分为初级产品模式和工业产品模式两大类。该理论的基本思想是：出口模式是一国在较长时间里所形成的，反映的是一国要素禀赋及其比较优势的状况。若一国能从某种出口模式获得较大收益，就会在该国形成加强这种出口模式的制度激励。例如，日本、新加坡、韩国、中国台湾地区等东亚国家和地区从大宗出口工业品中收益，这种收益激励东亚国家形成了生产性政府和制度；而一些拉美和非洲国家是从出口初级产品中获益，这种激励形成的则是掠夺性政府和制度。这其中，点源式经济和咖啡和可可出口国家的制度最具掠夺性，这种制度对经济的增长具有反作用。② 与此相似的是穆尔希德的资源禀赋决定论。穆尔希德认为，在第一次石油冲击后，资源禀赋的类型是"坏制度"形成的关键。因为石油价格上涨，出口收益大幅度增加导致一些国家出现贪婪和贪污的体制，成为掠夺型国家。③

2. 历史经历决定论。该理论观点认为，"坏制度"是由国家

---

① A. K. Dixit, "*Some Lessons from Transaction-Cost Politics for Less-Developed Countries*", 2001, http://www.princeton.edu

② J. Isham, L. Pritchett, M. Woolcock and G. Busby, "*The Varieties of Resource Experience: How Natural Resource Export Structures Affect the Political Economy of Economic Growth*", Middlebury College, 2004.

③ S. M. Murshed, "*When Does Natural Resource Abundance Lead to a Resource Curse*", IIED – EEP, Working Paper 04 – 01, 2004.

的历史经历决定的。尤其是一些有殖民史的国家，其现代的掠夺性制度实质上就是以前殖民模式的延续。阿西莫格鲁（D. Acemoglu）等人将有殖民历史经历的国家分为两组：第一组是现在殖民居住地区（regions of recent settlement），即指欧洲移民居住的所谓新世界，如美国、加拿大和澳大利亚等；第二组是热带发展中国家，即今天的第三世界。在第一组的国家中，殖民者永久定居，并建立了"好制度"，特别是产权和法制制度，而在第二组国家里，根深蒂固的是殖民地时期建立的掠夺型模式。很显然，后一种模式在非洲和拉美地区非常普遍。在这些国家，由于殖民政府的掠夺性，导致"坏制度"的形成和延续，甚至是在国家独立以后仍继续存在。研究表明，非洲和拉美国家落后的原因不是纯粹的地理或文化因素，而是恶劣的制度。当坏制度在某种机制下得以延续，这些落后地区并非陷入了资源的诅咒，而是落入了"坏制度的路径依赖"。[①]

3. 收入不平等—经济类型决定论。该理论观点认为，由于收入不平等和经济类型的相互作用，导致一些国家形成"坏制度"。研究表明，大多数陷入资源诅咒的拉美国家都具有两个基本特征：一是基尼系数长期居高不下，大大超过了世界银行提出的警戒线；二是这些国家的经济类型均为典型的点资源型经济。基尼系数长期居高不下，说明财富的分配和再分配制度存在问题，其深层次的原因是拥有权力的精英阶层更关心的是自己的收入份额，而不是财富在社会中的合理分配问题。点资源型经济的财富分配模式是财富向少数掌握着国家政治和经济资源的精英阶层集中，导致国家的基尼系数攀升；而散资源型经济的分配模式

---

[①] D. Acemoglu, S. Johnson and J. A. Robinson, "The Colonial Origins of Comparative Development: An Empirical Investigation", *The American Economic Review*, Vol. 91, No. 5, 2001.

将降低精英阶层的收入份额,增加普通民众的收入水平,国家的基尼系数降低。相对于点资源型经济,散资源型经济较不利于精英阶层攫取租金。因此,权力精英们在制度的设计和变革上更倾向制定有利于点资源型经济发展的制度安排,以维持点资源型经济。他们互相串谋结成利益同盟,利用国家强制力攫取租金。更糟糕的是,当不同的利益集团为租金而展开竞争时,制度安排就更加无序,导致肆意妄为和浪费性产出,这比单一的精英阶层串谋的后果更加严重。①

保罗·琼斯·梁(Pauline Jones Luong)认为,理解资源丰裕国家有如此多的消极特性的关键不在于它们丰富的矿产资源,而在于与这些资源相关的所有制结构,关键是从资源的开发、生产和出口中获得的收益是集中还是分散的。当收益高度集中在国家机关,国家成了资源财富的直接收益者,国家的管理者们不仅对资源的取得和出口有较大的使用权,还拥有分配所获得的收益的权力。因此,国家管理者们具有更大的激励和机会去掠夺财富,参与腐败,忽视制度建设,而不是将从资源中获取的财富投资于长期的经济增长,从而导致资源诅咒。解决这一问题的路径在于,通过私有化为国有和非国有的管理者们创造一个讨价还价的激励机制,确立游戏规则,使管理者们获得分散的收益,收益主体的多元化使他们更可能投资于制度建设。②

4. 政治精英集团控制论。该理论观点认为,一些出现资源

---

① K. L. Sokoloff and S. L. Engerman, "Institutions, Factor Endowments, and Paths of Development in the New World", *Journal of Economic Perspectives* Vol. 14, No. 3, pp. 217~232, 2000; W. Easterly, *Inequality Does Cause Underdevelopment*, Washington DC: World Bank, 2001.

② Pauline Jones Luong, "Rethinking the Resource: Ownership Structure and Institutional Capacity", http://www.yale.edu/macmillan/globalization/jones_luong.pdf, 2004.

诅咒国家的掠夺性制度安排可能是其政治精英们的有意所为。因为精英们知道，虽然对公众教育的投资会促进增长和共同利益的提高，但会进一步产生从寡头政治中分权的诉求，分权的结果是迫使精英们再分配其收入，最终导致权力由精英阶层向外转移。这当然是精英阶层最不愿看到的事。因此，在那些点源矿产和种植资源丰裕型经济的国家，最容易形成国家长期被少数极端富裕的精英阶层所控制的制度安排。[①]

（三）对制度变量的质疑

制度决定资源诅咒的政策结论真的令人信服吗？也有不少研究者对此提出了质疑。

1. 关于制度是否能抑制资源诅咒的质疑。霍尔（P. A. Hall）和索斯基斯（D. D. Soskice）认为，不同制度安排可以产生相同或相似的良好结果。工业化国家具有不同的体制安排，这些安排都被认为是质量良好的。[②] 卡恩（M. Khan）和乔莫（K. S. Jomo）指出，相同的制度设置并不一定产生同样的结果。从国外引进的制度并没有达到相同的结果。在东亚，一些新兴市场经济国家形成了其独特的制度安排，取得了积极的成果，但在其他地区却与此相反。[③] 再有，在其他国家是好的制度，但移植到资源丰裕国家也一定是好的制度吗？

2. 关于制度质量衡量指标的质疑。范·德·瓦利（S. Van de Walle）指出，关于什么是高质量制度的主观评估是存在风险

---

[①] W. Easterly, *Inequality Does Cause Underdevelopment*, Washington DC: World Bank, 2001; F. Bourguignon and T. Verdier, "Oligarchy, Democracy, Inequality and Growth", *Journal of Development Economics*, Vol. 62, No. 2, pp. 285～313, 2000.

[②] P. A. Hall and D. D. Soskice, *Varieties of Capitalism: The institutional Foundations of Comparative Advantages*, Oxford, Oxford University Press, 2001.

[③] M. Khan and K. S. Jomo, *Rents, Rent-seeking and Economic Development: Thoery and Evidence in Asia*, Cambridge, Cambridge University Press, 2000.

的，因为这一评估更多的基于意识形态而非科学知识的基础上。①

阿恩特（C. Arndt）和奥曼（C. Oman）指出，目前国家风险指南的政治风险指标已被广泛应用于衡量制度质量，因为它提供了长期可利用的时间序列指标。但是，它依赖于专家关于国家风险构成的主观解析，而且并不能支持比较研究。②

其他两个用来衡量制度质量的指标分别是透明国际（TI）的腐败印象指数（国际清廉指数）（CPI）和世界银行编制的六项综合管理指标。然而，这两个组织已再三警告使用这些指标进行国家比较研究的局限性。

3. 对制度质量作为解释变量及解决资源诅咒问题提出质疑。如果自然资源丰裕最初导致质量低下，那么积极的制度变迁将如何发生？谁又能改善制度的质量并引入和建立好制度以抑制掠夺行为？

## 第四节 摆脱"资源诅咒"的路径选择

20多年的研究表明，"资源诅咒"现象在全球范围内具有普遍性，其产生的原因和作用机理都不尽相同，在一些国家，甚至可能是多种原因的协同作用。因此，摆脱"资源诅咒"的政策建议也是多样化的。国际学术界对如何避免资源诅咒的政策建议主要有：

---

① S. Van de Walle, *Measuring Bureaucratic Quality in Governance Indicators*, http://pmranet.org/conference/USC2005/ USC2005papers/pmra.vandewalle.2005.pdf, 2005

② C. Arndt and C. Oman, *Uses and Abuses of Governance Indicators*, OECD, Paris, 2006.

## 一、将自然资源留在地下（leave it in the ground）

必须很好地权衡自然资源开采的速度以及由此产生的社会经济后果。虽然，资源开发速度放慢将会降低资源的现值，但是过度依赖自然资源出口将使国民经济变得更加脆弱，资源开采速度的减缓能够使一个国家有更多的时间来管理和调节巨大的收入流，避免资源诅咒现象的发生。这就要求资源所有者（政府）与投资、生产者之间的协调，否则巨额的资源租金将导致寻租和腐败盛行，损害国民经济的长期增长。

## 二、建立完善的产权制度

豪斯曼（R. Hausmann）和里格博（R. Rigobon）认为，完善的产权制度可以明确资源的具体所属关系，从而消除资源开采中的无序和机会主义行为，避免"公地悲剧"。并且，使资源所有者在代际之间合理分配资源的开采，提高资源的效率。[1]

## 三、产业多样化

奥提认为，产业单一性是资源丰富国家经济绩效差的一个重要原因。虽然自 20 世纪 70 年代，石油出口国将大量石油收入投到产业多样化的扶持中，但结果令人大失所望：大量资金被注入到一些缺乏效率和竞争力的产业中；所谓的多样化产业大多为政府垄断经营，给一些部门套取政府资金提供机会，忽视了对市场的培育，限制了私人投资的发展。

穆尔希德根据东亚的成功经验指出，发展中国家要大力发展

---

[1] R. Hausmann and R. Rigobon, "*An Alternative Interpretation of the 'Resource Curse': Theory and Policy Implications*", Washington D. C., International Monetary Fund Publication Services, 2003.

制造业，特别是分散式的民营制造业而非点源式的制造业。因为点源式的制造业往往是资本密集型产业，需要大量的公共补贴，既没有竞争力也不能持久。而民营制造业在发展的初期会对简单的、劳动密集型的制造业产生需求，这些产业随后成为可出口的产业，将逐步提升制造业产品的结构。这其中的关键是将点源式资源部门收益和制造业部门的培育联系起来，用资源收益提高公共设施水平、培育人力资本。如果新生的制造业是有竞争力的，那么资源繁荣就会对未来的增长和可持续发展提供一种强烈的刺激。①

## 四、收入冻结（revenue sterilization）和资源基金

合理的宏观经济政策，尤其是财政政策是解决资源诅咒的重要手段。当资源出口国家所获得巨额的出口收入转化为财政收入时，往往导致国内总需求的膨胀；而当资源价格一旦回落，政府又迅速陷入财政危机，这就需要通过建立资源基金和政府稳定收入财政预算计划来稳定收入流。这方面成功的案例有智利和印度尼西亚，失败的案例有委内瑞拉。② 但也有经济学家认为，资源基金有可能恶化财政纪律导致软预算约束。③

---

① S. M. Murshed, "Short – Run Models of Natural Resource Endowment", in R. M. Auty (ed.) *Resource Abundance and Economic Development*, Oxford: University Press, pp. 113~125, 2001.

② R. F. Mikesell, "Explaining the resource curse, with special reference to mineral – exporting countries", *Recources Policy*, Vol. 23, Issue 4, pp. 191~199, 1997; N. Usui, "Dutch disease and policy adjustments to the oil boom: a comparative study of Indonesia and Mexico", *Resources Policy*, vol. 23, Issue 4, pp. 151~162, 1997; R. Hausmann, "*Manejo de sacudidas petroleras negativas: la experiencia venezolana en los años 80*", RES Working Papers 4011, Inter – American Development Bank, 1995.

③ U. Fasano, "*Review of the experience with oil stabilization and savings funds in selected countries*", IMF Woring Paper WP/00/112, 2000.

**五、政治改革**

一些经济学家主张重视资源丰富国家应通过政治制度改革，建立起民主和负责任的政府，以清除腐败和寻租行为。民主的政治体制可以使国家建立和完善正式的或非正式的获得广泛认可的规则体系及社会契约。利用这些规则管理资源，并在不同阶层之间、资源性和生产性行业之间、消费品与公共基础设施以及人力资本形成等领域进行合理分配。可行的社会契约对抑制机会主义行为如大范围的盗窃资源租金、平息公众不满是至关重要的。[①]民主的政治体制催生负责任的政府，将促进政策的合理设计，防止资源的过度垄断、寻租和腐败。民主的政治制度更容易产生平民化社会和平民企业家，与那些被一小部分醉心于资源租金的精英们所控制的国家相比，平民化社会更有可能支持公共金融基础和人力资本的形成。[②]

# 第五节 小 结

总的来说，自20世纪90年代中期以来，对资源诅咒研究仍方兴未艾，大量资源诅咒研究主要集中于两个方向：一是关于贸易条件论、"荷兰病"、人力资本理论、资源—经济类型理论以及资源—冲突理论的讨论；二是在原有模型中引入政府及政治行

---

① R. Findlay and M. Lundahl, "Natural Resources, Vent – for – Surplus and the Staples Theory" in G. M. Meir (ed.) *From Classical Economics to Development Economics*, New York: St. Martins Press, pp. 68~93, 1994.

② S. M. Murshed, "Short – Run Models of Natural Resource Endowment', in R. M. Auty (ed.) *Resource Abundance and Economic Development*, Oxford: University Press, pp. 113~125, 2001.

为、制度及制度质量,将资源的作用扩展到非生产性利用,并在制度经济学的框架下研究资源的禀赋、制度变迁和制度质量的关系。

大量研究表明,所谓"资源诅咒",并非自然资源具有什么天赋的魔力。资源型经济体的不发达以及相关问题的出现,并不是资源本身的问题,而是与资源开发相关的制度安排的问题。正是这些国家对资源和资源财富的治理失当,才引发了所谓的资源诅咒问题。简单地说,资源诅咒的关键是,把资源财富放错了地方或用错了地方,而不是资源财富本身出了什么问题。因为经济增长取决于自然资源与人的行为,其中人的行为更为重要。资源型经济体出现诅咒现象的问题在于,在骤然繁荣的资源产业以及滚滚而来的资源财富面前,这些国家没有及时建立起相应的、合理地使用资本的有效框架,资源财富不仅被大量地浪费掉了,而且还带来了其他诸多问题。可见,资源诅咒不过是更深层次诅咒的"替罪羊"。

# 第二章 比较利益原则与发展中国家的发展悖论

目前,自然资源贸易占全球贸易总额的25%。自然资源贸易对于资源出口国的经济发展具有举足轻重的意义,但是为什么拉美国家按照比较利益原则出口资源型产品,却没有获得较多的贸易利益,反而拉大了与发达国家之间的发展差距?这正是本节所要解答的问题。首先,我要说的是,拉美国家并不是特例,比较利益原则与发展中国家的发展悖论是普遍存在的。

## 第一节 "比较利益陷阱"

要解答比较利益原则与发展中国家的发展悖论问题,首先应该了解比较利益理论本身的发展和变化。

### 一、比较利益理论

比较利益理论是国际贸易的基本理论。国际交换之所以必要,是因为存在着国际分工,国际分工使各个国家专业化生产最适合本国生产的产品,通过国际贸易可使贸易双方均获得更大的福利。那么，各个国家是依据什么进行国际分工呢？古典学派的李嘉图（D. Ricardo）认为是比较成本的差异，[①] 新古典学派的赫克歇尔（E. F Heckscher）和俄林（B. Ohlin）认为是生产要素的资源禀赋的差异。[②]

比较成本理论认为，由于不同国家生产不同的产品存在着劳动生产率的差异（或成本的差异），因此，各国应分工生产各自具有相对优势（即劳动生产率较高或成本较低）的产品。生产要素的资源禀赋论认为，由于各个国家的资源禀赋存在着差异，有的国家劳动力资源丰裕，有的国家自然资源丰裕，有的国家则资本资源丰富。各个国家分工生产使用本国最丰富的生产要素的产品，通过国际贸易，各国均能获得最大的福利。

## 二、"比较利益陷阱"

各个国家按照比较利益原则参与国际分工，从而形成对外贸易的比较利益结构。一般来说，发展中国家缺乏资本和技术，但拥有丰富、廉价的自然资源和劳动力资源，而发达国家则具有资本和技术资源丰裕的优势。因此，比较利益的贸易格局是：发达国家进口劳动密集型和自然资源密集型产品，出口资本和技术密集型产品；发展中国家则进口资本和技术密集型产品，出口劳动密集型产品。虽然，出口服装等劳动密集型产品和资源密集型的产品可以发挥发展中国家自然资源丰裕和劳动力资源丰裕的优

---

① 首先提出"比较成本"的是托伦斯（R. Torrens），但论述比较成本的重大意义并对此进行系统论证用以解释国际贸易现实的却是李嘉图。参见：R. Torrens, *An Essay on The External Corn Trade*, 1st ed., London: Hatchard, 1815.

② 1919年赫克谢尔发表了论文《对外贸易对收入分配的影响》，1933年俄林出版了《地区间贸易和国际贸易》一书，以生产要素自然禀赋为立论基础，探讨了国际贸易产生的更深一层原因，论证了国际分工的好处和自由贸易的必要性。俄林的生产要素自然禀赋论实际上是师承赫克谢尔。范家骧：《国际贸易理论》，人民出版社，1985年版，第21页。

势，但是，发展中国家出口的资源型初级产品和劳动密集型产品在国际竞争中是否具有竞争优势？这种贸易结构能否长期化？

早在20世纪50年代初，诺贝尔经济学奖得主里昂惕夫就对俄林等人提出的"资源禀赋说"提出了挑战。根据他建立的投入产出模型，美国作为资本和技术充裕的发达国家，应该进口劳动密集型产品，出口资本密集型产品，然而事实却恰恰相反。这就是所谓的"里昂惕夫之谜"。对此，许多经济学家都提出了自己的见解。但有一点很明确，即劳动密集型产品和资本密集型产品不是用产品本身来区分的，而是用投入要素来区分的。就是说，同样一种产品，在发展中国家可能是以密集的劳动生产的，在发达国家可能是以密集的资本生产的。例如，服装、鞋帽、玩具和食品，就产品来说是劳动密集型产品，而在发达国家则可能是资本密集型产品，因为在这些国家，虽然也要用到较多的劳动力，但在生产过程中，这些劳动力是与较多的资本相结合的，因而可能有更高的劳动生产率。发展经济学家克鲁格（A. O. Krueger）这样解释："如果两个国家生产同一种商品，但在它们之间不存在要素租金均等化，那么，资本丰裕的国家将比劳动力丰裕的国家使用资本比较密集的生产技术，并且前者的工资/租金比率也将高于后者。"① 在她看来，发展中国家主要出口自然资源初级差品和劳动密集型产品的可能性是在于各个国家的要素租金存在着差别，自然资源和劳动力资源丰裕的发展中国家的工资/租金比率偏低。但是，经济全球化不可避免地使各国的要素价格（包括劳动价格）出现均等化趋势。例如，近年来，中国经济开放程度高的沿海地区工资增长很快，这意味着，劳动密集型产品中的劳动成本有提高的趋势，同时资源禀赋的比较优势就

---

① 【美】安妮·克鲁格著：《发展中国家的贸易与就业》，李实、刘小玄译，上海三联书店，1995年版。

出现了下降的趋势，其结果是进一步降低劳动密集型产品的国际竞争力。

可见，在劳动密集型产品市场上，面对发达国家资本对劳动的替代，发展中国家的劳动密集型产品并不具有竞争优势。而且，虽然发展中国家劳动密集型产品因其工资低而劳动成本较低，但发达国家面对国内充分就业的压力，会以各种壁垒阻碍廉价的劳动密集型产品进入。这势必又出现"比较利益陷阱"。所谓比较优势陷阱是指，在劳动密集型产品和技术密集型产品的贸易中，以劳动密集型和自然资源密集型产品出口为主的国家总是处于不利地位。这个事实是显而易见的。

因此，比较利益理论本身是具有局限性的。比较利益理论所说的比较成本是与本国的产品进行比较而言的，不意味着本国比较成本低的产品在国际竞争中就一定具有竞争优势。一般来说，具有竞争优势的产品通常是在国际市场上具有垄断性优势的资源和产品。无论是以劳动生产率差异为基础的比较成本论，还是以生产要素供给为基础的资源禀赋说，其比较利益的假设前提是各国的供给条件和生产条件不可改变，资源和生产要素不能在国际间流动。在这种假设条件下，具有比较优势的资源及其产品才可能具有垄断优势。

但是，随着全球经济一体化的发展，这种假定条件已经发生了改变：生产要素和资源可以在国际间流动；由于新技术的发展和利用，部分自然资源可以被改良和再造，也可以被新材料所替代；通过人力投资提高劳动力的技能和素质，可以克服劳动力数量不足的矛盾。这表明，除了一些石油等原料生产国之外，大部分发展中国家所具有的自然资源和劳动力资源的比较优势，在国际竞争中已不再具有垄断优势了。发展中国家按照比较优势原则来确定本国的国际贸易结构，虽然能获得贸易利益，却无法缩小自身与发达国家的经济差距。因此，在新的国际经济的背景下，发展中国家必须依据自身的经济发展水平，不断调整本国在国际分工中的比较利益结构，才能适应国际竞争新格局。现阶段，一国产品在国际市场上的竞争力，主要依靠产业竞争力，而不是依靠由资源禀赋决定的比较优势。单纯根据资源禀赋来确定自己的国际贸易结构，企图以劳动密集型产品作为出口导向，必然会陷入"比较利益陷阱"。

### 三、动态比较优势理论

传统的贸易理论分析的是初级产品和已经标准化商品的贸易，它截取的是发展阶段静止的断面，这种静态分析方法显然已经不能适应当代国际贸易的变化了。动态比较优势理论就是对静态比较优势理论分析的延伸和发展。由于比较优势是由要素结构和技术水平两方面决定的，因此，动态比较优势理论实质上也就是研究要素积累和技术进步如何推动比较优势的动态变化。

动态比较优势理论主要解决两方面的问题：一方面是决定一国静态比较优势和贸易形式的要素禀赋和技术进步因素在长期是否继续发挥作用？另一方面是研究动态比较优势的福利效应，即符合比较优势原则的动态过程是否像静态理论那样能增加一国的经济福利。简言之，动态的比较优势理论是综合考虑贸易与经济增长，研究长期比较优势变化的决定因素及其福利的影响。

日本经济学家筱原三代平从动态的、长期的观点出发，将生产要素的供求关系、政府政策、各种可利用资源的引进、开放等因素综合到贸易理论中，从而将传统的比较优势理论动态化。他认为，每个国家的经济发展过程都是一个动态过程。在这一过程中包括生产要素禀赋在内的一切经济因素都会发生变化，而生产要素变化的程度和速度在各个国家和地区之间会有很大差异，由此引起一国经济在世界经济中相对地位发生变化。对后进国家来说，如果某些产业的产品在生产要素禀赋变化的基础上由比较劣势转化为比较优势,将极大地改变其在国际分工中的地位,从而获得动态的比较利益。因此,他强调一国应借助各种手段、实现产业结构升级和比较优势转换。其主要观点如下:(1)一国在经济发展过程中的比较优势或劣势是可以变化的,经济的发展不仅取决于资源的丰裕程度,在很大程度上还取决于政府的支持;(2)一国的国际贸易优势应与合理的产业结构保持一致;(3)动态比较优势的形成要借助国家的干预力量,政府应以增强国际竞争力为目的,扶植和促进国内重点产业的发展。其核心思想在于强调后起国的幼稚产业经过扶持,可以由劣势转化为优势,即形成动态比较优势。该理论成为战后日本产业结构理论研究的起点,为日本的"贸易立国"思想提供了理论依据。[1]

巴拉萨(Bela Balassa)从物质资本和人力资本要素比例变化的角度完善了传统比较优势理论,提出了"比较优势阶梯论"(亦称比较优势阶段论)。[2] 他认为,在国际贸易和国际生产中,不同国家之间客观上存在着比较优势的差别,但这种差别并不是一成不变的。每个国家的经济发展都是一个动态的过程,在这一过程中,包括生产要素禀赋在内的一切经济因素都会发生变化,这种变化体现在物质资本和人力资本的相对密集使用程度不断提高的动态过程中。巴拉萨认为,在国际分工的类型和经济发展阶段之间排列着许多阶梯,并将处于不同发展阶段的国家划分为不同类型:处在第一阶梯的是发达国家;第二阶梯是亚洲"四小龙"和拉美的巴西等新兴工业化国家;第三阶梯为次级新兴工业化国家和地区,如东盟(除新加坡)、中国和印度等国;最低一层是其他发展中国家和地区。在这一阶梯式发展格局中,发达

---

[1] 郑北雁:《战后日本产业结构理论发展撮要》,载《日本学论坛》,2000年第1期,第16~18页。

[2] Bela Balassa, *Policy reform in developing countries*, Oxford, New York: Pergamon Press, 1977.

国家和新兴工业化国家分别发展各自的新兴产业，同时将失去优势的产业转移给较低发展阶段的国家。实施出口导向战略的落后国家通过承接发达国家转移的产业，利用自己的比较优势，进入更高的经济和贸易发展阶梯，从而呈现出阶梯比较优势的动态演变过程。

动态比较优势理论对发展中国家外贸结构调整具有重要的意义。信息经济对发展中国家提出了新的挑战，传统建立在劳动力和自然资源基础上的比较优势已经逐渐削弱，技术创新成为一国转变对外贸易方式、优化进出口商品结构的主要途径。只有扩大具有自主知识产权、自主品牌的商品出口，发展中国家才可能避免陷入"比较利益陷阱"。无论是对外贸易结构还是对内产业结构的动态升级，比较优势动态化都是一个重要的途径。一方面，通过技术进步和要素的积累和高效配置，可使比较优势进行动态演化，进而促使对外贸易结构从低级的资源型和劳动密集型产品出口向高级的资本和技术密集型产品出口升级；另一方面，由于产业结构是要素禀赋结构的表现，比较优势的动态演化又能同时促进国内产业结构从低级到高级的演变，因此，只有动态的比较优势理论才能真正实现发展中国家贸易地位的转变，实现对发达国家的赶超。

## 第二节　竞争优势理论

### 一、竞争优势理论

传统的比较优势理论是在完全竞争的假设前提下进行的静态分析，面对20世纪60~70年代不断出现的新贸易现象，其解释力受到了极大的挑战。20世纪80年代，迈克·波特（M. E.

Porter）先后出版了《竞争战略》、《竞争优势》和《国家竞争优势》三部著作，系统论述了竞争优势理论。[①] 波特认为，一国兴起的根本原因在于该国在国际市场上具有竞争优势，这种竞争优势源于这个国家的主导产业具有竞争优势，而主导产业的竞争优势又源于企业具有创新机制而提高了生产效率。总之，一国的竞争优势具体包括生产要素、国内需求、相关支撑产业、企业的战略结构和竞争、政府的作用和机遇六个方面的因素。

竞争优势理论是对比较优势理论的内涵进行一种深入的拓展。传统比较优势理论认为，是某些外生因素为一国带来了比较优势，将比较优势的获得归因于劳动生产率和资源禀赋。而竞争优势理论则注重比较优势的内生因素，正如克鲁格曼将首先达到规模生产视为一种比较优势，战略性贸易理论将政府的保护视为比较优势的来源一样。竞争优势理论采用非均衡的动态分析和局部分析方法，以不完善竞争市场作为其分析的理论前提，从微观、中观和宏观多角度立体地考察影响比较优势的各种因素，尤其注重动态性要素。波特认为，国家竞争优势的发展一般要经历四个阶段：第一阶段是要素推动阶段。竞争优势表现为要素上的比较优势，包括低级要素和高级要素。不同类型的要素所表现出来的优势也不一样，如自然资源对竞争优势的作用就很有限。只有要素中的科技含量越高，对竞争优势的作用才会越大，如人力资源对竞争优势的作用就比较大。第二阶段是投资推动阶段。在

---

① M. E. Porter, *Competitive Strategy*: *Techniques for Analyzing Industries and Competitors*, Free Press, New York, 1980; M. E. Porter, *Competitive Advantage*: *Creating and Sustaining Superior Performance*, Free Press, New York, 1985; M. E. Porter, *The Competitive Advantage of Nations*, Free Press, New York, 1990. 20 世纪 90 年代以来，波特又进一步发展了竞争优势理论，创立了"新竞争经济学"，提出了产业集聚概念，即在一个产业集聚集团中，既有主导产业、企业，又有为主导产业配套服务的其他产业、企业和机构，它们共同组成了一个立体网络，既竞争又合作，从而赢得了产业和企业的国际竞争优势。

这一阶段，竞争优势要依靠大量的资本投入来扩大生产规模、更新设备，进行资本密集型生产。第三阶段是创新推动阶段。通过创新提高技术水平和生产力，引入新商品或是高技术成果商品化，才能继续强化比较优势。第四阶段是财富推动阶段。一国在积累了一定的物质财富之后，能够凭借经济发展的惯性继续保持一定的经济增长，但是由于创新的意愿和动力递减，经济增长的加速度也逐渐下降，可能将面临丧失优势的危险。可见，一国竞争优势的发展一般要经历由弱至强再渐弱的周期。一国发展竞争优势应该在传统比较优势上进行。有竞争优势就一定拥有比较优势，而具备比较优势则不一定拥有竞争优势。比较优势是发展竞争优势的基础。

竞争优势与其他比较优势动态模型相比，具有两个特点：一是综合性。弗农（R. Vernon）强调技术因素是比较优势变迁的根源，布兰德（J. Brander）、斯潘塞（B. Spencer）、克鲁格曼（P. Krugman）等人强调政府政策如补贴、关税等因素推动比较优势发生变化，[①] 而波特则综合考察了资源、资本、技术、政府等各要素。二是反复性。一国的比较优势是一个动态的变化过程，从第一阶段至第三阶段，国家竞争优势是不断上升的，但到第四阶段就容易产生惰性或满足现状，降低了创新的意愿，有可能被后来者超越。所以，对于已陷入第四阶段的国家来所，只有重新注重创新，才能重新获得第三阶段的竞争优势。

### 二、比较优势转化为竞争优势

厂商进入国际市场，无论是采取出口进入的方式还是投资进

---

[①] 20世纪80年代初，加拿大学者布兰德和美国经济学家斯潘塞最早提出了战略性贸易政策理论，后经克鲁格曼等人的进一步发展，形成了不完全竞争基础上的战略贸易政策理论体系。

入的方式，一个重要的条件就是具有某一方面的竞争优势。竞争优势是可以通过发展开放型经济来培植的。在按照比较利益理论建立的国际分工格局中，国际贸易的主要目的是互通有无。而现代国际贸易的一个重要特点是，各个国家（包括许多发展中国家在内）进入国际市场是以更多的占领国际市场，以获得更大的国际贸易利益为目标的。为此，许多发展中国家都在致力于创造国际竞争的优势。

发展中国家在几十年的经济发展中，其出口结构实现了由劳动密集型产品对初级产品的替代。虽然这种替代能够发挥发展中国家劳动力资源丰富的优势，也有利于增加就业机会。但是，在当今的国际市场上，劳动密集型产品的比较优势并不一定具有国际竞争优势。因此，不少发展中国家面临着矛盾：一方面根据资源禀赋，发展中国家目前仍具有自然资源或劳动力资源的比较优势，但是这些比较优势在国际竞争中已不具有竞争优势；另一方面就目前发展中国家的经济发展水平来看，这些自然资源或劳动力资源优势对经济发展仍具有重要意义，还必须利用。简而言之，目前摆在发展中国家面前的难题是：如何充分利用自然资源或劳动资源的比较优势，并在现有的比较优势的基础上形成具有国际竞争优势的产业结构。

经济发展较快的一些东亚国家（地区）的经验是：通过两个方面来创造竞争优势，一方面是贸易结构导向的转变，过去参加国际竞争主要是依据自身的供给条件，以资源禀赋为导向，现在则是以国际市场需求为导向；另一方面是由比较优势向竞争优势转化，采用新技术，以新技术产品打进国际市场。尽管这些东亚国家（地区）的出口产品仍以劳动密集型产品居多，但是这些产品已经包含了更多的新技术含量，具有明显的竞争优势。

而且，现在的国际分工主要不是不同国家生产不同产品的分工,国际贸易早已不限于产业间贸易,大量的是产业内贸易。在这种国际分工格局中,发展中国家的出口产品战略完全可以不受现有的比较利益限制,也可以向国际市场提供与其他国家同类的产品,包括资本密集和技术密集的产品,只要这些产品具有被市场所接受的差别性。这也就是说,各个国家的比较优势不完全体现在生产不同产品上,而是体现在生产同种产品的成本、质量等方面的差别性上。正如波特在《竞争优势》一书中所指出的:"竞争优势有两种形式:成本领先和标新立异。"他在《国家竞争优势》一书对此进一步表述为:"企业要在国际竞技场上获胜,它的竞争优势不外是以较低的生产成本或者与众不同的产品特性来取得最佳价格。"可见,竞争优势分为两种:一种是在同质商品生产中由低成本所带来的低价格竞争优势,另一种是由商品异质性所带来的差异性竞争优势。例如,中国丰裕且便宜的劳动力资源完全可以被用来创造在低成本方面的产品差别性;在自然资源和农业资源丰裕的拉美国家,如哥伦比亚、巴西以及诸多中美洲和加勒比国家生产世界上独一无二的名品咖啡,这些咖啡因其品质独特,在国际市场上的售价不菲。

长期以来,人们以为发展中国家的劳动密集型产品具有比较优势的一个主要理由是劳动力资源丰富和劳动成本低,劳动成本低主要是就工资成本而言的。从国际竞争的现实来分析,这些理由是不充分的。首先,劳动是不均质的。具有较高人力资本含量的劳动密集型产品具有更强的竞争力。反过来说,人力资本含量较低的劳动密集型产品,不具有竞争优势。其次,许多国家的劳动密集型产品成本低不仅是因为其劳动工资低,还在于其对劳动过程具有较高的管理和组织水平,由此决定了更高的劳动生产率和更优的产品质量。反过来说,工资成本低而管理水平差的劳动密集型产品也不具有竞争优势。这种状况同样也说明了由比较优势转向竞争优势的重要途径。这就是对劳动密集型产业进行人力资本投入和技术投入，提高其技术密集度，使其由简单劳动密集型转变为智力劳动密集型。总之，自然资源和劳动力资源丰富的优势不会直接成为国际贸易的优势，它要成为国际贸易的竞争优势必须有个转换过程。转换的关键是将知识、高素质的人力资本和高新技术与丰富的资源相结合，由此才能产生真正的比较竞争优势。

### 三、创造产业竞争优势

国际贸易是经济发展的引擎，但对于发展中国家来说，国际贸易应该在哪个方面起到引擎的作用才最有利呢？根据钱纳里（H. B. Chenery）的分析，一国对外贸易战略与其产业结构的比较优势相联系，一国对外贸易战略的调整又与其产业结构的比较优势的改变相联系。这就是说，只有在国际贸易能够起到推动本国产业结构优化和升级时，这种引擎作用才是发展中国家最需要的。那么，以自然资源产品和劳动密集型产品为出口导向能否带动发展中国家的产业升级和提高经济发展水平呢？从现有的全球贸易格局来看，中国、拉美和非洲等发展中国家出口的产品仍以劳动密集型或自然资源密集型的初级产品为主；进口的仍是发达国家生产的工业制成品。在这种国际贸易格局中，国际贸易在多大程度上能成为发展中国家的发展引擎呢？这种比较利益结构虽然在一段时期内使发展中国家得到了一些贸易利益，但它却强化了发展中国家低水平的产业结构，从长期来看与发达国家的经济差距也进一步扩大，陷入了"比较利益陷阱"。

刘易斯（W. A. Lewis）比较了国际贸易对发达国家和发展中国家的引擎作用发现："如果增长的引擎是较发达国家的工业产品和欠发达国家的初级产品出口，那么，较发达国家的引擎就比欠发达国家的引擎转动的略为快一些。"① 这也就是说,在发达国家出口工业制成品与发展中国家出口初级产品的国际分工格局中,发展中国家的出口依赖于发达国家的增长速度,形成了发展中国家对发达国家的依附性。而且,在国际贸易中,初级产品和工业制成品交换的贸易条件越来越恶化。从需求方面看,初级产品出口面对的是日益缩小的国际市场和日益下降的价格水平。从初级产品的供给条件来看,由于技术落后及开发过度,开发条件恶化,开发成本日益增大。发展中国家的初级产品生产终将遭遇收益递减的困境,而发达国家可以随时改变将资源更为充裕的国家作为自己的贸易对方国。如果发展中国家的贸易格局具有初级产品单一化的特征,就更容易陷于死地。

  产业经济理论也证明了以自然资源产品和劳动密集型产品出口为主的贸易战略无力带动国内产业结构的升级。一般来说,出口导向或出口替代战略有两个层次:一是以劳动密集型工业制成品替代初级产品出口,二是以技术密集型产品替代劳动密集型产品出口。许多发展中国家目前尚处于以劳动密集型产品替代初级产品出口的阶段。一些发展经济学家曾指出,发展中国家片面追求自然资源产品和劳动密集型产品的出口可能会导致国内缺乏投资品工业部门,其后果是:资源型初级产品和劳动密集型产品出口国出现收入的两个漏出,一是进口的漏出,二是储蓄的漏出。具体地说,发展中国家一方面需要用一部分收入从国外进口技术密集型产品用于消费,另一方面因国内缺乏投资品工业,国内的储蓄还要"漏"到国外购买投资品,用于设备更新或新投资。这样,对外贸易就没有产生带动本国经济发展的效应。由于这两个漏出,"从出口生产部门的扩大到国内生产部门的扩张这样的

---

  ① 刘易斯:《增长引擎的减慢》,《现代国外经济学论文选》第8辑,商务印书馆,1984年版,第2511页。

经济增长的传导路线就大受削弱"①。

竞争优势理论认为，一国兴衰的根本在于能否在国际市场竞争中取得优势地位，而国家竞争优势的关键又在于国家能否使主导产业具有优势，并使企业具有适合的创新机制和充分的创新能力。因此，按照创造产业优势的要求，发展中国家在开放经济中，不仅要获得借助劳动密集型产品出口所带来的比较利益，更要借助开放经济来提升和优化自身的产业结构，提高技术密集型产业的比重。为了使对外贸易能产生带动本国经济发展的效应，发展中国家不仅要引进国外先进生产要素来发挥本国劳动力优势，还要从国外引进的在未来市场上具有竞争力的先进产业，逐步培植本国的产业优势。按照战略贸易理论，为了创造具有国际竞争优势的产业，国家要在市场选择的基础上，通过技术引进和高科技投入等途径重点培植一批技术含量高、出口前途好的产业部门，扩大高技术产品出口，从而提升自身的产业结构和增强国际竞争能力。战略贸易政策不是一般的、消极的进口替代，保护幼稚产业，而是创造高技术产业的比较优势，积极地由进口替代走向出口替代。

林毅夫也非常强调政府的贸易战略的重要性。他在《经济发展与转型：战略、思潮与自生能力》中讨论了为什么资源贫乏的东亚实现了快速发展而资源丰富的拉美却发展缓慢的问题，并提出了"比较优势战略"。他认为，资源贫乏的东亚实现了快速发展而资源丰富的拉美却发展缓慢的根本原因在于政府的发展战略。在缺乏政府干预的情况下，由于发展中国家的人力资本和物质资本相对短缺，劳动力和自然资源相对丰富，其产业的劳动密集度和资源密集度就相对较高。既然产业结构和技术结构内生决定于经济的禀赋结构，政府发展战略的目标就应该是禀赋结构

---

① 杨叔进：《经济发展的理论和政策》，江苏人民出版社，1983年版。

的升级，而不是在尚未采取措施升级禀赋结构的情况下，直接实现产业和技术的升级。一旦禀赋结构得以升级，相对价格就会发生改变，逐利动机和竞争压力就会迫使企业自发地进行产业结构和技术结构的升级。如果发展中国家在经济发展的每一个阶段，都能够遵循由其禀赋结构决定的比较优势进行产业和技术选择，那么其产业在国内和国际市场上就会一直具有最大的竞争力。他把促进发展中国家在每一个发展阶段都遵循由其禀赋结构决定的比较优势进行产业和技术选择的一系列政策，称为"比较优势战略"。①

发展中国家推行比较优势战略，一方面，政府需要建立并维持竞争性的市场制度，以确保相对要素价格能够反映经济体中要素禀赋相对丰裕度的变化，藉此引导企业做出正确的选择、并实现产业和技术的动态升级；另一方面，政府需要发挥积极的作用，以产业政策的形式收集并传播技术和产业的相关信息，对企业的投资决策进行协调，对外部性进行补偿，并通过对法律、金融和社会制度的强化，推动企业实现产业和技术升级。如果发展中国家的政府能够发挥正确的作用，国家就能够得益于后发优势，以相对发达国家而言更快的速度实现自身的禀赋、产业和技术结构升级。这样的发展中国家的收入水平最终将成功实现同发达国家的收敛。

## 第三节 比较优势理论对发展中国家的适用性

由于比较优势理论本身的局限性，有些人就因此全盘否定了

---

① 林毅夫：《经济发展与转型：战略、思潮与自生能力》，北京大学出版社，2008年版。

比较优势理论。但我认为，至少在现阶段，比较优势理论仍对发展中国家的对外贸易实践具有适用性。这是因为：

1. 从国际贸易发展的历史来看，国际贸易的规模日益迅速扩大，世界各国的经济增长对对外贸易的依赖性更强了。尽管各国从国际贸易中获利程度不同，但均从中获益却是无可辩驳的事实。根据世界银行的数据，1996年，低、中、高收入国家的外贸依存度分别为43%、52%和40%，到2007年，这三个数字分别上升至59.5%、56.7%和49.7%。① 从国家类别来看，发展中国家的贸易依存度明显高于发达国家的贸易依存度。研究表明，自20世纪50年代以来，在与发展中国家经济增长有关的各经济指标中，出口活动与经济增长的相关程度最高。②

2. 从理论上说，竞争优势理论和战略性贸易政策理论肯定有助于发展中国家改善自身的贸易地位，但实施的难度较大。从理论上看，这些政策实施成功的关键在于行业的不完全竞争特性，至少在国内市场上具有规模经济，但实际情况是，发展中国家往往既面对完全竞争的国际市场，又面临条块分割的国内市场结构；而且，战略性贸易政策的成功还取决于单方面采取战略性行动，即假定外国没有采取相应报复措施。显然，这种理想状态不可能达到，因为国际贸易领域中的各国之间的贸易摩擦战正愈演愈烈。

3. 战略性贸易政策本身在一定程度上就是对自由贸易的一种干预，它可能带来两个方面的市场扭曲：第一，扭曲微观经济主体。许多发展中国家正处向市场经济转轨的过程中，国内企业正在按照现代企业制度进行转制，大部分企业还不能胜任战略性

---

① 根据 World Development Report 1999 和 World Development Report 2009 中的数据计算，http://www.worldbank.org
② 【英】A. P. 瑟尔瓦尔著：《增长与发展》，金碚、李扬等译，北京：中国人民大学出版社，1992年版，第351~360页。

贸易政策的微观主体角色。在这种情况下，战略性贸易政策的强制性推行，反而可能使行业或企业产生更多的政策依赖性，甚至引发大量的非生产性寻租行为，造成效率流失。第二，战略性贸易政策的全面实施必然需要政府的大量补贴或经济支持，不仅会过度使用稀缺的经济资源，导致过高的机会成本，从而削弱发展中国家具有比较优势产品的出口竞争力，还由于对战略性贸易产业或企业进行垄断性保护，牺牲了市场竞争的效率，不利于整个经济的健康发展。显然，在现阶段，大部分发展中国家尚不具备战略性贸易政策赖以实施的前提和条件。

4. 发展中国家在从比较优势战略向竞争优势战略转变的过程中，比较优势理论对指导发展中国家的对外贸易仍具有更强的适用性。目前，以比较优势为基础的贸易模式在发展中国家仍有一定的增长空间。以中国为例，使用巴拉萨显示比较优势指标进行衡量，中国的劳动密集型产品仍具有明显比较优势，其显示比较优势系数约为3.5，远高于资本密集型产品的比较优势系数（0.5）；而1980年，香港地区、韩国、台湾地区的劳动密集型产品的显示比较优势系数分别为6.98、4.95、5.24，这说明中国的劳动密集型产品的出口仍有较大的增长空间。[①]

## 第四节 小 结

通过以上的理论分析，就不难理解比较利益原则与发展中国家（如拉美国家）发展的悖论问题了。首先，我们要理解比较利益对不同经济类型的国家是具有不同的涵义的。按照传统的贸

---

① 汤凌霄：《国际贸易理论在中国现阶段的适用性分析》，http://www.dss.gov.cn/Article_Show.asp? ArticleID = 94704

易理论，参与国际分工和贸易的各国都会得到比较利益，根据理论推论，发展中国家得到的利益还会更多，然而国际贸易的现实情况却恰恰相反。可见，对处于国际分工不同地位的国家来说，比较利益的涵义是大不相同的。因为一国在国际分工中的地位取决于其工业化发展水平，既定的工业化发展水平决定了既定的生产结构类型和贸易结构类型，一国的比较优势只能在上述既定的生产结构类型和贸易结构类型的限制下发挥作用，而不同工业化发展水平国家的不同生产结构类型和贸易结构类型形成了国际分工的阶梯。显然，在阶梯形的国际分工中，处于较低阶梯位置的国家和处于较高阶梯位置的国家有着不同的利益地位：对处于低阶梯位置的国家来说，贸易比较利益只是一种潜在的利益；而对处于高阶梯的国家来说，贸易比较利益才表现为实际的利益。可以说，一个国家在国际分工中阶梯位置的上升过程，也就是从潜在的贸易比较利益向实际的贸易比较利益地位的转化过程。

其次，古典的静态比较利益理论已经不能适用于现代国际贸易实践了，必须要运用动态比较利益理论和竞争优势理论来解释现代国际贸易实践中的问题。因为，任何国家的贸易比较成本优势和贸易比较利益地位都不是一成不变的，整个世界贸易格局的变动就是各国比较成本优势和贸易比较利益地位动态发展的结果。产生这种现象的原因是一国生产结构类型和贸易结构类型的不断逆转。对于一种既定的贸易结构类型来说，随着工业化的发展，其贸易比较利益趋向于逐渐衰减，此时必有一种新的具有比较利益的贸易结构类型取而代之。这种贸易结构类型转变的速度决定了一国在国际分工阶梯中的相对位置。若一国不能适时地完成生产结构类型和贸易结构类型的转变，或者贸易结构类型的转变滞后于生产结构类型的转变，它就会处于贸易比较利益的劣势地位。即使是工业发达国家也可能由比较优势地位向比较劣势地位转化，出现国际贸易逆差。比较优势的这种动态化的特征证明了比较优势是可以通过技术创新和人力资本投资，进而转变一国的生产和贸易结构来培育的。这给发展中国家带来了希望：落后和贫穷不是与生俱来的，开放和学习能改变一切。

目前，发展中国家（如拉美国家）出口的仍主要是自然资源密集型的初级产品和劳动密集型的产品，进口的主要是发达国家生产的资本或技术密集的工业制成品。这种靠天然比较优势形成的贸易结构，虽然在一段时期使发展中国家得到了一些贸易利益，但也强化了发展中国家低水平的产业结构，形成了对发达国家依附性。而且，这种建立在自然禀赋比较优势上的贸易增长动力将随着自然资源或劳动力资源优势的逐步丧失而减弱。在国际贸易中，由于初级产品和工业制成品贸易条件日益恶化，发展中国家与发达国家的差距也在不断扩大，陷入了"比较利益陷阱"。在短期内，比较优势原则仍适用于包括拉美国家在内的发展中国家，因为从整体上来看，这些国家的经济结构并未发生重大的调整和改变，相反在 21 世纪初的这一轮资源繁荣期里，许多资源丰裕的发展中国家甚至又重新回到了依赖资源出口的发展道路上。但是，如果发展中国家要想在未来的国际贸易中获得更多的贸易利益，缩小与发达国家的差距，就必须尽快从比较优势战略向竞争优势战略转变。从政府角度，首先应制定战略性的贸易政策和产业政策（通过人力资源投资、技术创新、专业化经济等各种手段以获得内生性比较优势）；从产业角度，应优化产业结构；从企业角度，应加速企业的制度创新、管理创新、技术创新和产品创新。只有通过上述三个方面的共同努力，发展中国家在经济全球化的条件下才可能创造新的比较优势和获得国际竞争优势，逐步缩小与发达国家的差距。

# 第三章 关于贸易条件恶化论的争论

19世纪初由李嘉图提出的、20世纪初赫克歇尔和俄林发展的比较优势说，从比较成本和要素禀赋差异出发，论证了国际贸易对所有国家都带来好处，因此主张自由贸易。该学说一直被奉为是国际贸易理论的经典。但是，在20世纪50年代初，阿根廷经济学家普雷维什（R. Prebisch）和德国籍经济学家辛格（H. W. Singer）提出了"贸易条件恶化论"（亦称为"普雷维什—辛格假说"（Prebisch – Singer Hypothesis）或"普雷维什—辛格命题"（Prebisch – Singer Thesis），对正统的贸易有益说提出了重大的挑战，引起了长达半个多世纪的争论。

贸易条件（Terms of Trade, TOT）是指商品的出口价格指数与进口指数之比，它衡量的是出口对进口的单位购买力，是衡量一国获取贸易利益空间大小的重要指标。一般而言，贸易条件的改善表明一国福利水平上升，反之则意味着福利水平下降。普雷维什和辛格认为，由于发展中国家大多出口低价格的农产品和初级产品，进口的则是高价格的工业制成品，因而，发展中国家的贸易条件是趋向恶化的。

## 第一节　普雷维什—辛格命题

**一、普雷维什—辛格命题及其争论**

在普雷维什和辛格之前,人们一般认为,初级产品的生产依赖土地和自然资源,由于这些资源的供给是有限的,具有报酬递减趋势,因此,初级产品的价格应该是不断上升的;反之,制成品的生产由于规模经济和技术进步,具有报酬递增的趋势,因此,它们的价格应是不断下降的。由此得出的结论是,初级产品对工业品的价格比率是上升的。然而,普雷维什和辛格对这些看法提出了挑战。

普雷维什最初是从考察 1870～1930 年英国的出口价格对进口价格的比率中发现,初级产品对制成品的贸易条件是趋于下降的。以 1876～1880 年的价格比率为 100,1936～1938 年间,初级产品对制成品的价格比率下降至 64。这就是说,在 20 世纪 30 年代购买同样数量的工业制成品需要比 19 世纪 70 年代多支付 36% 的初级产品。拉丁美洲和其他发展中国家(普雷维什称之为"外围")主要生产和出口初级产品,而工业国(普雷维什称之为"中心")主要生产和出口工业制成品,因此,初级产品对工业制成品的贸易条件下降表明了"外围"对"中心"的贸易条件的恶化。这里所说的贸易条件是指商品的贸易条件,或净易货贸易条件,它是用出口商品的平均价格对进口商品的平均价格之比来表示的。出口商品的平均价格指数计算公式为:

$$P[,x] = \sum x[,i] P[,i]$$

公式中,$P[,x]$ 表示出口商品的平均价格指数,$x[,i]$ 表示基期商品 i 占出口总值的比重,$P[,i]$ 表示商品 i 现期价

格对基期价格的比率。相应地,进口商品的平均价格指数计算公式如下:

$$P[,m] = \Sigma m[,j] P[,j]$$

公式中,$P[,m]$、$m[,j]$、$P[,j]$分别表示进口商品的平均价格指数、进口商品 j 占进口总值的比重和现期价格对基期价格的比率。

贸易条件即等于这两个指数之比乘以100,即:

$$T = (P[,x] / P[,m]) \times 100$$

如果 T > 100 且是上升的,说明贸易条件改善了;如果 T < 100 且趋于下降,则说明贸易条件恶化了。

这是一个涉及正统贸易理论的有效性和世界贸易中的利益分配以及发展中国家贸易政策选择的大问题,因而引起了世界各国的极大关注。一些新古典经济学家对贸易条件恶化论提出了批判:(1)否定初级产品贸易条件的下降趋势。新古典经济学家认为,由于出口产品千差万别,在统计检验有很大的偏差。虽然大多数研究利用出口商品价格资料得出初级产品贸易条件长期下降的结论,但也有些研究利用另一些资料或不同的处理方法,发现初级产品的贸易条件没有显示出下降的趋势。(2)承认初级产品贸易条件呈长期下降的趋势,但认为这是表面上的下降,而实际上并没有下降。初级产品相对于工业制成品的价格下降是对这两类产品质量改进的反映。由于工业制成品质量改进较初级产品要快,工业部门不断涌现新产品和运输成本大幅度下降,因此,工业制成品的价格相对于初级产品要高一些。如果考虑这些因素,对初级产品价格作出适当调整,初级产品的相对价格可能没有趋于下降。[①] (3)承认发展中国家贸易条件呈下降的趋势,

---

[①] 哈伯勒:《国际贸易与经济发展》,载郭熙保主编:《发展经济学经典论著选》,北京:中国经济出版社,1998年版,第 523~524 页。

但并不认为这对发展中国家的经济发展构成重大障碍。贸易条件恶化论者所说的贸易条件是指商品的贸易条件即净易货贸易条件。有的学者认为，商品贸易条件的恶化并不等于单要素贸易条件和收入贸易条件的恶化。所谓单要素贸易条件是指参与出口生产的某一要素生产率，它等于商品贸易条件与该要素生产率的乘积。即使商品贸易条件下降了，但如果生产率增长比贸易条件下降幅度更大，则单要素贸易条件得到改善；所谓收入贸易条件是指出口商品的购买力，它等于商品贸易条件与出口量的乘积。如果商品贸易条件下降导致出口收入更大幅度的增加，则收入贸易条件就是上升的。例如，若一个产铜国增加了铜的出口，从而导致世界铜价的下跌，但铜价下跌的幅度小于铜出口量增加的幅度，则铜的出口收入就会增加，在进口价格不变的情况下，该国的收入贸易条件就是上升的。

  然而，后来的研究证明了这些质疑并不能打破普雷维什命题的实证基础。20 世纪 50 年代以来，很多经济学家对初级产品与工业制成品的贸易条件或非石油出口发展中国家的贸易条件进行了详细的考察，得出的结论差不多是一致的，即发展中国家的贸易条件在长期是趋向于下降的。例如，萨普斯福特（D. Sapsford）对 1900 年以来的战前时期和战后时期以及 1909 年以来的整个时期的统计分析发现，尽管战时初级产品的价格有短暂的上升，但在 1900～1982 年间，纯易货贸易条件以每年 1.2% 的速度呈下降趋势，有力地证明了普雷维什—辛格命题。[①] 还有研究表明，在 1977～1992 年间，非石油初级商品的出口价格相对于制成品出口价格下降了将近 60%，由于初级产品的实际出口价

---

① D. Spasford, "The Statistical Debate on the Net Barter Terms of Trade Between Primary Commodities and Manufactures: A Comment and Some Additional Evidence", *Economic Journal*, Vol. 95, 1985, pp. 781～788.

格急剧下降，发展中国家不得不出口更大量的初级产品才能换回既定数量的进口制成品。在这十几年间，发展中国家因贸易条件的恶化而支付的额外成本每年达25亿美元，结果导致20世纪80~90年代中期发展中国家国家的贸易余额持续地下降，从1981年的558亿美元下降到1994年的-429亿美元。①萨卡尔（P·Sarkar）在1986年考察了发展中国家两套出口价格的变化：发展中国家相对于发达国家的出口价格比和发展中国家对发达国家的出口相对于从发达国家进口的价格比。研究结果表明，发展中国家相对于发达国家的出口价格比每年下降0.51%；发展中国家对发达国家的出口相对于从发达国家进口的价格比每年下降0.93%。②萨卡尔和辛格还对1965年以来发展中国家制成品出口及其贸易条件进行了研究，发现在1970~1987年间，发展中国家制成品出口的贸易条件相对于发达国家每年大约下降1%。③可见，发展中国家遭受着双重的损失：即不仅初级产品的出口价格相对于制成品趋于下降，而且，制成品的出口价格相对于发达国家制成品也趋于下降。在这种情况下，发展中国家的贸易条件在长期必然会趋于恶化。

**二、普雷维什和辛格对发展中国家贸易条件长期恶化的原因分析**

发展中国家的贸易条件为什么在长期呈下降趋势呢？普雷维什和辛格认为，从初级产品贸易条件下降而言，归纳起来主要有

---

① M. P. Todaro, *Economic Development*, Sixth edition, New York: Longman, 1997, pp. 428~429.

② P. Sarkar, "The Singer - Prebisch Hypothesis: A Statistical Evaluation", *Cambridge Journal of Economics*, Vol. 10, 1986, pp. 355~371.

③ P. Sarkar and H. W. Singer, "Manufactured Exports of Developing Countries and Their Terms of Trade since 1965", *World Development*, Vol. 19, No. 4, 1991, pp. 333~340.

以下几个原因：

（一）初级商品和制成品的需求收入弹性不同。普雷维什和辛格认为，发展中国家出口的初级产品的需求收入弹性一般小于1，即对初级产品的需求增长低于收入的增长。随着发达国家收入的提高，这些国家的消费者对发展中国家初级产品的相对需求就会越来越少。与此同时，发达国家出口的制成品的需求收入弹性总的说来高于初级产品的需求收入弹性，而且一般大于1。这样，随着收入水平的提高，对制成品的需求会越来越大。两个方面的结合将会导致初级产品对制成品的贸易条件的下降。

而且，由于发展中国家在历史上大多是西方国家的殖民地或附属国，是原料的供应地。在政治上独立之后，它们仍保留着原来的出口格局：以初级产品出口为主，出口收入占GDP的比重较高，有些国家甚至主要依靠一两种农产品出口来换取外汇。这样的贸易格局决定了发展中国家在国际贸易中缺乏供给弹性。即使世界市场上农产品价格大幅度下跌，也无法调整出口结构，不仅无法减少初级产品的出口，甚至为了使出口收入不减少，还出口更多的初级产品。较低需求弹性加上供应的低弹性，决定了初级商品价格存在着极大的不稳定性，因此造成贸易条件的极大波动——上升或下降。为此，凯恩斯（J. M. Keynes）还多次在布雷顿森林会议上还提出建立国际初级商品交易所甚至建立一种以初级商品为基础的世界货币的方案。

（二）初级产品需求扩大的余地小于制成品。一方面是因为初级产品，尤其是农产品需求的收入弹性较低（恩格尔定律），另一方面是由于技术进步，原料的合成品和替代品大量涌现，这些新产品的出现降低了对非食品类初级产品的世界性需求。例如，化纤纺织品与棉纺织品竞争，合成橡胶与天然橡胶竞争，合成洗涤剂取代了由植物油脂制成的肥皂，人造皮革在很大程度上代替了动物皮革，塑料和金属制品代替了很大一部分木制品，等等。而且，技术进步还降低了工业生产中原料的消耗系数，因而对初级产品原料的进口需求并不随进口国工业生产的规模扩大而同比例增加。例如，金属容器减少了含锡量，现代化织布机减少了棉纱浪费并使用更多的合成纤维，锯木机将木刨花加工成木板，汽车使用较少的钢，等等。这一点已成为经济发展的一个显著特征。由于对初级产品的需求呈下降趋势，发展中国家的贸易趋向于出现赤字，促使货币贬值，进而导致贸易条件进一步恶化，形成恶性循环。

（三）由于工业国具有技术优势，因此其出口商品中有较高的技术含量，这些技术由出口国（发达国家的大型跨国公司）所控制。这意味着，制成品的出口价格中包含有熊彼特的创新租金和垄断利益。

（四）发达国家的要素收入比发展中国家高得多。这是因为发达国家和发展中国家的商品市场和劳动市场结构不同。在发达国家里，由于工会的强大压力和大厂商垄断势力的存在，由技术进步引起的生产率的提高，带来的不是价格的下降，而是工资和利润的不断上涨。正如普雷维什所说："当收入增加得比生产率多时，价格就是上升的，而不是下降的。"[①] 而在发展中国家则是另一种情形：劳动力丰富且处于无组织状态，工会势力弱小，工资通常被压到很低的水平；另一方面，由于农产品市场是竞争性市场，垄断性很差，农业技术进步所引起的生产率的提高不会给生产者带来更高的利润，而只会造成农产品价格的下跌。此外，在许多发展中国家，由于主要"国内"生产者都是外国投资者，所以劳动生产率提高所带来的利润往往外流，这给东道国造成的损失也无异于贸易条件的恶化。简而言之，"工业化国家

---

① 普雷维什：《拉丁美洲的经济发展及其主要问题》，载郭熙保主编：《发展经济学经典论著选》，北京：中国经济出版社，1998年版，第425页。

作为初级产品的消费者和工业品的生产者而拥有两个世界最好的东西，而欠发达国家作为工业品的消费者和原材料的生产者却拥有两个世界最坏的东西"。①

需要说明的是，对发展中国家贸易条件恶化趋势的这四种解释，到底哪种更能说明问题，要视不同类型的国家（如技术能力水平的差异，劳动市场组织程度的差异，剩余劳动力的存在与否，等等）和不同的出口商品而定。这表明，贸易条件问题的讨论已经从最初的初级商品对制成品的相对贸易条件变化变为倾向于讨论发展中国家出口商品（不论是初级商品还是比较简单的制成品）对工业国出口产品的相对贸易条件变化。虽然，一些发展中国家出口的制成品出口已大大增加了，而且出口的初级商品的加工度也大大提高了，但是这种"出口替代工业化"并没有解决贸易条件恶化的问题。实际上，发展中国家制成品出口贸易条件的改善仍不如工业国的大。

普雷维什和辛格提出的贸易条件恶化论是对正统的新古典贸易学说的彻底否定。首先，它否定了传统贸易理论的静态性质。在传统贸易理论中，贸易条件是既定不变的。其次，它否定了自由贸易对所有国家都有好处的结论。贸易条件恶化论认为，在现有的贸易格局下，贸易只对出口制成品的中心国家有利，对出口初级产品的外围国家是不利的。因此，其政策意义是反对自由贸易，主张贸易保护。它为战后 50~60 年代发展中国家走进口替代的工业化道路，实行贸易保护提供了一个有力的理论根据。

---

① 辛格：《投资国和借款国的利益分配》，载郭熙保主编：《发展经济学经典论著选》，北京：中国经济出版社，1998 年版，第 448 页。

## 第二节 对普雷维什—辛格命题的检验

自20世纪50年以来，对普雷维什—辛格命题的争论从未中断过，即使是在21世纪的今天，关于发展中国家的贸易条件是否改善或者仍在恶化的问题依然是国际学术界关注的热点问题。不同时期的大量学者对普雷维什—辛格命题进行了检验，大多数研究得出的结论基本一致，即初级产品贸易条件和发展中国家的贸易条件在长期呈下降趋势。

### 一、对商品的相对价格与发展中国家的贸易条件的检验

普雷维什—辛格命题基于以下三个事实：高度专门化生产和出口初级产品的发展中国家；技术进步集中在工业部门；自19世纪末以来，初级产品的价格相对于工业品不断下降。这些事实表明，由于初级产品专门化，发展中国家无法获得工业技术进步所带来的成果，既不能直接提高其生产率，也不能间接地改善贸易条件。

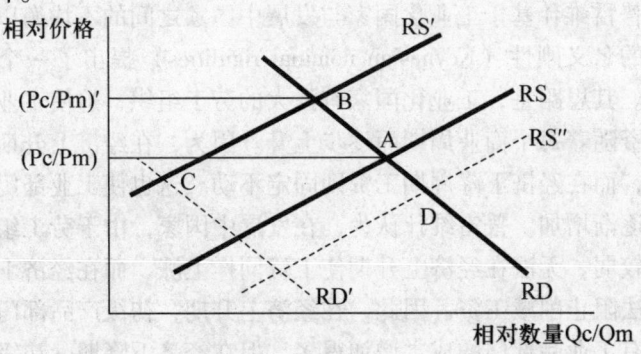

图3-1 世界市场中初级产品与工业品的关系

图 3-1 中描述了初级产品和工业品的世界市场。纵轴表示初级产品与工业品的相对价格 Pc/Pm，横轴表示相对数量 Qc/Qm。相对需求 RD 和相对供给 RS 决定世界市场的均衡。普雷维什—辛格假定：当制造业部门的技术进步超过了初级产品部门，那么工业品供给的增长就要快于初级产品供给的增长，初级产品的相对供给下降，使相对供给曲线向左移动至 RS′，市场均衡点就从 A 移动到 B，初级产品的相对价格就提高了。此时，初级产品出口国（发展中国家）的贸易条件便得以改善。在这种情况下，工业化国家的技术进步增进了发展中国家的福利。

然而，普雷维什和辛格却认为这种结果不可能发生，因为初级产品与工业品的相对价格不是提高了，而是实际下降了。为什么初级产品的相对价格呈下降趋势且可能继续存在呢？普雷维什和辛格认为有两个原因：一个原因是有些其他因素可能阻止相对供给曲线 RS 向左移动，甚至使其向右移动至 RS″。这就使均衡点移至 D 点，此时相对价格较低；第二个原因是有一些因素使相对需求曲线 RD 向左移动至 RD′。如果 RD 移动到 RD′的幅度大于从 RS 移动至 RS′的幅度，均衡点则为 C，此时的相对价格也较低。

普雷维什基于工业化国家与发展中国家之间的不均衡以及凯恩斯的名义刚性（Keynesian nominal rigidities）提出了一个供给理论。其思路是，工业化国家有强大的劳工组织，迫使工业部门的工资随着每个商业周期而逐步上升。因为，在经济上升期工资上涨，而在经济下降周期工资则固定不动。这也使工业部门的成本在逐渐增加。普雷维什认为，在发展中国家，由于劳工组织的力量较弱，无法在经济上升期使工资同样上涨，而在经济下降期则无法阻止削减工资。因此，在经济上升期，初级产品部门的成本没有工业品部门的成本增加得多，但在经济下降期，初级产品部门的成本则比工业品部门的成本下降很多，这就形成了初级产品部门的相对成本不断下降，从而导致图中的相对供给曲线 RS 向右移动。

辛格则更关注需求方，主要考虑价格和收入弹性。辛格认为，工业部门的垄断力量阻止技术进步进入价格较低的部门，即阻止相对供给曲线 RS 向左移动，这一点与普雷维什的观点一样。但是，辛格认为，初级产品的需求具有相对低的收入弹性，收入增长只能产生较低的相对需求，因此初级产品的相对价格较低。而且，他还认为，工业部门的技术进步是为了节省原料（如人工合成技术的应用），因此导致初级产品需求的增长比工业品需求的增长缓慢，从而导致图中的相对需求曲线 RD 向左移动。因此，普雷维什—辛格命题的政策含义是，发展中国家只有通过工业化才能走出这个困境，应考虑改变比较优势模式。

普雷维什和辛格假定，发展中国家专门生产和出口初级产品，工业化国家专门生产和出口工业品。这个普遍性使他们将初级产品与工业品的相对价格等同于发展中国家的贸易条件。但事实上，发展中国家并不只出口初级产品，工业化国家也不是只出口工业品，因此，商品的相对价格与贸易条件是不同的。迈耶（G. M. Meier）和鲍德温（R. E. Baldwin）在研究中发现了工业国家不只是出口工业品的事实，许多工业国家也大量出口许多初级产品如小麦、牛肉、羊毛、棉花和糖。[1] 季亚科萨娃（D. Diakosavvas）和斯坎蒂索（P. L. Scandizzo）也注意到，1955 年发展中国家在农业初级产品中的份额为 40%，而到 1983 年，这一比重下降为 30%。[2]

---

[1] G. M. Meier and R. E. Baldwin, *Economic development : Theory, History and Policy*, New York : John Wiley, 1957.

[2] D. Diakosavvas and P. L. Scandizzo, "Trends in the Terms of Trade of Primary Commodities 1900~1982: The Controversy and Its Origins," *Economic Development and Cultural Change*, 1991, pp. 231~264.

发展中国家在多大程度上专门生产和出口初级产品？这就需要测量初级产品在发展中国家总出口中的份额。但这不是一个最好的测量方法，因为这种方法总是受到相对价格波动的影响。尤其是当商品价格下跌时，其价值在一国总出口额中的比重就会下降，即使出口量没有发生任何变化。因此，考察出口份额只是了解专门化的程度及商品。表3-1例举了一些发展中国家的主要出口商品。在中东、非洲的一些国家以及委内瑞拉，一种商品的出口份额占50%以上，通常是石油。还有一些国家的单一出口商品占总出口的20%~49%，如智利的铜矿以及中美洲国家的香蕉和糖。从表3-2中可看到，自1900年以来，除了委内瑞拉之外，所有的拉美国家最主要的两种出口商品在总出口中所占的比重都下降了。即使是委内瑞拉，自1950年以来，其最主要的两种出口商品的比重也下降了。如今，只有智利、古巴和委内瑞拉这三个国家，其最主要的一种出口商品所占比重达到40%。比重的下降可能主要是由于商品价格的下降，但是更重要的是反映了比较优势的改变：当工业化国家的产业重心转移到服务业，发展中国家在某些制造业领域就具有了比较优势。当然，比重的下降还反映了发展中国家在20世纪下半叶推行进口替代政策的效果。

表3-1 一些发展中国家的主要出口商品（1992~1997年年均出口份额）

|  | 占出口额 50%以上 | 占出口额 20%~49% | 占出口额 10%~19% |
|---|---|---|---|
| 中东 ||||
| 原油 | 巴林、伊朗、伊拉克、科威特、利比亚、阿曼、卡塔尔、沙特阿拉伯、也门 | 叙利亚、阿联酋 | 埃及 |
| 铝 |  |  | 巴林 |

续表

| 非洲 | | | |
|---|---|---|---|
| 原油 | 安哥拉、刚果（金）、加蓬、尼日利亚 | 喀麦隆、赤道几内亚 | 阿尔及利亚 |
| 天然气 | | 阿尔及利亚 | |
| 铁矿 | | 毛里塔尼亚 | |
| 铜 | 赞比亚 | | 刚果（金） |
| 金 | | 加纳、南非 | 马里、津巴布韦 |
| 木材（非洲硬木） | | 赤道几内亚 | 中非、加蓬、斯威士兰 |
| 棉花 | | 贝宁、乍得、马里、苏丹 | 布基纳法索 |
| 烟草 | 马拉维 | 津巴布韦 | |
| 阿拉比卡咖啡 | 布隆迪、埃塞俄比亚 | 卢旺达 | |
| 罗巴斯达咖啡 | 乌干达 | | 喀麦隆 |
| 可可 | 圣多美和普林西比 | 科特迪瓦、加纳 | 喀麦隆 |
| 茶 | | | 肯尼亚、卢旺达 |
| 糖 | | 毛里求斯 | 斯威士兰 |
| 西半球 | | | |
| 原油 | 委内瑞拉 | 厄瓜多尔、特立尼达和多巴哥 | 哥伦比亚、墨西哥 |
| 铜 | | 智利 | 秘鲁 |
| 金 | | | 圭亚那 |
| 棉花 | | | 巴拉圭 |

续表

| | | | |
|---|---|---|---|
| 阿拉比卡咖啡 | | | 哥伦比亚、萨尔瓦多、危地马拉、洪都拉斯、尼加拉瓜 |
| 糖 | | 圭亚那、圣基茨和尼维斯 | 伯利兹 |
| 香蕉 | | 洪都拉斯、圣文森特 | 哥斯达黎加、厄瓜多尔、圣卢西亚 |
| 鱼粉 | | | 秘鲁 |
| 大米 | | | 圭亚那 |
| **欧洲、亚洲和太平洋地区** | | | |
| 原油 | | 阿塞拜疆、文莱、挪威、巴布亚新几内亚、俄罗斯 | 印度尼西亚、哈萨克斯坦、越南 |
| 天然气 | 土库曼斯坦 | | |
| 铝 | | 塔吉克斯坦 | |
| 铜 | | 蒙古 | 哈萨克斯坦、巴布亚新几内亚 |
| 金 | | 巴布亚新几内亚 | 乌兹别克斯坦 |
| 木材（亚洲硬木） | | 老挝、所罗门群岛 | 柬埔寨、印度尼西亚、缅甸、巴布亚新几内亚 |
| 木材（软木） | | | 拉脱维亚、新西兰 |
| 椰干和椰子油 | 基里巴斯 | | |

续表

| | | 巴基斯坦、乌兹别克斯坦 | 阿塞拜疆、塔吉克斯坦、土库曼斯坦 |
|---|---|---|---|
| 棉花 | | | |

资料来源：J. T. Cuddington, "Rodney Ludema and Shamila A. Jayasuriya, Prebisch – Singer Redux", *Natural Resources ——Neither Curse nor Destiny*, edited by Daniel Lederman and William F. Maloney, A copublication of Stanford Economics and Finance, an imprint of Stanford University Press, and the World Bank, 2007.

表3-2 1900~1995年间拉美国家出口前两位商品
（每种商品占总出口的比重,%）

| 国家 | 1900 | 1910 | 1920 | 1930 | 1940 | 1950 | 1960 | 1970 | 1980 | 1990 | 1995 |
|---|---|---|---|---|---|---|---|---|---|---|---|
| 阿根廷 | 羊毛(24) 小麦(19) | 小麦(23) 羊毛(15) | 小麦(24) 肉类(18) | 小麦(19) 肉类(18) | 肉类(23) 小麦(16) | 小麦(17) 肉类(15) | 肉类(22) 羊毛(14) | 肉类(25) 小麦(6) | 肉类(13) 小麦(10) | 肉类(7) 小麦(6) | 石油(8) 小麦(5) |
| 玻利维亚 | 银(39) 锡(27) | 锡(54) 橡胶(16) | 锡(68) 银(11) | 锡(84) 铜(4) | 锡(80) 银(6) | 锡(67) 铅(9) | 锡(66) 铅(7) | 锡(50) 天然气(16) | 锡(43) 天然气(25) | 天然气(26) 锌(16) | 锌(11) 天然气(10) |
| 巴西 | 咖啡(57) 橡胶(20) | 咖啡(51) 橡胶(31) | 咖啡(55) 可可(4) | 咖啡(68) 棉花(3) | 咖啡(34) 棉花(18) | 咖啡(62) 可可(7) | 咖啡(55) 可可(6) | 咖啡(32) 铁矿(7) | 大豆(12) 咖啡(10) | 大豆(9) 铁矿(8) | 大豆(8) 铁矿(6) |
| 智利 | 硝石(65) 铜(14) | 硝石(67) 铜(7) | 硝石(54) 铜(12) | 硝石(43) 铜(37) | 铜(57) 硝石(19) | 铜(52) 硝石(22) | 铜(67) 硝石(7) | 铜(79) 铁矿(6) | 铜(46) 铁矿(4) | 铜(46) 鱼类(4) | 铜(39) 木材(6) |
| 哥伦比亚 | 咖啡(49) 金(17) | 咖啡(39) 金(16) | 咖啡(62) 金(13) | 咖啡(64) 石油(13) | 咖啡(62) 石油(13) | 咖啡(72) 石油(13) | 咖啡(75) 石油(13) | 咖啡(59) 石油(13) | 石油(54) 咖啡(13) | 石油(23) 咖啡(21) | 咖啡(20) 石油(19) |

续表

| 国家 | 1900 | 1910 | 1920 | 1930 | 1940 | 1950 | 1960 | 1970 | 1980 | 1990 | 1995 |
|---|---|---|---|---|---|---|---|---|---|---|---|
| 哥斯达黎加 | 咖啡(60)<br>香蕉(31) | 香蕉(53)<br>咖啡(32) | 咖啡(51)<br>香蕉(33) | 咖啡(67)<br>香蕉(25) | 咖啡(54)<br>香蕉(28) | 咖啡(56)<br>香蕉(30) | 咖啡(53)<br>香蕉(24) | 咖啡(29)<br>香蕉(29) | 咖啡(27)<br>香蕉(22) | 香蕉(24)<br>咖啡(17) | 香蕉(24)<br>咖啡(14) |
| 古巴 | 糖(61)<br>烟草(23) | 糖(70)<br>烟草(24) | 糖(87)<br>烟草(10) | 糖(68)<br>烟草(17) | 糖(70)<br>烟草(8) | 糖(82)<br>烟草(5) | 糖(73)<br>烟草(8) | 糖(75)<br>烟草(4) | 糖(82)<br>镍(5) | 糖(74)<br>镍(7) | 糖(50)<br>镍(22) |
| 墨西哥 | 银(44)<br>铜(8) | 银(28)<br>金(16) | 石油(67)<br>银(17) | 银(15)<br>石油(14) | 银(14)<br>锌(13) | 棉花(17)<br>铅(12) | 棉花(23)<br>咖啡(9) | 棉花(8)<br>咖啡(5) | 石油(65)<br>咖啡(4) | 石油(32)<br>咖啡(2) | 石油(10)<br>— |
| 秘鲁 | 糖(25)<br>银(18) | 铜(20)<br>糖(19) | 糖(35)<br>棉花(26) | 石油(33)<br>铜(21) | 石油(26)<br>棉花(21) | 棉花(34)<br>糖(15) | 棉花(18)<br>铜(17) | 鱼类(27)<br>铜(25) | 石油(20)<br>铜(18) | 铜(18)<br>鱼类(13) | 铜(19)<br>鱼类(15) |
| 乌拉圭 | 羊毛(29)<br>生皮(28) | 羊毛(40)<br>生皮(23) | 羊毛(40)<br>肉类(30) | 肉类(37)<br>羊毛(27) | 羊毛(45)<br>肉类(22) | 羊毛(48)<br>肉类(19) | 羊毛(57)<br>肉类(20) | 羊毛(32)<br>肉类(32) | 羊毛(17)<br>肉类(17) | 羊毛(16)<br>肉类(11) | 羊毛(14)<br>肉类(9) |
| 委内瑞拉 | 咖啡(43)<br>可可豆(20) | 咖啡(53)<br>可可豆(18) | 咖啡(42)<br>可可豆(18) | 石油(82)<br>咖啡(10) | 石油(88)<br>咖啡(3) | 石油(94)<br>咖啡(1) | 石油(88)<br>铁矿(6) | 石油(87)<br>铁矿(6) | 石油(90)<br>铁矿(2) | 石油(79)<br>铝(4) | 石油(75)<br>铝(4) |

资料来源：John T. Cuddington, "Rodney Ludema and Shamila A. Jayasuriya, Prebisch-Singer Redux", *Natural Resources ——Neither Curse nor Destiny*, edited by Daniel Lederman and William F. Maloney, A copublication of Stanford Economics and Finance, an imprint of Stanford University Press, and the World Bank, 2007.

  为此，布利尼（M. F. Bleaney）和格里纳韦（D. Greenaway）测算了1955～1989年间商品价格对非石油发展中国家贸易条件的重要性。结果表明，商品相对价格每下降1%，非石油发展中国家的贸易条件便下降0.3%。① 比达尔科达（P. Bidarkota）和克鲁奇尼（M. J. Crucini）研究了65个国家的贸易条件与其主要出口商品的相对价格之间的关系发现，一个典型的发展中国家贸易条件的年均变化的50%应归因于三个或更少的出口商品的国际价格的变化。②

普雷维什和辛格用其理论解释了发展中国家与工业化国家之间的发展差距。因此，理解发展中国家的贸易条件比理解商品价格更重要。哈达斯（Y. Hadass）和威廉森（J. Williamson）绕过了贸易条件和商品价格的问题，使用特定国家的贸易条件数据，而非商品价格数据，重新检验了普雷维什—辛格假说。他们选择了19个国家的贸易条件数据，既包括发展中国家也包括工业国家，他们将这19个国家分为四类地区：土地贫乏的欧洲、土地贫乏的第三世界、土地丰裕的美洲和土地丰裕的第三世界。结果发现，除了土地贫乏的第三世界，其他所有地区的贸易条件都改善了，部分原因是快速下降的运输成本。③

## 二、对商品价格决定因素的检验

季亚科萨娃和斯坎蒂索检验了普雷维什的非对称名义刚性理论（Prebisch's theory of asymmetrical nominal rigidities，即在经济上升期，初级产品价格和工业品价格上涨不一致，而在经济下降期，初级产品价格却比工业品价格跌得更多）。他们考察初级产品价格相对于工业品价格在经济下降期的弹性是否比在经济上升

---

① M. F. Bleaney and D. Greenaway, "Long-run Trends in the Relative Price of Primary Commodities and in the Terms of Trade of Developing Countries," *Oxford Economic Papers*, Vol. 45, 1993.

② P. Bidarkota and M. J. Crucini, "Commodity Prices and the Terms of Trade", *Review of International Economics*, Vol. 8, No. 4, 2000, pp. 647~666.

③ Y. Hadass and J. Williamson, "*Terms of Trade Shocks and Economic Performance 1870-1940: Prebisch and Singer Revisited*", NBER Working Paper 8188, 2001.

期的弹性更大，但是结果并不支持普雷维什的理论，但有五种商品除外，即非食品类、大米、棉花、橡胶和铜。①

布洛克（H. Bloch）和萨普斯福特建立了一个模型，考察普雷维什和辛格所描述的那些对商品价格产生影响的因素。模型假定初级产品部门是边际成本定价原则，制造业部门是利润定价原则。他们将工资引入模型中，用来反映工业部门工会的作用。研究发现，导致商品价格下降的主要因素是节约原料的技术变化，其次是制造业更快的工资增长和制造业商品价格稳定上涨这两个因素。但是，制造业商品价格稳定上涨这个因素值得怀疑，因为制造业商品价格是基于劳动力最低价格和中间投入品的成本，忽视了其他因素如使用资本和土地的成本。②

### 三、初级商品价格趋势的实证分析：是否存在商品相对价格下降的趋势？

大多数关于对普雷维什—辛格假说的实证研究都是探寻初级商品与工业品的相对价格长期下跌，而不是直接探寻发展中国家的贸易条件，因为这一研究的最大障碍是缺乏理想的数据。格瑞利（E. R. Grilli）和杨（M. C. Yang）构建了 1900～1986 年间 24 种国际贸易非燃料商品的价格指数。商品的名义价格数据来自由 24 种非燃料商品和 2 种能源商品（石油和煤炭）的年度观察值组成的世界银行数据库，但是这 2 种能源商品不在格瑞利和杨的价格指数内。非燃料组包括 11 种食品类商品：香蕉、牛肉、

---

① D. Diakosavvas and P. L. Scandizzo, "Trends in the Terms of Trade of Primary Commodities 1900～1982: The Controversy and Its Origins," *Economic Development and Cultural Change*, 1991, pp. 231～264.

② H. Bloch and D. Sapsford, "Some Estimates of the Prebisch and Singer Effects on the Terms of Trade between Primary Producers and Manufactures," *World Development*, Vol. 25, No. 11, 1997; H. Bloch and D. Sapsford, "Whither the terms of trade? An elaboration of the Prebisch - Singer hypothesis," *Cambridge Journal of Economics*, Vol. 24, 2000.

可可、咖啡、羊肉、玉米、棕榈油、大米、糖、茶叶和小麦；以及7种非食品农产品：棉花、生皮、黄麻、橡胶、木材、烟草和羊毛；还包括6种金属：铝、铜、铅、银、锡和锌。在1977～1979年间，这些产品约占世界非燃料商品贸易的54%（食品类商品贸易的49%、非食品农产品贸易的83%和金属类商品贸易的45%）。格瑞利和杨根据这24种商品在1977～1979年间世界商品贸易的份额加权各自的名义价格，从而构建名义商品价格指数。为获得更真实的指数，他们使用制成品单位价值指数（MUV，即工业国家向发展中国家出口制成品的单位价值）来除名义价格指数，得出平减名义价格指数。通过观察1900～1986年的商品价格指数，格瑞利和杨发现，商品价格自1921年向下突破后，以每年-0.6%的趋势下降。可见，他们的研究结论是支持普雷维什—辛格命题的。[1]

卡欣（P. Cashin）和麦克德莫特（C. J. McDermott）使用了经济学家的工业品价格指数，涵盖了1962～1999年140年的数据，他们发现，商品价格指数每年以-1.3%的趋势下降。这与普雷维什—辛格命题也是一致。[2]

还有学者根据1981～2003年发达国家与发展中国家的出口值、进口值、GDP指数以及贸易条件指数等数据建立计量回归模型，分析发达国家和发展中国家贸易条件变化情况。[3] 从表3-3可以看出，1981～2003年间，发达国家的进出口总值大致呈逐年递增趋势，就总体而言，发达国家的贸易条件基本上呈现

---

[1] E. R. Grilli and M. C. Yang, "Primary Commodity Prices, Manufactured Goods Prices and the Terms of Trade of Developing Countries: What the Long Run Shows," *The World Bank Economic Review*, Vol. 2, No. 1, 1988, pp. 1~47.

[2] P. Cashin and C. J. McDermott, "The Long-Run Behavior of Commodity Prices: Small Trends and Big Variability," IMF Staff Papers, Vol. 49, No. 2, 2002.

[3] 和睦：《发达国家与发展中国家贸易条件比较与实证分析》，载《新疆财经》，2006年第1期。

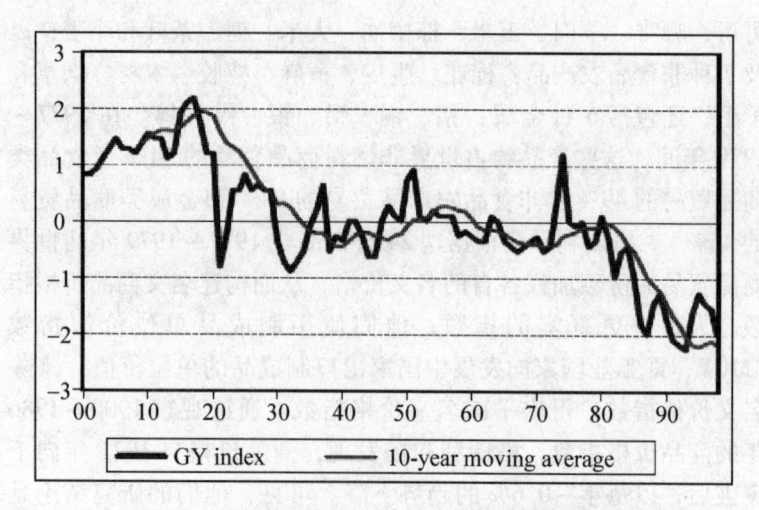

**图 3-2 格瑞利和杨的商品价格指数（GY 指数）**

资料来源：John T. Cuddington, "Rodney Ludema and Shamila A. Jayasuriya, Prebisch-Singer Redux", *Natural Resources——Neither Curse nor Destiny*, edited by Daniel Lederman and William F. Maloney, A copublication of Stanford Economics and Finance, an imprint of Stanford University Press, and the World Bank, 2007.

出改善趋势。以 1991 年为基点，20 世纪 80 年代其贸易条件指数还在 88 左右，到 90 年代末就已上升至 104.3。这说明，随着贸易规模的扩大，发达国家的贸易条件在不断改善。通过对 1981~2003 年间发达国家的出口值、进口值、GDP 指数与贸易条件指数进行多元线性回归分析表明，发达国家贸易条件与出口值和 GDP 呈正相关关系，与进口值呈负相关关系。其他变量不变时，出口值每增加 10 亿美元，贸易条件指数就会上升 0.02 个百分点；而进口值每增加 10 亿美元，贸易条件指数就会下降 0.025 个百分点；GDP 指数每上升（下降）一个百分点，贸易条件会上升（下降）0.665 个百分点。可见，GDP 的增长对发达国家的贸易条件的影响最大。

表 3-3 发展中国家与发达国家的进出口值、GDP 指数与贸易条件指数

| 年份 | 贸易条件指数 (1991=100) | | 出口值(10 亿美元) | | 进口值(10 亿美元) | | GDP 指数 (1991=100) | |
| --- | --- | --- | --- | --- | --- | --- | --- | --- |
| | 发展中国家 | 发达国家 | 发展中国家 | 发达国家 | 发展中国家 | 发达国家 | 发展中国家 | 发达国家 |
| 1981 | 122.3 | 85.9 | 647.9 | 1243.2 | 623.1 | 1328.9 | 63.4 | 72.1 |
| 1982 | 122 | 87.1 | 563.5 | 1177.2 | 577.2 | 1248 | 65.4 | 71.9 |
| 1983 | 113.8 | 88.9 | 544.4 | 1161.7 | 543.7 | 1225.3 | 67.7 | 74.5 |
| 1984 | 116.7 | 88.6 | 579.5 | 1240.1 | 545 | 1339.8 | 71.7 | 79 |
| 1985 | 115 | 89.4 | 549.6 | 1282 | 520.9 | 1374.2 | 75.6 | 82.3 |
| 1986 | 104 | 98.3 | 520.7 | 1488.3 | 525 | 1548.1 | 79.8 | 85.1 |
| 1987 | 101.1 | 99.4 | 625.9 | 1735.8 | 593.4 | 1829.5 | 83.4 | 88.3 |
| 1988 | 101 | 100.7 | 710.5 | 1986 | 704.6 | 2067.7 | 87.6 | 92.8 |
| 1989 | 105.8 | 99.7 | 782.4 | 2126.8 | 763.2 | 2238.3 | 90.8 | 96.1 |
| 1990 | 114.5 | 99.4 | 872.6 | 2453.6 | 857.3 | 2572.2 | 94.8 | 98.8 |
| 1991 | 100 | 100 | 1031.8 | 2502.2 | 964.8 | 2593.1 | 100 | 100 |
| 1992 | 102.7 | 101.7 | 1113.8 | 2650.5 | 1060 | 2706.5 | 106.3 | 101.9 |
| 1993 | 102 | 103.2 | 1171.2 | 2597.2 | 1260.9 | 2557.8 | 112.5 | 103.1 |

续表

| 年份 | 贸易条件指数 (1991=100) | | 出口值 (10亿美元) | | 进口值 (10亿美元) | | GDP指数 (1991=100) | |
|---|---|---|---|---|---|---|---|---|
| | 发展中国家 | 发达国家 | 发展中国家 | 发达国家 | 发展中国家 | 发达国家 | 发展中国家 | 发达国家 |
| 1994 | 103.5 | 103.9 | 1373.1 | 2913.5 | 1440.7 | 2904.7 | 118.9 | 106.3 |
| 1995 | 103.3 | 104.3 | 1659.3 | 3469.8 | 1755.8 | 3435.9 | 124.8 | 108.8 |
| 1996 | 103.4 | 103.7 | 1786.7 | 3564.2 | 1888.1 | 3558.8 | 130.4 | 111.8 |
| 1997 | 103.4 | 102.6 | 1894.6 | 3643.3 | 1992.6 | 3636.1 | 135.7 | 114.9 |
| 1998 | 101.4 | 104.3 | 1778.6 | 3671.4 | 1817.9 | 3736.5 | 138.7 | 117.6 |
| 1999 | 101.4 | 104.3 | 1906.6 | 3744.2 | 1847.5 | 3930.5 | 142.7 | 121.1 |
| 2000 | 105.3 | 101.1 | 2361.9 | 3997.8 | 2225.4 | 4337.7 | 148.6 | 124.9 |
| 2001 | 102.2 | 102.2 | 2253.4 | 3871 | 2174.6 | 4155 | 152.6 | 126 |
| 2002 | 101.6 | 103.2 | 2431.0 | 3984.6 | 2304.7 | 4255.5 | 157.4 | 127.7 |
| 2003 | 101.6 | 104.2 | 2878.1 | 4560.7 | 2723.6 | 4916.8 | 163.5 | 129.3 |

数据来源：*International Financial Statistics Yearbook*, 1993, 2004, 2005；*World Economic Outlook*, 1986, 1996, 2004.

发展中国家在这 23 年中，其进出口贸易值也呈现递增趋势（除了受到 20 世纪 80 年代初资本主义经济危机和 1997 年亚洲金融危机的影响，其贸易规模有所缩减之外），贸易规模正逐渐扩大。但是，发展中国家的贸易条件并没有随之明显改善，相反，在 20 世纪 80 年代，其贸易条件不断恶化的，贸易条件指数从 1981 年的 122.3 下滑至 1988 年的 101，虽然 1990 年上升至 114.5，但在随后的 10 年里均在 102 左右波动，可见，贸易条件并未明显改善。通过对发展中国家这 23 年来的出口值、进口值、GDP 指数以及贸易条件指数进行多元线性回归分析表明，发展中国家的进出口值对贸易条件指数的影响并不显著，但是对 GDP 的影响却较为显著，且呈负相关关系，即 GDP 指数每上升 1 个百分点，贸易条件指数就会下降约 0.5 个百分点。这也印证了大部分发展中国家陷入了贫困化增长困境的事实。

总的说来，针对 20 世纪初级产品贸易条件的现有研究中，大多数都是支持普雷维什—辛格假说的，这说明普雷维什—辛格假说的实证基础还是比较坚实的。

## 第三节 普雷维什—辛格命题被打破了吗？

上一节例举了大量针对普雷维什—辛格命题的检验，证据虽然混杂，但大多数研究都已证明了 20 世纪发展中国家初级产品贸易条件恶化的趋势。进入 21 世纪，我们仍有必要对发展中国家贸易条件的变化进行重新检验。主要是由于一些新兴发展中大国的迅速发展对原料等初级产品产生了巨大的需求，使全球进入了自然资源高价时代，尤其以 2003 年以来国际市场上初级产品价格的持续上涨为标志。2008 年，国际货币基金组织（IMF）发布的《世界经济展望》对 21 世纪以来初级产品贸易条件的变化进行研究发现，近年来，无论能源型初级产品还是非能源初级产品的贸易条件都得到了显著改善，① 对普雷维什—辛格假说提出了新的挑战。

由于在传统的世界贸易格局中，资源性产品主要由资源禀赋丰富的发展中国家提供，发达国家是这类产品的主要进口国，因此人们不禁要问，21世纪初以来国际市场上初级产品的价格的持续上涨是否使发展中国家的贸易条件得到了相应地改善？或发展中国家贸易条件的变化在多大程度上可归因于资源性产品价格的变化？另外，发展中国家既包括出口能源和非能源资源性产品的国家，也包括进口初级产品进行加工后出口工业制成品的国家，这些不同类别发展中国家的贸易条件变化趋势有何区别？即贸易所得在发展中国家之间又是如何分配的？对这些问题的解答关系到普雷维什—辛格假说在新的国际经济背景下是否仍然适用的问题。

### 一、对发展中国家贸易条件与初级产品价格变动关系的再检验

与发达国家相比，发展中国家的贸易条件更容易受到初级产品价格变化的影响。初级产品是自然资源禀赋相对充裕的发展中国家的主要出口商品，传统上是向发达国家出口以换取工业制成品。但是，近二三十年来，随着亚洲新兴工业化国家的兴起，加工贸易迅速发展，导致发展中国家之间初级产品贸易也迅速增加。因此，无论是对出口初级产品的发展中国家还是工业制成品出口型的发展中国家而言，初级产品贸易都具有重要性。在这种贸易结构中，要深入理解发展中国家在国际贸易中福利变化的原

---

① IMF, *World Economic Outlook* 2008, chapter 5, http://www.imf.org/external/pubs/ft/weo/2008/01/index.htm

因，就必须研究大宗商品价格变动与这些国家贸易条件变化的关系。初级产品价格和发展中国家贸易条件的近期变化主要表现为：

（一）初级产品价格在20世纪90年代比较平稳，自21世纪以来明显上扬，其中能源性初级产品价格的增幅快于非能源性初级产品价格的增幅。初级产品可以分为能源型和非能源型初级产品。

能源型初级产品包括原油、天然气和煤等，非能源型初级产品包括农产品和金属矿产品等。图3-3描述了1990年以来的能源性初级产品和非能源型初级产品价格指数的变化趋势。可以看出，这两个价格指数呈现出相似的变化趋势，在整个20世纪90年代都相当稳定，略有波动。但能源价格指数从1999年开始，非能源价格指数从2003年开始，开始了持续的、明显的上涨。截至2008年6月，与1990年代的平均水平相比，能源价格指数上升了4倍多，非能源价格指数上升了约2.5倍。它们的上涨幅

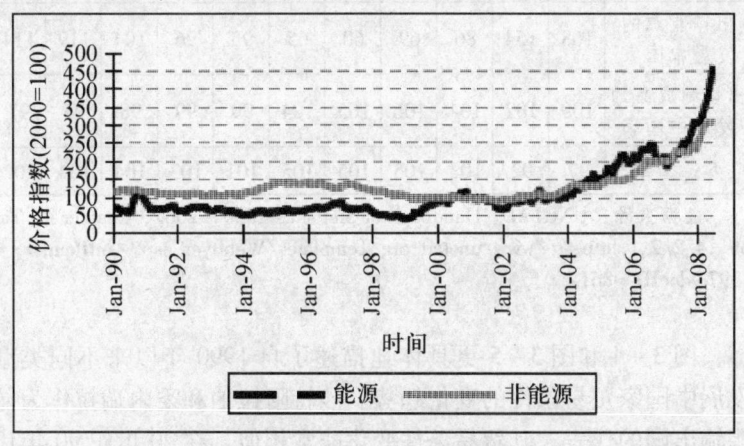

图3-3 初级产品价格趋势（1990年1月~2008年6月）
数据来源：根据World Bank，Global Economic Monitor数据库中各国的进出口价格指数计算。

度远超过同期工业制成品的价格上涨,导致了大宗商品贸易条件的大幅改善。

(二)21世纪初以来,发展中国家的贸易条件总体改善,其中能源输出国和非能源资源产品输出国的贸易条件改善,但工业制成品输出国的贸易条件恶化。

发展中国家的出口结构逐渐变得多样化,包括初级产品出口国和工业制成品出口国,而出口结构不同的国家,其贸易条件的变化趋势有所不同。根据联合国的数据,2000~2005年,发展中国家整体的贸易条件上升了5%,其中能源输出国的贸易条件上升了14%,而工业制成品输出国的贸易条件则恶化了9%,同期发达国家的贸易条件却无明显变化(见表3-4)。

表3-4 不同类型国家的贸易条件与购买力指数的变化

| 贸易条件 | 1980 | 1985 | 1990 | 1995 | 1998 | 1999 | 2001 | 2002 | 2003 | 2004 | 2005 |
|---|---|---|---|---|---|---|---|---|---|---|---|
| 发展中国家 | 117 | 111 | 101 | 102 | 100 | 99 | 98 | 98 | 99 | 100 | 104 |
| 出口能源的发展中国家 | 168 | 154 | 86 | 69 | 60 | 65 | 95 | 96 | 104 | 119 | 114 |
| 出口制成品的发展中国家 | 109 | 102 | 104 | 106 | 105 | 104 | 99 | 99 | 98 | 94 | 91 |
| 发达国家 | 97 | 92 | 103 | 105 | 105 | 105 | 101 | 103 | 104 | 104 | 102 |

数据来源:UNCTAD, Handbook of Statisitcs 2006~2007, Chapter 4, Table 4.2.2, http://www.unctad.org/Templates/Webflyer.asp?intItemID=1397&docID=8612

图3-4和图3-5更具体地描述了自1990年以来不同类型发展中国家贸易条件的变化趋势。沙特阿拉伯和委内瑞拉作为能源输出国的代表,其贸易条件变化非常相似,在20世纪90年代变化不大,但1999年之后都有了明显改善,这显然与能源价格的变化趋势相吻合。作为非能源大宗商品输出国代表的5国中,

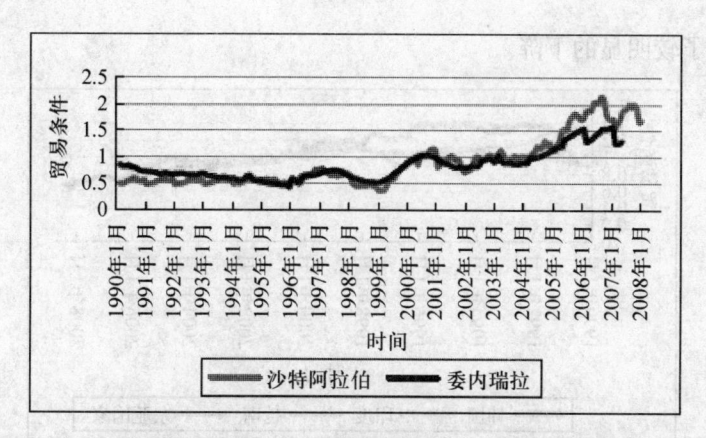

**图 3-4　出口石油的发展中国家的贸易条件的变化（沙特和委内瑞拉）**
数据来源：根据 World Bank, Global Economic Monitor 数据库中各国的进出口价格指数计算。

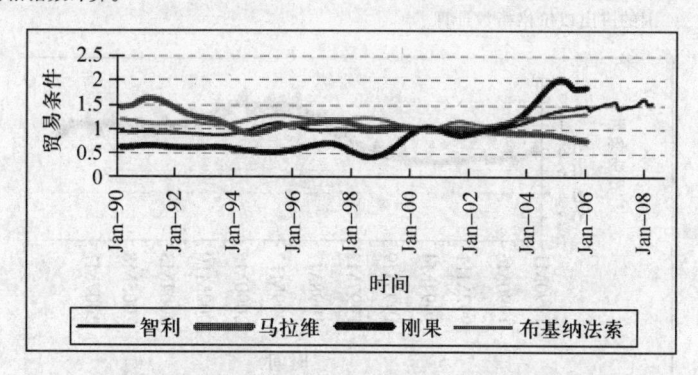

**图 3-5　出口非石油初级产品的主要发展中国家的贸易条件的变化**
数据来源：根据 World Bank, Global Economic Monitor 数据库中各国的进出口价格指数计算。

除了马拉维之外，其他国家的贸易条件在 2000 年之后都有不同程度的改善。图 3-6 和图 3-7 显示了出口工业制成品的发展中国家的贸易条件的变化趋势与前二者明显不同，韩国、越南、中国和整个东亚地区（日本除外）的贸易条件在 2000 年之后都出现了较明显的下降。

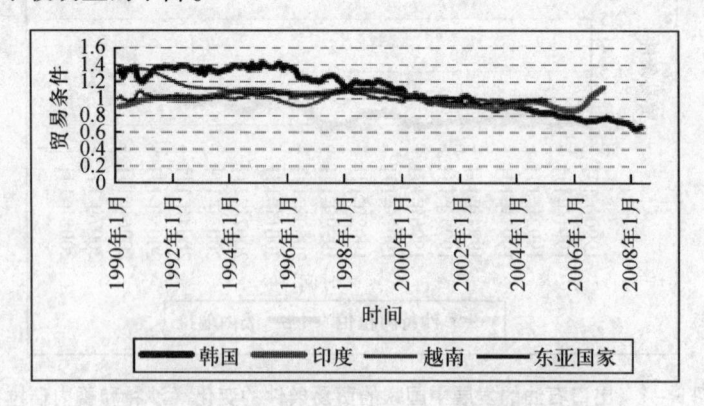

**图 3-6 出口制成品的发展中国家的贸易条件变化趋势**

数据来源：根据 World Bank, Global Economic Monitor 数据库中各国的进出口价格指数计算。

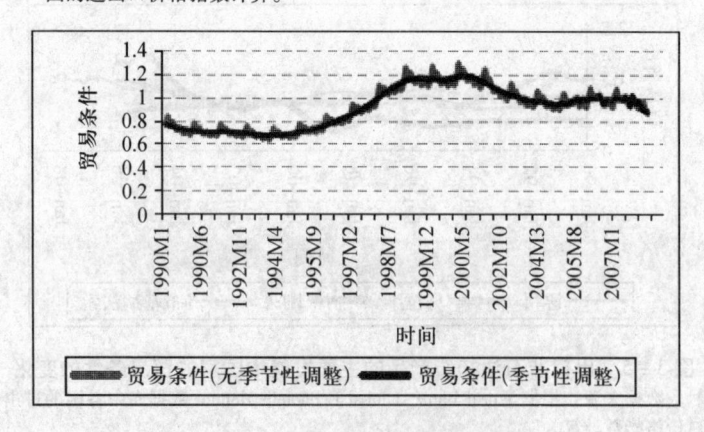

**图 3-7 中国的贸易条件变化趋势**

数据来源：根据 IMF 的 International Financial Statisitcs 中的中国进出口的同比价格指数和中国海关总署发布的 2006 年进出口环比价格指数为基数，向前和向后推出 1990~2008 年的进出口环比价格指数。章艳红：《发展中国家贸易条件的变化趋势与大宗商品价格变动的关系》，http://ier.ruc.edu.cn/08-3/2008-3-f1.pdf

有研究者利用面板数据分析法，对 1999～2006 年间大宗商品价格变化对不同类别发展中国家贸易条件的区别性影响进行了检验。结果表明，21 世纪初以来，大宗商品价格对各类发展中国家贸易条件的影响存在显著差异。具体来说，给定其他条件，1999～2006 年间大宗商品价格的上涨导致了能源输出国的贸易条件平均上升了 99%，非能源性资源产品输出国的贸易条件平均上升了 60%，亚洲发展中国家的贸易条件平均恶化了 7%，其余发展中国家的贸易条件平均改善了 15%。①

**二、贸易条件恶化论被打破了吗?**

（一）初级产品价格上涨是不稳定的

从表面上看，以上的数据似乎并不支持普雷维什—辛格命题，但是需要注意的是，普雷维什—辛格命题所提出的生产和出口初级产品的发展中国家贸易条件恶化论的观点实际上是揭示了一种"长期的和总体性的"历史性趋势，而在上述的分析中，由于初级产品价格近年来的上涨带来的贸易条件改善很显然是短期的、暂时的和阶段性的。我们知道，导致初级产品价格变化的原因可能是多方面的，包括消费偏好的改变、市场投机行为的增加、自然灾害，等等。由于这些因素具有不确定性，导致大宗商品价格往往具有相当大的波动性，因此，仅凭近几年来初级产品价格上涨引致的发展中国家贸易条件变化的这种短期趋势是否能够持续还有待观察，并不足以作出长期判断的基础。而且，各类初级产品的价格表现也是不一致。实际上，国际市场上初级产品的价格在 2006 年达到峰顶，已经开始转向下跌趋势。除了石油价格在 2007～2008 年有所回升，其余非燃料初级产品、食品、

---

① 章艳红：《发展中国家贸易条件的变化趋势与大宗商品价格变动的关系》，http：//ier.ruc.edu.cn/08 - 3/2008 - 3 - f1.pdf

农产品和金属的价格均转向了下跌趋势（见表3-5）。

表3-5 2008年和2009年初级产品价格的变化（%）

|  | 经济学家智库（EIU） | | 国际货币基金组织（IMF） | |
|---|---|---|---|---|
|  | 2008 | 2009 | 2008 | 2009 |
| 玉米 | 58.7 | 14.7 | 28.6 | 4.8 |
| 小麦 | 43.9 | -2.0 | 41.1 | -2.8 |
| 大米 | 107.5 | -3.5 | 50.4 | 4 |
| 大豆 | 63.6 | 6.8 | 30.8 | -3.6 |
| 大豆油 | 66.9 | 6.1 | 25 | -5 |
| 糖 | 30.3 | 11.7 | 2.4 | 1.2 |
| 谷物 | 47.3 | -1.3 | — | — |
| 油籽 | 62.6 | 2.9 | — | — |
| 铜 | 9.1 | -11.9 | -1.8 | -14.3 |
| 铝 | 12.8 | -7.5 | 2.3 | -7.4 |
| 铁矿石 | — | — | 65.3 | -14.3 |
| 锌 | -36.7 | -10.5 | -38.5 | -10 |
| 原油 | 69.1 | -8.3 | 60.1* | 9.2* |

注：带*号的数据来源于国际能源机构（IEA）。

数据来源：The Economist Intelligence Unit, "*World commodity forecast: food, feedstuffs and beverages*", July 2008; International Monetary Fund (IMF), *World Economic Outlook*, Washington, D.C., April 2008; Energy Information Administration (EIA), *Short-Term Energy Outlook* 2008, Washington, D.C., United States Department of Energy.

（二）21世纪初以来国际贸易利益的分配格局的新特点

通过观察2000年以来的发展中国家贸易条件的变化趋势，我们可以对这一时期的国际贸易利益的分配格局做出一些判断。

与20世纪90年代相比,就发展中国家总体来说,似乎在国际贸易所得格局的地位略有改善。但是,在发展中国家之间的贸易所得分配却存在着巨大的差异,能源输出国明显受益于能源产品价格的上涨,而工业制成品输出国却明显是让利的一方。因此,与其说进入21世纪以来国际贸易利益从发达国家向发展中国家转移,不如说是从以东亚国家为代表的输出工业制成品的发展中国家向初级产品出口国转移。正如保罗·斯特里顿(P. Streeten)所说的:"当许多人对初级产品生产国的贸易条件持续恶化的理论的批判愈演愈烈的时候,这个理论的内核很可能在这场猛烈的攻击中得以保存下来。这个内核就是:在世界经济当中,存在着导致从对外贸易和广泛的经济进步过程中产生的收益分配不平衡地发生作用的各种力量,以至于最好最大的份额归于强国,弱国则在分配过程中自相侵吞。"① 可见,进入21世纪,贸易条件恶化论不仅没有被打破和推翻,反而获得了进一步的发展。

(三)贸易条件恶化论在21世纪的发展方向

贸易条件恶论在工业经济时代主要表现为:(1)外围国家初级产品的贸易条件相对于中心国家工业制成品的贸易条件而言,呈现出长期恶化的趋势。(2)外围国家的初级产品相对于中心国家的初级产品来说,其贸易条件也在恶化。(3)外围国家的劳动密集型制成品与中心国家的资本或技术密集型的工业制成品之间的贸易条件也在下降。(4)相对而言,外围国家的贸易条件存在着长期恶化的趋势。它们都是工业经济时代国际分工的产物。

然而,在21世纪的知识经济时代,不对称的"中心—外围"体系、技术进步在中心和外围之间的不平衡发展和扩散、

---

① Paul Streeten, *Development Perspectives*, London, The Macmillan Press Ltd., 1981, P217.

知识产品与物质产品在需求收入弹性上的差别都仍然存在，外围国家贸易条件长期恶化的趋势并没有从本质上得到扭转，贸易条件恶化论的"核心"内容仍是有效的。只不过"中心—外围"国家之间的国际分工由"工业制成品—初级产品"转变成为"知识产品—物质产品"，因此，贸易条件恶化论的内容随之发生了变化。除上述四个表现继续存在之外，贸易条件恶化还可能表现为：(5) 外围国家的工业制成品与中心国家的知识密集型产品之间的贸易条件不断恶化。(6) 外围国家的初级产品与中心国家的知识密集型产品之间的贸易条件长期恶化。(7) 外围国家的初级知识密集型产品与中心国家的成熟知识密集型产品之间的贸易条件不断恶化。

贸易条件恶化论的这种可能的发展方向，目前已初见端倪，还有待实践的进一步证明。它隐含了这样一个事实：在国际分工和国际贸易中处于劣势的发展中国家，应当认识到在知识经济时代，发展中国家所面临的挑战更加严峻。

## 第四节 小 结

自 1950 年普雷维什—辛格命题提出以来，贸易条件问题就一直备受关注，这是因为一国贸易条件的变化具有重要的直接和间接福利含义。一国贸易条件的改善表示给定数量的出口商品能够换取到更多数量的进口商品，意味着该国产品实际购买力的提高。因此，在国际贸易中，贸易条件的变化直接与贸易所得在国家间的分配相关。在间接福利含义方面，如果贸易量不发生大的调整，那么一国贸易条件的改善会导致其经常账户盈余的增加，从而增加国内总需求，促进经济增长。因此，对于参与国际贸易的发展中国家来说，贸易条件是度量其福利变化的一个重要指标。

贸易条件恶化论的提出是对正统的贸易理论的巨大挑战，在发展经济学家和新古典经济学家之间展开了激烈的争论。发展经济学派更重视不同的技术水平的出口商品价格变化的长期趋势，而新古典经济学家则更注重各国技术变迁对改变自身贸易条件的影响。从近几十年世界经济发展的过程来看，在经历了两次石油危机的冲击之后，发达国家的经济普遍进入了低速增长阶段。而发展中国家的经济增长速度则普遍较快，特别是在以出口为导向的东亚地区形成了一波又一波的发展浪潮。显然，东亚经济的腾飞是与快速发展的对外贸易紧密相连的。那么，能否就说发展中国家的贸易条件得到了改善呢？能否因为新兴工业化国家的快速发展与其出口导向工业的成功息息相关就能证明贸易条件恶化论过时了呢？肯定不能贸然下这样的结论，因为虽然从动态上看，新兴工业化国家通过产业结构调整，提升了产业技术水平，改善了贸易条件，通过外向型发展确实取得了成功；但从静态上看，长期以来，不同技术层次的产品出口价格差距仍然存在，初级产品贸易条件恶化的趋势在国际贸易中是客观存在，是不可否认的。

可见，关于贸易条件的争论，发展经济学家更强调消极面，认为落后国家由于在国际分工中处于不利地位从而导致了贸易条件的长期恶化；而新古典经济学家更强调积极面，认为新兴工业化国家可以主动地参与国际分工，积极创造新的比较优势，从而不断地改善贸易条件，最终取得经济的发展。

普雷维什和辛格提出贸易条件恶化论时，当时的发展中国家与发达国家之间的贸易方式主要是初级农矿产品与工业制成品之间的贸易，因此，当时的贸易条件的恶化主要是指初级农矿产品对工业品价格的恶化。随着20世纪70~80年代大批发展中国家加入初级加工品生产领域，发展中国家与发达国家之间的贸易转变为劳动密集型产品对资本、技术密集型产品的交换。那么，是否也存在着劳动密集型产品对资本、技术密集型产品之间的贸易条件的恶化呢？许多经济学家的实证研究表明，劳动密集型产品对资本、技术密集型产品之间的贸易条件的确存在着恶化趋势。不仅如此，研究人员还发现，外围国家的初级产品相对于中心国家的初级产品来说，其贸易条件同样也在恶化。并且，在相同技术层次的工业品之间也存在着发展中国家的贸易条件对发达国家的贸易条件恶化的趋势。

国际贸易发展到今天，发达国家的经济已进入信息时代，作为后进的发展中国家又面临着劳动密集型、资本密集型产品对知识密集型产品的贸易条件的恶化。能否超越技术障碍，缩小两者之间的技术差距，将决定新兴工业化国家的贸易条件是否能真正得到改善。1997年东亚金融危机在一定程度上是由于发展中国家劳动密集型、资本密集型产品相对于发达国家的知识密集型产品的贸易条件的恶化，从而造成严重的国际收支不平衡而引起的。

由此可见，从长期来看，发展中国家的贸易条件是在不断恶化的。随着世界科技水平的不断发展，发展中国家与发达国家之间以及发展中国家内部之间的贸易，主要存在着三个技术层次上的交换：即以初级农矿产品与劳动密集型产品的交换、劳动密集型产品与资本密集型产品的交换，以及资本密集型产品与知识密集型产品的交换。各国根据自身的科技发展水平，分别处于侧重于出口初级农矿产品、劳动密集型产品、资本密集型产品或知识密集型产品的分工上，体现了不同的生产力水平。每一个处于较高技术分工层次的国家相对于更高技术层次的国家存在着贸易条件的恶化趋势。只有技术水平越高，一国才越有可能占领市场先机，才能拥有更多的有利贸易条件，实现经济增长。由此可见，最终决定一国在世界体系中的地位的是一国科技发展的水平。国际贸易的竞争实质上是科技实力的竞争，只有不断地增强科技实力，提升产业结构，才能真正改善贸易条件。

在现阶段还存在着一个问题，即许多工业品价格下降的速度和幅度都远远超过了初级产品价格的下降幅度，能否以此否定贸易条件恶化论呢？例如，由于计算机技术的更新速度非常快，一款新式电脑刚开发出来时价格非常昂贵，但几年之后，它的价格就下降得非常厉害。如何解释这个问题呢？能否说明知识密集型产品相对于别的类型的产品的贸易条件不断恶化？答案显然是否定的。根据商品的周期理论，随着知识的扩散和技术的传播，一款新式电脑刚开发出时是知识密集型产品，但随着技术的成熟和标准化，它很快就成为资本密集型产品，进行规模化生产；随着技术的进一步简化和标准化，便开始在发展中国家进行组装，它就进一步由资本密集型的产品转变为劳动密集型的产品。可见，随着技术的扩散，电脑逐渐地由一种知识密集型产品变成了一种劳动密集型产品，因此，电脑价格的大幅下降不仅不能否定贸易条件恶化论，反而进一步证明了贸易条件不断恶化的理论，贸易条件恶化不在于生产什么产品，而在于生产中所达到的技术水平。

由此可见，普雷维什—辛格命题至今仍具有适用性和现实意义。

# 第四章 拉美初级产品出口型发展模式的不可持续性

## 第一节 拉美发展进程的断裂

**一、拉美发展进程的断裂**

首先,我们来回顾一下拉美国家一个半世纪以来的跌宕起伏的发展历程。1850~1870年,绝大多数拉美国家获得了民族独立,[①] 开始着手发展国内经济。拉美国家在建立和发展民族经济的过程中大致经历了三个发展阶段,根据每一阶段所实施的发展战略和发展政策的特点,大致可划分为:初级产品出口模式的发展阶段（1850~1930年）、进口替代工业化模式的发展阶段（1930~1982年）和外向发展模式的发展阶段（1982年至今）。在这160年的经济发展过程中,拉美经济沉沉浮浮,出现了四次迅速增长的时期,分别是:1850~1929年、1950~1973年、

---

[①] 拉美独立运动发端于1790年的海地革命,1810年形成地区性革命高潮,至1826年基本结束。拉美国家在建国初期,普遍经历了一个政治动荡的时期,直到1850~1870年,各国才形成了比较稳定的政治局面,开始着手建立和发展民族经济。参见:苏振兴主编:《拉丁美洲的经济发展》,北京:经济管理出版社,2000年版,第32页。

1991~1994年、2003~2008年。然而,在每一个发展阶段,都因为各种外部和内部的因素而没能实现持续地增长(见图4-1)。尤其是1973~1982年的"负债增长",导致了整个80年代成为"拉美失去的十年",使拉美经济受到重创;20世纪90年代的经济改革也未能成为拯救拉美经济的强心剂;直至2003年起,拉美地区才开始出现了复苏的迹象,到2008年保持了连续6年的增长势态,但是,由美国次贷危机引发的全球金融危机于2008年9月开始爆发,根据联合国拉美经委会的数据,2009年拉美地区的GDP增长率下降至-1.8,结束了自2003年以来的

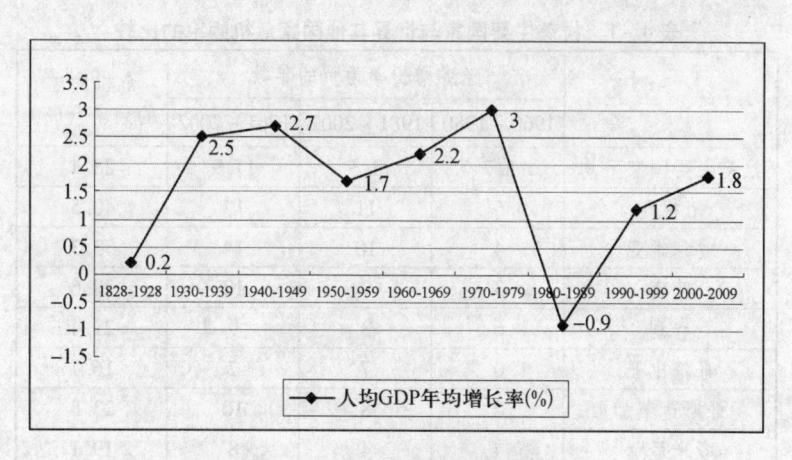

**图4-1 拉美发展进程的断裂**

注:1930~1939年拉美人均GDP增长率2%为估计数。根据《剑桥拉丁美洲史》,拉美国家在大萧条后普遍实施了"稳定计划",从1932年开始复苏。1932~1939年,拉美地区GDP年均增长率为4.9%,人口年均增长率为2%左右,据此,可估算出人均GDP年均增长率在2.5%左右。

数据来源:Patrice M. Franko, *The Puzzle of Latin America Economic Development*, Rowman & Littlefield Publishers, Inc., Lanham, Maryland, 1999, p66; ECLAC: *Statistical Yearbook for Latin America and the Caribbean* 1989, 2001, 2006; [英]莱斯利·贝瑟尔主编:《剑桥拉丁美洲史》(中文版),北京:当代世界出版社,2000年版,第6卷(上册),第87~109页;CEPAL, *Balance preliminar de las economías de América Latina y el Caribe* 2009.

这一轮增长周期。①

研究表明，在 1960~2002 年间，拉美 12 个主要国家发生危机（即经济增长率为负）的年数平均为 12 年，其中，1980~2002 年间危机发生的频率是 1960~1980 年间危机发生的频率的 2 倍。在 1960~2002 这 40 年里，委内瑞拉发生危机的年数最长为 18 年，其次是阿根廷，发生危机的年数为 17 年，秘鲁和乌拉圭均为 15 年。拉美国家发生危机的平均频率是世界其他国家危机频率的 2.4 倍，表现出经济增长的脆弱性和不可持续性（见表 4-1）。

表 4-1 拉美主要国家与世界其他国家危机频率的比较

|  | 经济增长率为负的年数 | | | 危机发生的频率（%） |
|---|---|---|---|---|
|  | 1960~1980 | 1981~2002 | 1961~2002 |  |
| 拉美主要国家平均 | 3.7 | 8.3 | 11.9 | 28.4 |
| 阿根廷 | 6 | 11 | 17 | 40.5 |
| 玻利维亚 | 4 | 10 | 14 | 33.3 |
| 巴西 | 3 | 9 | 12 | 28.6 |
| 智利 | 6 | 3 | 9 | 21.4 |
| 哥伦比亚 | 0 | 7 | 7 | 16.7 |
| 哥斯达黎加 | 2 | 8 | 10 | 23.8 |
| 多米尼加 | 4 | 4 | 8 | 19.1 |
| 厄瓜多尔 | 2 | 8 | 10 | 23.8 |
| 墨西哥 | 0 | 8 | 8 | 19.1 |
| 秘鲁 | 5 | 10 | 15 | 35.7 |
| 乌拉圭 | 6 | 9 | 15 | 35.7 |
| 委内瑞拉 | 6 | 12 | 18 | 42.9 |

---

① CEPAL, *Balance preliminar de las economías de América Latina y el Caribe* 2009, http://www.eclac.org/publicaciones/xml/2/38062/2009-853-BPE-WEB.fdf.

续表

| | 经济增长率为负的年数 | | | 危机发生的频率（%） |
|---|---|---|---|---|
| | 1960~1980 | 1981~2002 | 1961~2002 | |
| 世界其他国家平均 | 1.7 | 3.3 | 5.0 | 11.9 |
| 韩国 | 2 | 1 | 3 | 7.1 |
| 泰国 | 0 | 2 | 2 | 4.8 |
| 菲律宾 | 0 | 7 | 7 | 16.7 |
| 爱尔兰 | 1 | 2 | 3 | 7.1 |
| 西班牙 | 2 | 2 | 4 | 9.5 |
| 土耳其 | 5 | 6 | 11 | 26.2 |

注：作者计算。

数据来源：Andrés Solimano and Raimundo Soto, "*Latin American Economic Growth in the Late 20th Century: Evidence and Interpretation*", Woring Paper No. 276, ECLAC, Santiago, Nov. 2004.

### 二、拉美发展模式的局限性

**（一）初级产品出口模式**

1850 年前后至 1930 年之前，拉美各国的经济发展是以初级产品出口模式为主的。由于 1846 年英国废除谷物法①，实行自由贸易政策，以及 19 世纪中期以后欧美对原料日益增长的需要，刺激了拉美国家对外贸易的发展。尤其是欧美国家第二次工业革命所推动的经济全球化浪潮，进一步激发了欧美国家对拉美地区投资的扩张。原料（如铜、橡胶等）及其他初级产品（如糖、

---

① 谷物法的废除是一个渐进的过程。1815 年颁布后经 1928 年、1841 年几次的调整，于 1846 年才最终废除。英国谷物法的变革是保护贸易制度向自由贸易制度过渡的一个典型案例。可参见：黄少安、郭艳，《收入分配成本变动原理与国家农产品贸易制度的演变——对英国谷物法变革（1815~1846 年）的重新解释及其对现实的启示》，《中国社会科学》，2006 年第 3 期。

小麦、牛肉、咖啡等）的输出急剧扩张，绝大部分拉美国家作为资源输出国被纳入了国际贸易体系。按照出口的初级产品的种类划分，在拉美出现了三类初级产品出口国：（1）温带农产品出口国，包括阿根廷和乌拉圭，主要从事粮食、肉类等农产品的生产和出口；（2）热带农产品出口国，包括巴西、哥伦比亚、厄瓜多尔、中美洲和加勒比地区，以及墨西哥和委内瑞拉的部分地区。主要从事咖啡、棉花、可可、香蕉等农产品的生产和出口；（3）矿产品出口国，包括墨西哥、智利、秘鲁、玻利维亚和委内瑞拉。表4-2描述了拉美地区从1850年至第一次世界大战前，年均出口增长率和出口购买力增长的变化。1850～1870年，拉美的出口急剧扩张，整个地区的年均出口增长4.5%；1870～1890年，拉美出口增长稍有减缓；1890～1912年，拉美出口又经历了一个扩张期，整个地区年均出口增长又恢复到4.5%；1914～1922年，第一次世界大战打断了拉美出口的扩张；1922～1929年，拉美又出现了短暂的出口繁荣期。

表4-2　1850～1912年拉美国家年均出口增长率和出口购买力增长率（%）

| 国别 | 1850～1870 | | 1870～1890 | | 1890～1912 | |
| --- | --- | --- | --- | --- | --- | --- |
| | 出口增长 | 出口购买力增长 | 出口增长 | 出口购买力增长 | 出口增长 | 出口购买力增长 |
| 阿根廷 | 4.9 | 4.1 | 6.7 | 8.2 | 6.7 | 5.4 |
| 玻利维亚 | 2.8 | 2.0 | 2.3 | 3.8 | 2.5 | 1.2 |
| 巴西 | 4.3 | 3.5 | 2.5 | 4.0 | 4.3 | 3.0 |
| 智利 | 4.6 | 3.8 | 3.3 | 4.8 | 4.3 | 3.7 |
| 哥伦比亚 | 7.8 | 7.0 | 0.5 | 2.0 | 2.4 | 1.1 |
| 哥斯达黎加 | 4.7 | 3.9 | 5.6 | 7.1 | 0.5 | -0.8 |
| 古巴 | 3.5 | 2.7 | 2.3 | 3.8 | 2.4 | 1.1 |
| 多米尼加 | 4.5 | 3.7 | 5.1 | 6.6 | 5.9 | 4.6 |
| 厄瓜多尔 | 4.9 | 4.1 | 1.7 | 3.2 | 3.9 | 2.6 |

续表

| 国别 | 1850~1870 | | 1870~1890 | | 1890~1912 | |
| --- | --- | --- | --- | --- | --- | --- |
| | 出口增长 | 出口购买力增长 | 出口增长 | 出口购买力增长 | 出口增长 | 出口购买力增长 |
| 萨尔瓦多 | 5.7 | 4.9 | 2.0 | 3.5 | 2.6 | 1.3 |
| 危地马拉 | 3.2 | 2.4 | 6.9 | 8.4 | 1.1 | -0.2 |
| 海地 | 2.5 | 1.7 | 3.3 | 4.8 | -0.1 | -2.3 |
| 洪都拉斯 | -0.5 | -1.3 | 14.8 | 16.3 | -0.3 | -1.6 |
| 墨西哥 | -0.7 | -1.5 | 4.4 | 5.9 | 5.2 | 3.9 |
| 尼加拉瓜 | 0.8 | 0 | 6.1 | 7.6 | 2.3 | 1.0 |
| 巴拉圭 | 4.4 | 3.6 | 6.0 | 7.5 | 2.2 | 0.9 |
| 秘鲁 | 6.4 | 5.6 | -4.9 | -3.4 | 6.9 | 5.6 |
| 波多黎各 | 0.1 | -0.7 | 1.8 | 3.5 | 7.6 | 6.3 |
| 乌拉圭 | 3.1 | 2.3 | 3.7 | 5.2 | 3.4 | 2.1 |
| 委内瑞拉 | 4.6 | 3.8 | 2.4 | 3.9 | 1.2 | -0.1 |
| 拉丁美洲 | 4.5 | 3.7 | 2.7 | 4.2 | 4.5 | 3.2 |

数据来源: Victor Bulmer‐Thomas, *The Economic History of Latin America Since Independence*, Cambridge University Press, 1994, p.65.

当时的人们预期，出口的迅速增长将会改变国家或地区的整体经济状况。因为出口部门的扩张会带动非出口部门生产率的提高，从而使整体人均收入得以提高。但是，到20世纪20年代末，经历了一个世纪的"出口繁荣"并没有给拉美地区带来全面的经济进步，其结果却是：拉美地区的经济增长相当缓慢，1828~1928年人均 GDP 年均增长率仅为 -0.1%~0.6%。[①] 大多数拉美国家的增长率仍微不足道，只有少数几个国家取得了一

---

[①] Victor Bulmer‐Thomas, *The Economic History of Latin America Since Independence*, Cambridge University Press, 1994, p.413.

定的进步,有几个国家的生活水平甚至有所下降(见表4-3)。从这个意义上讲,初级产品出口模式基本上是失败的。

表4-3 1828~1928年拉美主要国家的人均GDP年均增长率(%)

| 国别 | 1928年人均GDP（美元,1970年价格） | 1828年人均GDP（美元,1970年价格） | | | |
|---|---|---|---|---|---|
| | | 150 | 200 | 250 | 300 |
| 阿根廷 | 571 | 1.3 | 1.1 | 0.8 | 0.6 |
| 巴西 | 160 | 0.1 | -0.2 | -0.4 | -0.6 |
| 智利 | 501 | 1.2 | 0.9 | 0.7 | 0.5 |
| 哥伦比亚 | 158 | 0.1 | -0.2 | -0.4 | -0.6 |
| 哥斯达黎加 | 219 | 0.4 | 0.1 | -0.1 | -0.3 |
| 古巴 | 298 | 0.7 | 0.4 | 0.2 | 0 |
| 萨尔瓦多 | 121 | -0.2 | -0.5 | -0.7 | -0.9 |
| 危地马拉 | 195 | 0.3 | 0 | -0.2 | -0.4 |
| 洪都拉斯 | 223 | 0.4 | 0.1 | -0.1 | -0.3 |
| 墨西哥 | 252 | 0.5 | 0.2 | 0 | -0.2 |
| 尼加拉瓜 | 189 | 0.3 | -0.1 | -0.3 | -0.5 |
| 秘鲁 | 163 | 0.1 | -0.2 | -0.4 | -0.6 |
| 波多黎各 | 468 | 1.1 | 0.9 | 0.6 | 0.4 |
| 乌拉圭 | 592 | 1.4 | 1.1 | 0.9 | 0.7 |
| 委内瑞拉 | 197 | 0.3 | 0 | -0.2 | -0.4 |
| 拉丁美洲 | 264 | 0.6 | 0.3 | 0.1 | -0.1 |

注：1828年人均GDP为估计值。拉美独立初期的人均GDP为150美元~300美元。

数据来源：Victor Bulmer-Thomas, *The Economic History of Latin America Since Independence*, Cambridge University Press, 1994, p.413.

其主要原因主要是：(1) 第一次世界大战之后，美国取代英国成为拉美的主要投资国和贸易国。由于美国本身是自然资源丰裕的国家，对外来初级产品的依赖比英国低。(2) 欧洲市场上，初级产品供应商增多，非洲的热带农产品和东南亚的橡胶产品与拉美的出口商品形成了竞争。(3) 随着现代工业的快速发展和新技术（尤其是人工合成技术）的普及，制造业部门的原材料消耗逐渐减少。(4) "1914 年北大西洋金融与商品市场的不稳定，导致处于国际分工下游的、以初级产品出口来融入世界经济的拉美国家，从中获得的利益可能更有限。因为，基于农产品加工、矿物提炼和基本消费品生产的工业发展阶段正在大国经济中接近尾声。"[1] 这些因素表明，外部市场对拉美初级产品的需求有所下降，使拉美初级产品出口模式面临着很大的风险。

(二) 进口替代工业化模式

进入 20 世纪后，世界历史上先后发生了 1914~1918 年的第一次世界大战、1929~1933 年的资本主义经济危机、1939~1945 年的第二次世界大战、1973 年和 1979 年两次国际石油危机。这些外部变数使拉美初级产品出口模式陷入了绝境，迫使拉美各国不得不探求新的发展道路。同时，由于 1929 年世界资本主义经济危机的爆发，世界思想潮流发生了重大变化，凯恩斯经济学成为主流思想，当时世界许多国家都掀起了从自由放任经济体制向民族主义经济管理体制转变的热潮，苏联成功的计划经济体制成为了样板。1933 年，美国总统罗斯福也实行了"新政"，强行对资本主义生产关系进行了一定程度的改革，加强了经济计划性和组织性。在这种世界思潮的影响下，改良主义和国家干预

---

[1] Colin M. Lewis, "Industry in Latin America before 1930", in Leslie Bethell ed., *The Cambridge history of Latin America: Latin America since 1930, ideas, culture, and society*, Cambridge University Press, Cambridge, UK, 1995, pp. 349~358.

主义思想在拉美占了上风。巴西和墨西哥等国陆续提出了工业化战略。到20世纪40年代末，联合国拉美经委会提出了一系列关于实行工业化战略的理论及政策建议，从此，国家主导型的工业化思想在整个拉美地区得到了广泛的认同。

进口替代工业化模式曾造就了拉美经济发展史上的黄金的时期，大致可划分为三个时段：1930~1950年是进口替代工业化的起飞阶段，1950~1973年是进口替代工业化发展的黄金阶段，1973~1982年是进口替代工业化的危机阶段。

1. 进口替代工业化的起飞阶段（1930~1950年）：1929~1933年的资本主义经济危机是拉美从初级产品出口模式转向进口替代工业化模式的转折点。由于危机的爆发使中心国家和外围国家之间的贸易陷入停滞，导致拉美国家堆积如山的初级产品卖不出去，而拉美国家急需的工业品也买不进来，整个经济生活陷入了混乱。1928~1938年，拉美绝大多数国家的出口和进口能力都有了大幅下降，尤其是进口能力下降最严重。表4-4中所列拉美国家的进口能力平均下降了37.2%。

表4-4　1928年与1938年进出口贸易比重的比较及进出口能力的变化（1970年价格,%）

| 国家 | 出口/GDP | | 出口能力的变化 | 进口/GDP | | 进口能力的变化 |
| --- | --- | --- | --- | --- | --- | --- |
| | 1928 | 1938 | | 1928 | 1938 | |
| 阿根廷 | 29.8 | 15.7 | -47.3 | 29.9 | 20 | -33.1 |
| 巴西 | 17.0 | 21.2 | 24.7 | 21.8 | 12.1 | -44.5 |
| 智利 | 35.1 | 32.7 | -6.8 | 22.1 | 12.2 | -44.8 |
| 哥伦比亚 | 24.8 | 24.1 | -2.8 | 38.0 | 19.4 | -48.9 |
| 哥斯达黎加 | 56.5 | 47.3 | -16.3 | 53.1 | 33.4 | -37.1 |
| 萨尔瓦多 | 48.7 | 45.9 | -5.7 | 32.3 | 16.5 | -48.9 |

续表

| 国家 | 出口/GDP 1928 | 出口/GDP 1938 | 出口能力的变化 | 进口/GDP 1928 | 进口/GDP 1938 | 进口能力的变化 |
|---|---|---|---|---|---|---|
| 危地马拉 | 22.7 | 17.5 | -22.9 | 28.5 | 12.0 | -57.9 |
| 洪都拉斯 | 52.1 | 22.1 | -57.6 | 17.7 | 17.4 | -1.7 |
| 墨西哥 | 31.4 | 13.9 | -55.7 | 16.3 | 11.6 | -28.8 |
| 尼加拉瓜 | 25.1 | 23.9 | -4.8 | 29.8 | 18.4 | -38.3 |
| 秘鲁 | 33.6 | 28.3 | -15.8 | 19.6 | 14.3 | -27 |
| 乌拉圭 | 18.0 | 18.2 | 1.1 | 20.0 | 18.9 | -5.5 |
| 委内瑞拉 | 37.7 | 29.0 | -23.1 | 82.7 | 26.7 | -67.7 |

数据来源：根据 Victor Bulmer - Thomas, *The Economic History of Latin America Since Independence*, Cambridge University Press, 1994, p. 195, table7 - 1 中的数据计算。

此时人们意识到，只有通过本国生产来满足国内需求才是可行之道，这也是为何在工业化模式前面冠以"进口替代"这一定语的原因。20世纪30~40年代，拉美地区先后建立了一批带有强烈民族主义色彩的民众主义政权，在他们的带领下，阿根廷、智利、古巴、墨西哥、巴西、乌拉圭等国陆续走上了工业化之路。他们普遍采取了降低税率、提供优惠贷款和关税保护等政策，扶持新生的工业企业。这一阶段主要是发展非耐用消费品的进口替代工业化阶段，纺织、服装、食品加工、饮料、化工、建筑材料等工业都发展得很快。

1939年第二次世界大战爆发，战争的消耗使中心国家对初级产品、尤其是战略原料的需求增加，这对于拉美国家来说是一个有利的外部因素，拉美各国的初级产品出口都有所恢复，大多数拉美国家在工业化的起飞阶段的出口年均增长率都达到了4%

以上,① 这无疑为工业化的启动提供了资金保障。

2. 进口替代工业化发展的黄金阶段（1950～1973 年）：在 20 世纪 50 年代中期，少数一些率先实行进口替代工业化的拉美国家，如阿根廷、智利和乌拉圭开始出现了国内市场狭小的瓶颈效应。因此，进入 60 年代，这些国家便开始从非耐用消费品进口替代工业化阶段推进到部分中间产品和资本货的进口替代工业化阶段。

进口替代工业化的根本目的就是通过改造国内的产业结构，从而减少经济对外部的依赖，增强经济稳定性。从这个意义上讲，进口替代工业化的确是成功的，对经济产生了积极的影响。在这一阶段，一些拉美国家成功地改造了国内产业结构，工业产值占 GDP 的比重达到 30%。特别是在巴西、墨西哥、阿根廷等拉美大国，基本上都建立起了较为完整的工业体系，很大地提高了满足国内需求的能力，初步实现了从农业国向工业国的过渡；出口结构也实现了多样化，如巴西、墨西哥、智利、乌拉圭等国的制成品出口已经占其总出口的 1/3 以上；在这一阶段，拉美经济实现了 20 年的持续、稳定、高速的发展势态：1950～1959 年，拉美人均 GDP 年均增长率为 1.7%；1960～1969 年，该指标为 2.2%；1970～1979 年，拉美人均 GDP 年均增长率达到 3%，这是迄今为止，拉美经济发展历程中人均 GDP 年均增长的最高值。

3. 进口替代工业化的危机阶段（1973～1982 年）：20 世纪 70 年代初，美国尼克松政府实行了新的对外经济政策，美元大幅贬值，布雷顿森林体系解体，国际金融市场陷入了混乱。1973 年爆发的国际石油危机，导致石油价格在 1973～1974 年间增长

---

① ［英］莱斯利·贝瑟尔主编：《剑桥拉丁美洲史》（中文版），北京：当代世界出版社，2000 年版，第 6 卷（上册），第 124 页。

了4倍，这使拉美石油输出国大幅提高了从国外资本市场的借贷水平；而其他拉美石油进口国如巴西，则认为国际石油价格的变化只是暂时的，为了保持高水平的投资、维持经济增长，也在国外资本市场大举借债。同时，20世纪60年代兴起的"欧洲美元"市场，由于没有任何的金融监管，也导致了向拉美国家的过度借贷。1974~1981年拉美年均净资本流入额比1966~1970年的年均净资本流入额高3倍，而且这些新的贷款通常都无任何附加条件。拉美地区外债的80%是由私人银行提供的。其中，无担保的私人债务占拉美债务总额的40%，这种债务的利率是浮动的，且偿还期短。①

拉美国家的这种"负债增长"方式，使其生产结构和支出模式越来越依赖资本流入，这虽然使巴西、墨西哥等拉美国家保持了较高的增长率，但其负债率和通货膨胀率都急剧上升，许多拉美国家不得不举借新债来偿还到期债务。在1973年石油危机前，巴西和墨西哥的偿债额占总出口的比重已经达到25%。②1980~1982年间，拉美国家债务付息占出口额的比重由20%上升至41%，资本流向由净流入130亿美元变为净流出270亿美元。③ 1982年，拉美地区有四个国家（委内瑞拉、厄瓜多尔、阿根廷和智利）的银行债务超过了其国内生产总值的45%。这种"负债增长"将外部的不稳定性引入国内经济，很容易诱发宏观

---

① [英]莱斯利·贝瑟尔主编：《剑桥拉丁美洲史》（中文版），北京：当代世界出版社，2000年版，第6卷（上册），第227~231页。
② [英]莱斯利·贝瑟尔主编：《剑桥拉丁美洲史》（中文版），北京：当代世界出版社，2000年版，第6卷（上册），第233页。
③ [英]莱斯利·贝瑟尔主编：《剑桥拉丁美洲史》（中文版），北京：当代世界出版社，2000年版，第6卷（上册），第241页。

经济失衡。①1971年布雷顿森林体系瓦解后，美国日益感到完全不受各国政府调控的"欧洲美元"市场是对美国国内货币政策自主性的干扰，1979年10月，美联储于决定对美国银行的海外"欧洲美元"借款执行"存款准备金"制度，导致国际贷款利率急剧上升。伦敦银行间同业存贷利率大幅提高，从1979年的2.5%迅速提高到1981年的22%，国际金融市场完全终止了放贷。②以1982年8月墨西哥中止为其外债还本付息为标志，拉美地区终于爆发了具有毁灭性的地区危机，经济和社会指标均出现了大幅度的普遍的恶化。

（三）外向发展模式

整个20世纪80年代被称为拉美"失去的十年"：1980～1990年，拉美国家普遍陷入了恶性通货膨胀。大多数国家的年通货膨胀率都达到两位数和三位数，一些国家的年通货膨胀率甚至达到了四位数和五位数。③由于拉美在1982年债务危机后实行了倒退性调整，以及本地金融资源向外转移造成的资金短缺，1982～1990年，拉美地区总投资占GDP的平均比重比1973～1981年的值下降了25%；1980～1990年间，拉美地区人均固定资本降低了30%，对生产和就业产生了长期的消极影响。④与此

---

① 在宏观上，金融动荡将通过国际收支、财政预算和货币市场传导到国内经济；在微观上，进出口商品价格、外国市场进入、国际利率和外部资金供应的变化直接影响国际收支，进而影响到国内其他经济部门。

② ［英］莱斯利·贝瑟尔主编：《剑桥拉丁美洲史》（中文版），北京：当代世界出版社，2000年版，第6卷（上册），第186页和第233页。

③ Victor Bulmer-Thomas, *The Economic History of Latin America Since Independence*, Cambridge University Press, 1994, p 390.

④ 从国外获得的借贷在大多数拉美国家通常用于支付石油进口、消费品进口（阿根廷、智利、委内瑞拉、墨西哥）、中间产品和资本货、军事装备，以及为本地区的资本外流融通资金（阿根廷、墨西哥、委内瑞拉）。只有在少数几个国家，如巴西、哥伦比亚（以及墨西哥将部分）国外获得的借贷用于生产性投资。［英］莱斯利·贝瑟尔主编：《剑桥拉丁美洲史》（中文版），北京：当代世界出版社，2000年版，第6卷（上册），第191页、第245页和第234页。

同时，在对外部门方面，由于发达国家对初级产品的需求在1980～1987年间年均增长仅0.3%，导致农产品和矿产品的出口价格猛跌，使1980～1990年拉美的贸易条件下降了23%。1982～1990年间，拉美人均GDP增长为-0.9%，是拉美经济发展史上最严重的衰退期。1950年和1981年，巴西和墨西哥比中国和印度之间的人均收入差距分别高5.3倍和7.8倍，但是到1990年，其人均收入差距仅为2.3倍；巴西、墨西哥与美国之间的人均差距由1950年低7倍、1981年低4倍，到1990年又恢复到低7倍。①

20世纪90年代初，世界格局发生了巨大变化。苏联解体，冷战结束，开启了美国独霸时代。墨西哥和阿根廷等拉美大国也不得不采取"外围现实主义"的亲美外交政策。同时，世界经济潮流也发生了变化。随着两极格局的终结，美国推动了新一轮的经济全球化浪潮。西方发达国家纷纷组建大型跨国公司，实行生产全球化。信息技术革命为这一轮经济全球化奠定了强有力的技术基础，使经济全球化达到了空前的深度和广度。经济全球化进程必然要求有与之相适应的自由贸易制度，必然会摒弃与拉美国家的进口替代工业化模式相适应的保护主义。在新的世界经济形势下，拉美经委会的结构主义发展思想也受到了严厉的批判和否定。拉美发展思想在争论、反思和求索中陷入了思想或理论的真空。在这样的背景下，新自由主义发展思想借助国际货币基金组织、世界银行等国际金融机构向拉美国家发放的贷款项目走进了拉美，成为90年代的主流发展思想。新自由主义经济改革首先于1973年在智利和1976年在阿根廷进行，随后在90年代，拉美各国普遍推行新自由主义经济改革：实行国有企业的私有

---

① [英]莱斯利·贝瑟尔主编：《剑桥拉丁美洲史》（中文版），北京：当代世界出版社，2000年版，第6卷（上册），第190～191页。

化；颁布新土地法，取消土地社会所有制，实行村社土地私有化；改革外贸体制，实行贸易自由化；颁布鼓励外资投资法，开放投资禁区，允许外资自由流动；缩减财政开支，尤其削减教育、医疗等社会保障方面的开支；实行"劳工市场灵活化"改革等。

但是，由于债务危机前所未有的强度，使拉美各国的政策制定者只能选择优先考虑短期目标，即解决发展资金的问题，却忽视了长期发展问题。① 拉美国家解决发展资金问题主要是通过两个途径：即吸引外资和扩大出口。由于美国市场实际利率大幅降低，20世纪90年代初大量短期投机资本流入了拉美地区，这成为90年代拉美频发金融危机的罪魁祸首。新自由主义倡导发挥比较优势，导致拉美国家又重新走上了以资源生产为主的发展道路；加之国有企业的私有化改革和大批制造业企业的倒闭，引起了拉美产业结构的倒退和工业化的倒退，形成了墨西哥、中美洲以及部分加勒比国家以客户工业为主导和南美洲以自然资源加工业为主导的"生产与贸易的专门化"。可见，拉美国家虽然经历了100年的工业化进程，却仍未真正改变其产业结构，因此无法实现经济持续增长的长期目标。

十余年的新自由主义改革的结果令人失望：实际投资率仍然较低、国内生产总值低速增长、金融危机频发、收入分配不断恶化。墨西哥（1994～1995年）、巴西（1999年）和阿根廷（1999～2003年）连续发生了严重的金融危机或经济危机。危机爆发后，本币大幅贬值，股市暴跌，资金大量外逃，金融市场一片混乱，通货膨胀率攀升，人民的基本生活都得不到保障。"改革的成本在不同收入阶层中还进行了不平等分配，更加剧了拉美

---

① ［英］莱斯利·贝瑟尔主编：《剑桥拉丁美洲史》（中文版），北京：当代世界出版社，2000年版，第6卷（上册），第249页。

社会中本已存在的对机会、收入和财富高度偏斜的分配格局的全面恶化，生活在贫困线下的人口数不减反增。"① 20世纪90年代以来，拉美社会冲突明显加剧，民众示威、抗议活动此起彼伏，如墨西哥恰帕斯州的农民起义、巴西的无地农民运动、阿根廷的市民街头"敲锅"抗议等，使拉美国家的社会政治民主体制面临着危机。1997~2001年间，在厄瓜多尔、玻利维亚、阿根廷等国，先后有七位民选总统因民众的社会抗议浪潮而被迫中途退位。事实证明，新自由主义改革也未能真正解决拉美的发展问题。

## 第二节 对拉美发展进程断裂的原因分析

### 一、国内外学者的主要观点

国内外学者对拉美发展进程断裂的原因做了大量的分析和研究，根据不同的研究视角，将众多学者的主要观点大致概括为六类：

（一）初级产品理论或大宗产品出口理论（staple theory）对拉美初级产品出口模式失败的解释

一般来说，初级产品出口增长模式包括两个阶段：（1）步入发展进程的开端。国际贸易的扩张和初级产品潜在市场的扩展，导致外国投资、国内储蓄、熟练劳动力的供给的扩大，补充了固定的生产要素、土地和自然资源。这些都使经济向其生产可能性边界移动，同时生产可能性边界向外扩张。（2）能否导致

---

① ［英］莱斯利·贝瑟尔主编：《剑桥拉丁美洲史》（中文版），北京：当代世界出版社，2000年版，第6卷（上册），第249~250页。

继续增长的阶段。这将取决于初级产品出口是否带动国内经济发生了结构性的变化,即是否产生了"后向联系"。初级产品理论深刻剖析了拉美初级产品出口模式的联系效应。

初级产品理论是出口导向经济发展假说的一个分支,主要是用来解释那些人口较少且自然资源丰富的国家的经济增长与发展问题。① 该理论认为,在新拓殖地区,人口稀疏而土地等自然资源丰富,人均资本稀缺,因此在原材料的生产方面具有很大的比较优势。由于工业革命对原材料产品需求迅速增加,以及远洋航运费用的大幅度下降,原材料出口成为当地经济发展的引擎。原材料的出口带来了当地人均收入的快速增长,吸引了大批移民;原材料的出口收入也吸引了大量的外来投资,弥补了本地资本的稀缺;原材料出口也带动了当地运输业的发展,而运输业的发展又为当地制造业的发展提供了条件;人口的增长也带来了城镇的繁荣和服务业的发展。随着人口和财富的增加,国内需求市场日益扩大,经济活动日益多样化。经济发展逐渐摆脱了对初级产品生产和出口的依赖,走向成熟的和多样化的经济发展。②

初级产品理论充分吸收了赫希曼(A. O. Hirschman)的联系效应理论。赫希曼在《经济发展战略》中提出的初级产品生产的联系效应理论,一方面成为实施进口替代发展战略的根据,

---

① 初级产品发展理论最早是由加拿大经济史学家麦金托什(William Archibald Mackintosh)在 20 世纪 20 年代的一篇论文中提出,后由英尼斯(Harold Adams Innis)的众多著述使其广为人知。最初,初级产品出口发展理论是用来解释加拿大经济成长的模式,后来,许多经济学家把这种理论扩展到澳大利亚、新西兰、阿根廷等欧洲移民国家在第二次世界大战以前的经济史研究中,诺斯还利用初级产品发展理论来解释内战以前美国南部和西部的经济发展模式。Morris Altman, "Staple Theory and Export – led Growth: Constructing Differential Growth", *Australian Economic History Review*, Vol. 43, No. 3, 2003, pp. 230~255; Douglass C. North, "Agriculture in Regional Economic Growth", *Journal of Farm Economics*, Vol. 41, 1959, pp. 943~951.

② Melville H. Watkins, "A Staple Theory of Economic Growth", *The Canadian Journal of Economics and Political Science*, Vol. 29, No. 2, 1963, pp. 141~158.

而另一方面却用来解释加拿大等国经济成长的原因。① 联系效应分为"前向联系效应"和"后向联系效应"。"前向联系效应"是指一部门或投资项目与购买它的产出部门或投资项目的联系;后向效应是指一部门或投资项目与供给它的投入的部门或投资项目的联系。就初级产品生产来说,其前向联系效应就是以该初级产品为原材料的加工生产部门的发展,如由木材生产的发展带来的家俱制造业和造纸业的发展,由畜牧业带来的奶酪与黄油生产部门的发展,由矿产开采发展而带来的冶金工业的发展,逐步实现产业升级。其后向联系效应就是为初级产品生产和出口提供条件的产业的兴起。也就是说,为了初级产品出口,就必须发展交通运输、仓储、港口、航运、信贷、保险等产业,以及初级产品生产加工部门所需要的机器设备生产制造部门的发展,从而促进了产业部门的多样化。而这些由后向联系所催生的产业又为其他产业的发展提供了条件。最终,由初级产品生产、加工、出口所带来的社会财富的增加将会推动国内需求的增加,这种需求一旦达到一定的程度,就使得以往的进口商品可以在国内进行有利可图的生产,最终取代进口,实现国内产业结构的多样化,这就是初级产品理论中的最终需求效应。赫希曼将此称作"进口替代",但是它与人们通常所说的进口替代有很大区别。在赫希曼看来,这种由联系效应所带来的国内制造业的发展,是一种自然的发展,而非进口替代战略中以人为措施(如高关税)所带来的发展。②

初级产品理论对于外资的作用评价很高,认为这是这些新大

---

① Albert O. Hirschman, *The Strategy of Economic Development*, Yale University Press, 1958.

② Albert O. Hirschman, "The Political Economy of Import–Substituting Industrialization in Latin America", *The Quarterly Journal of Economics*, Vol. 82, No. 1, 1968, pp. 1~32.

陆国家现代经济发展的重要条件，尤其对于资本密集型的铁路、港口等基础设施产业的发展，没有外资的引入，新大陆国家的铁路快速发展是不可能的。在这方面，初级产品理论与依附论者截然不同。在依附论者看来，外资的引入导致了外国资本对本国经济的控制，以及对本国资本的排挤。依附论者对于那些起初为出口服务而兴建起来的产业，也加以批判，认为它们促进了本国经济的依附性发展，使本国经济更加具有殖民地经济的色彩。但是在初级产品理论看来，引进外资乃是这些资本稀缺国家经济快速发展的重要条件，加拿大、澳大利亚、新西兰莫不如此。那些一开始主要是为了初级产品出口而服务的产业的兴起，不仅本身就证明了初级产品出口能够带来经济的发展，而且还为其他产业的发展奠定了基础。

初级产品出口导向发展模式能否成功从一开始就是一个颇有争议的问题。在拉美，由于受到了20世纪30年代大危机的重创，人们对初级产品出口导向发展模式持悲观态度，各种反对初级产品出口的理论相继问世，主要有中心—外围理论、初级产品贸易条件恶化论、依附论、世界体系论等。人们普遍认为，初级产品出口导向发展战略不可能取得成功，反而会导致一个国家的依附性发展，永远成为中心发达国家的附庸和初级产品供给者。然而，放弃初级产品出口导向发展方式转而实施内向型的进口替代发展模式的拉美国家，却也没有取得预想中的成功。从20世纪70年代的智利改革开始到90年代中期，拉美国家又纷纷放弃了进口替代的发展模式，实行经济自由化。在贸易自由化中，拉美国家又重新采取了初级产品出口导向的发展模式。不少学者认为这是反工业化的。而初级产品理论则认为这其实是一种误解，自然资源丰富的国家可以在开放式的体制下，通过初级产品出口所带来的联动效应和需求效应，逐步实现一个国家的工业化，实现经济结构的多样化发展。

初级产品理论认为，拉美不成功的依附性发展更多地应该归因于其内部的因素，而不是初级产品出口导向的发展模式本身。有学者认为，初级产品出口模式对国内经济产生"无效联系"。其实不然，初级产品出口既能产生"前向联系"，亦能产生"后向联系"。例如，20世纪50~60年代，秘鲁的鱼粉业迅速扩大对国内经济产生了"后向联系"，它直接带动了渔船制造和加工设备的生产，使秘鲁不仅能够出口渔船，其加工设备工业又促使国内食品加工业以及资本货生产的发展。对于像智利和委内瑞拉这样的国家，其采矿业和石油开采业虽然不具有后向联系作用，因为石油工业和矿业一般都位于飞地，远离其他生产中心，很少在经济上产生联系；而且它是资本密集型产业，需要在尽可能短的时间内完成大规模投资的复杂设备，而且通常是支付较高的工资但雇佣相对较少的工人，不能产生足够的消费需求来刺激当地的消费品工业的发展，但是采矿业和石油开采业却可以产生"前向联系"。例如，委内瑞拉用铁矿石、天然气和水力发电来生产钢铁，一部分出口，一部分供国内需求。只要国内钢材价格低于进口价格，那么就可以带动国内建筑业、运输设备工业、加工设备工业、石油钻探业的发展。

近来颇为兴盛的新经济史学派也指出，拉美发展的失败并不是初级产品出口模式本身有问题，而主要是由于拉美国家私人产权不发达，经济资源分配的极不平等，以及由经济不平等而导致的诸如政治、教育等资源分配的不平等，削弱了初级产品出口所应该产生的联动效应和最终需求效应。①

鲍德温（R. E. Baldwin）的《新近移民地区的发展模式》

---

① Stanley L. Engerman and Kenneth L. Sokoloff, *"Factor Endowments, Inequality, and Paths of Development Among New World Economics"*, NBER Working Paper 9259, October, 2002.

(1956)是一篇关于初级产品出口导向发展理论的经典论文,它集中阐述了最终需求效应的运行机制。鲍德温指出,在那些收入分配很不平等的地区,本土的工业部门就难以得到发展。富人们的消费集中于外国的高档消费品,对国内的产品需求较低。而穷人们分享不到初级产品生产和出口所带来的财富,购买力低。在这种情况下,国内市场狭小难以为本国工业的发展提供必要的需求规模。而在那些社会财富分配相对平等的国家或地区,其需求具有相对同质性,国内市场需求规模很大,从而为本土制造业的发展提供了条件。① 鲍德温的分析被初级产品理论家们运用于对不同地区初级产品出口导向发展不同的后果的原因分析。

在拉美,农业种植地区,由于奴隶制种植园制度所导致的大土地所有制被继承了下来,绝大多数的农业劳动者没有土地,沦为地主的佃农或农业雇工,生活陷入极度贫困的状态;在矿物开采地区,殖民地时期盛行的强迫劳役制虽然已被废除,但是劳工权利仍然受到极大压制,劳动者所得极为低下,相当贫困。而且,由于采矿业不具有消费联系,要使它们对经济产生联系的唯一途径是通过政府的计划和干预,即政府也没有能够通过税收等财政联系来刺激其他部门的发展。因此,造成了社会财富分配越来越不平等,导致国内消费市场狭窄,从而进一步抑制了制造业的发展。在这种情况下,拉美国家初级产品出口的最终需求效应当然就无法起作用了。

(二)"历史根源说"

该类理论观点认为,拉美国家独立后,不仅面临生产力发展的落后,而且还延续了许多在殖民统治时期建立的、反映前资本主义的生产关系和殖民地社会秩序的制度,反映出拉美国家的

---

① Robert E. Baldwin, "Patterns of Development in Newly Settled Regions", *Manchester School of Economic and Social Studies*, No. 24, 1956, pp. 161~179.

统治阶级依然保持着"欧洲中心论"、种族歧视等价值观念。许多拉美发展史学家都力图阐明一个重要观点:"延续与断裂"(continuidad y ruptura)。拉美国家的独立革命虽然缔造了一大批独立的共和国,却延续了旧殖民体系的许多基本制度,其中最突出的有奴隶制度、种族歧视制度、社会等级制度、大地产占有制的土地制度、各种前资本主义的生产关系和劳工制度等。由于殖民地时期对拉美国家的思想观念、社会阶层的形成、各种体制的建立,以及资源型初级产品的单一经济模式和出口模式的形成等方面产生了根深蒂固的影响,使拉美无法实现长期可持续地发展。①

(三)将拉美发展进程的不可持续性归结为"发展政策的失误"

这一类观点认为,拉美国家在其发展进程中,总是未能适时地、主动地调整模式,导致发展进程的断裂。"与东亚相比,拉美各国在转变进口替代工业化战略以适应国际环境的变化方面犹豫不决。拉美国家显然较晚才察觉到世界经济的逐步变化,也较晚才发现进口替代工业化模式正在衰竭。"② 初级产品出口模式在拉美延续了近60年,早在第一次世界大战期间这种模式的危机就开始显露,但拉美国家没有及时调整,最终导致资本主义大萧条带来的致命性打击。进口替代工业化模式延续了50年,早在20世纪50年代这种模式对拉美工业化的制约就已经表现出来,但也没有及时调整,最终酿成严重的结构性发展危机。在20世纪80~90年代,拉美国家又经历了为期20年的新自由主义主导的"衰退性调整"和激进式改革,到90年代中期,新自

---

① Victor Bulmer-Thomas, *The Economic History of Latin America Since Independence*, Cambridge University Press, 1994.

② [英]莱斯利·贝瑟尔主编:《剑桥拉丁美洲史》(中文版),北京:当代世界出版社,2000年版,第6卷(上册),第203页。

由主义的外向发展模式的危机就开始显现,金融危机、社会矛盾和冲突频发。总之,拉美国家总是由于未能主动地、适时地调整发展模式,错过了最佳调整时间,才产生了"断裂式"的模式转换。这种"断裂式"的模式转换,每次都是对前一种模式和政策的全盘否定,因此造成了发展过程的断裂和对生产力的破坏。①

（四）全要素生产率（TFP）的下降趋势是导致拉美70年代中期之后发展的停滞和衰退的重要因素

拉美的全要素生产率平均水平在1960年相当于美国全要素生产率的87%,在1975年为93%,1980年为88%。在1980年之前,许多拉美国家如巴西、委内瑞拉、墨西哥等国的全要素生产率都高于美国。但是,1980年以后,拉美的全要素生产率平均水平开始下降。1960~2000年,拉美的全要素生产率平均每年下降了0.3%,到2000年,拉美的全要素生产率平均水平只相当于美国全要素生产率的62%。②

（五）"人力资本论"

人力资本论认为,拉美国家人力资本积累不足是导致其发展进程的不可持续的根源。在19世纪末20世纪初,拉美国家和斯堪的纳维亚国家的人均GDP水平相当,并且都是重要的自然资源出口国。然而,到1990年,这两个地区的发展差距却拉得很大。芬兰、挪威和瑞典的人均GDP分别为16604美元、16897美元和17695美元,而阿根廷和智利的人均GDP分别为6581美元和6380美元。导致这两个地区截然不同的发展结果的根源是人

---

① 苏振兴主编,《拉美现代化进程研究》,北京,社会科学文献出版社,2006年版,前言,第3页。

② Pablo Fajnzylber and Daniel Lederman, "*Economic Reforms and Total Factor Productivity Growth in Latin America and the Caribbean, 1950 – 95: An Empirical Note*", http://www.worldbank.org

力资本的差距。与拉美国家相比，斯堪的纳维亚国家拥有较高的教育获得水平。教育是斯堪的纳维亚国家新兴工业发展的基础和主要推动力。由于国内新兴工业的发展，使丹麦、瑞典和挪威等国成功地从初级产品生产国和出口国转变为工业国。而且，教育获得还减缓了斯堪的纳维亚国家的收入不平等状况。此外，教育还增强了"国家学习能力"（national learning capacity）和创新能力，提高了自然资源部门的生产效率。[1]

（六）将拉美发展进程的不可持续性归结为缺乏创新能力和学习能力

这一类观点认为，拉美国家缺乏创新能力和学习能力，导致其发展进程的不可持续性。研究表明，1820~1950年，资源丰裕与经济增长呈正相关关系。但是，到第二次世界大战之后，拉美国家却出现了"资源诅咒"现象，主要是因为拉美国家缺乏创新能力，包括人力资本和促进创新、利用新技术的制度体系，从而导致其农业和制造业的全要素生产率落后于那些处于创新前沿的国家。首先，拉美的传统教育的性质是精英型、文化型（偏重思辨类课程）、消费型（教育投入大收益小）的教育，而非大众型、经济型（教育产出大于投入）、生产型（满足劳动力市场需求）的现代教育。由于不注重发展技术教育，不利于技术工人阶层的形成，造成了教育与工业、农业的需求脱节。其次，拉美国家重中、高等教育，轻初等教育。20世纪70年代，拉美国家的人均教育开支占人均GDP的比例是：初等教育为11%，中等教育为22%，高等教育为121%。高等教育的人均开支约为初等教育的11倍，中等教育的人均开支为初等教育的2

---

[1] Claudio Bravo – Ortega and José de Gregorio, "The Relative Richness of the Poor? Natural Resources, Human Capital, and Economic Growth", edited by Daniel Lederman and William F. Maloney, *Natural Resources: Neither Curse nor Destiny*, Stanford University Press, 2006.

倍。而同期在 OECD 国家，高等教育的人均开支约为初等教育的 3.4 倍，中等教育的人均开支为初等教育的 1.3 倍。拉美忽视初等教育的根源是"自然资源的所有权模式及由此产生的政治"。在拉美，由于自然资源长期被少数精英阶层所控制。自然资源开采是资本密集型产业，它对劳动力的知识和技术要求不高，而且，资源开采业的前向和后向联系效应也不大，不能带动其他产业的发展，不能增加社会就业机会，尤其是无法增加劳动力密集型产业的就业机会。相应地，在拉美国家教育计划中，就忽视了初等教育的普及。而中等教育和高等教育的发展，往往只是为了那些精英阶层的子女。大力发展的职业培训也仅限于现代化部门的"工人精英"，而非一般工人。因此，拉美国家的教育发展模式实际上是以牺牲最贫困阶层的参与为代价来培养精英，公共教育资源基本上被社会强势群体所占用。这种不平等的教育发展模式造成了严重后果：初等教育的普及率仅为 71%，导致劳动力整体素质较低，导致对国外新技术的吸收和利用能力较低。第三，第二次世界大战之后，拉美国家普遍实行了进口替代工业化发展模式，但是，这种进口替代工业化不是建立在资源禀赋基础之上的，而是照搬美国的生产结构，因此需要大量的政府补贴，从而导致工业部门缺乏创新的动力。[①]

## 二、本文的观点

导致拉美不可持续发展的原因诸多，除了以上提及的观点，还有诸如投资率低下等因素。本文的视角是从拉美的生产结构和经济发展模式的特点出发，分析和论证初级产品出口型发展模式

---

① William F. Maloney, "Missed Opportunities: Innovation and Resource – Based Growth in Latin America", edited by Daniel Lederman and William F. Maloney, *Natural Resources: Neither Curse nor Destiny*, Stanford University Press, 2006.

是导致拉美不可持续发展的重要原因之一。

纵观拉美经济发展史，在其三大发展阶段中都严重依赖资源型初级产品的出口，即使是在进口替代工业化发展阶段，仍严重依靠资源型初级产品的出口换取外汇的方式来解决工业化发展所需的资金缺口。大多数拉美国家的出口商品集中度较高，主要依赖于一种或几种附加值较低的原料等初级产品出口，但初级产品的价格极易波动，造成出口贸易的不稳定，进而导致经济增长进程的断裂。如图4-2所示，国际市场上初级产品的价格与拉美国家的出口和GDP的变化之间存在着很强的协同性。这种严重依赖初级产品出口的发展模式使拉美国家的经济具有很高的脆弱性，极易受到外部因素的扰动，表现为经济波动性大。因为，国际市场上初级产品的价格波动会对拉美国家的出口水平产生影响，进而对其经济增长产生影响。因此，这种初级产品出口型发展模式是拉美发展进程不可持续的重要原因之一。

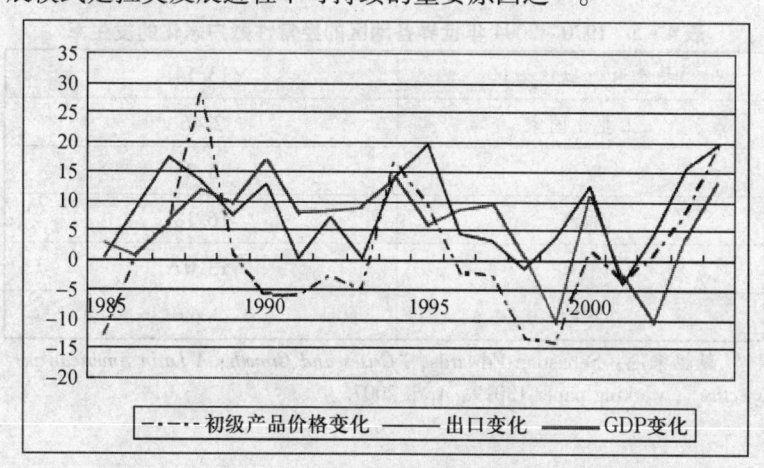

图4-2 初级产品价格、拉美GDP与出口变化的协同性

数据来源：ECLAC, "Statistics Year Book", 1999~2006; IMF 初级产品价格数据库。

塞巴斯蒂安·爱德华兹（Sebastian Edwards）对拉美的增长与危机做了实证研究，其结论可以证明以上观点。① 他研究了1970~2004年间的拉美发展过程，得出以下结论：（1）拉美经济很容易受到外部危机的影响，外部危机对拉美经济增长造成了巨大的损失。在这35年的时间里，拉美地区平均每10年发生危机1.3次，外部危机对拉美造成的平均损失相当于每10年GDP的7%，造成的人均实际GDP的损失累计达到其GDP的16%。（2）外部危机对拉美的传导途径有两个方面：一是通过资本市场（考察外资净流入状况），二是通过贸易（考察经常性账户的状况）。在这35年间，拉美经常性账户恶化比外资净流入减少对经济增长的影响更大。拉美国家发生外资净流入减少的机率为4.6%，而发生经常性账户恶化的机率为10.4%；在所有样本国家中，有46.8%的国家同时发生过外资净流入和经常性账户恶化（见表4-5）。1970~2004年，由于经常性账户恶化造成的

表4-5 1970~2004年世界各地区的经常性账户恶化的发生率

| 拉美和加勒比地区 | 13.14 |
| 工业化国家 | 2.46 |
| 亚洲 | 8.3 |
| 非洲 | 16.18 |
| 中东 | 13.07 |
| 东欧 | 7.69 |

数据来源：Sebastian Edwards, "*Crises and Growth: A Latin American perspective*", working paper 13019, April 2007.

---

① Sebastian Edwards, "*Crises and Growth: A Latin American perspective*", working paper 13019, April 2007; Sebastian Edwards, "*Globalization, Growth and Crises: The View From Latin America*", working paper 14034, May 2008, http://www.nber.org

短期增长率年均下降2%左右，造成实际人均GDP增长率年均下降3.6%。(3) 贸易条件的恶化或改善对短期增长产生重要影响。贸易条件发生10%的变动就会引起人均增长率产生1%的变动（见表4-6）。这充分说明了拉美这种初级产品出口型经济的脆弱性。

表4-6  1970~2004年世界各地区长期增长的决定因素

|  | 拉美和加勒比 | 工业化国家 | 亚洲 | 非洲 | 中东 | 东欧 |
| --- | --- | --- | --- | --- | --- | --- |
| 政府消费/GDP | 0.346 (0.28) | 0.102 (0.05) | 0.146 (0.03) | 0.178 (0.11) | 0.157 (0.10) | 0.406 (0.26) |
| 总投资/GDP | 21.243 (3.16) | 23.645 (2.86) | 25.654 (6.40) | 19.408 (5.72) | 24.320 (3.73) | 23.984 (4.12) |
| 中等教育 | 0.401 (0.16) | 0.788 (0.12) | 0.365 (0.16) | 0.138 (0.13) | 0.455 (0.19) | 0.550 (0.23) |
| 开放度 | 5.859 (6.44) | 6.612 (11.48) | 15.525 (31.18) | 5.724 (6.74) | 14.458 (9.03) | 2.966 (2.55) |
| 贸易条件的变化 | 14.245 (4.51) | 6.136 (2.09) | 12.663 (5.40) | 19.255 (8.53) | 17.444 (8.28) | 8.935 (0.47) |
| 通货膨胀 | 124.513 (221.43) | 6.732 (4.16) | 7.648 (2.92) | 17.760 (15.03) | 12.302 (15.01) | 34.118 (19.61) |
| 民主 | 3.655 (4.85) | 8.865 (2.77) | 2.841 (2.61) | -1.395 (5.29) | 1.019 (5.11) | 4.495 (3.01) |
| 司法独立 | 3.359 (1.88) | 7.849 (1.21) | 5.013 (1.74) | 4.341 (1.52) | 6.310 (1.48) | 5.167 (0.87) |
| 法律和秩序 | 4.664 (1.33) | 9.190 (1.04) | 6.004 (1.94) | 4.704 (1.98) | 7.404 (0.80) | 7.056 (0.34) |
| 专利权 | 4.368 (1.09) | 7.798 (0.82) | 5.022 (1.56) | 4.176 (1.09) | 5.575 (0.89) | 5.850 (1.04) |

注：①取1970~2004年的平均数；②括号中是标准差。

数据来源：Sebastian Edwards,"Crises and Growth: A Latin American perspective", working paper 13019, April 2007.

## 第三节 拉美初级产品出口型发展模式

### 一、19世纪的初级产品出口

19世纪中期,刚刚获得独立的拉美国家,虽然在生产和贸易上摆脱了原宗主国的控制,有了自主权,但依旧无法改变在长达三个世纪的殖民统治时期所形成的其在国际分工体系中的边缘地位。面临殖民地时期所遗留下来的单一的经济基础,拉美国家在经济发展模式的选择上不可避免地延续了初级产品出口型发展模式。

一国的出口商品结构不仅反映了该国的经济发展水平,更是代表了该国在国际分工中的地位。一般使用出口集中度来反映一国出口商品的多样性情况和比重分布情况是否均衡合理,它是指出口商品集中于某类产品的程度。虽然比起殖民地时期单一的出口商品结构,许多拉美国家新增了一些出口商品,但这并不意味着出口的多样化。因为,这些新增加的出口商品是与其传统出口商品的下滑相伴的,结果是拉美国家的出口集中度仍然很高。例如,1913年,在大多数拉美国家中,单一商品占总出口的比重都在50%以上,只有阿根廷和秘鲁的主要出口商品所占比重不到25%。如表4-7所示,在18个拉美国家中,其两种最重要出口商品所占比重在50%以上;在13个拉美国家中,这一比重达到70%以上;在古巴、危地马拉和萨尔瓦多这三个拉美国家中,其两种最重要出口商品所占比重甚至在90%以上。出口产品的单一化不仅导致很难将资本剩余转化为资本积累,而且,出口单一化还使经济极易遭受世界市场不利条件的影响,世界贸易周期性所带来的衰退会更深,时间会更长。

表4-7 1913年拉美主要国家的出口商品集中度（%）

| 国家 | 第一产品 | 所占比重 | 第二产品 | 所占比重 | 总计 |
| --- | --- | --- | --- | --- | --- |
| 阿根廷 | 玉米 | 22.5 | 小麦 | 20.7 | 43.2 |
| 玻利维亚 | 锡 | 72.3 | 银 | 4.3 | 76.6 |
| 巴西 | 咖啡 | 62.3 | 橡胶 | 15.9 | 78.2 |
| 智利 | 硝酸盐 | 71.3 | 铜 | 7.0 | 78.3 |
| 哥伦比亚 | 咖啡 | 37.2 | 金 | 20.4 | 57.6 |
| 哥斯达黎加 | 香蕉 | 50.9 | 咖啡 | 35.2 | 86.1 |
| 古巴 | 蔗糖 | 72.0 | 烟草 | 19.5 | 91.5 |
| 多米尼加 | 可可 | 39.2 | 蔗糖 | 34.8 | 74.0 |
| 厄瓜多尔 | 可可 | 64.1 | 咖啡 | 5.4 | 69.5 |
| 萨尔瓦多 | 咖啡 | 79.6 | 贵金属 | 15.9 | 95.5 |
| 危地马拉 | 咖啡 | 84.8 | 香蕉 | 5.7 | 90.5 |
| 海地 | 咖啡 | 64.0 | 可可 | 6.8 | 70.8 |
| 洪都拉斯 | 香蕉 | 50.1 | 贵金属 | 25.9 | 76.0 |
| 墨西哥 | 银 | 30.3 | 铜 | 10.3 | 40.6 |
| 尼加拉瓜 | 咖啡 | 64.9 | 贵金属 | 13.8 | 78.7 |
| 巴拿马 | 香蕉 | 65.0 | 椰子 | 7.0 | 72.0 |
| 巴拉圭 | 茶 | 32.1 | 烟草 | 15.8 | 47.9 |
| 秘鲁 | 铜 | 22.0 | 蔗糖 | 15.4 | 37.4 |
| 波多黎各 | 蔗糖 | 47.0 | 咖啡 | 19.0 | 66.0 |
| 乌拉圭 | 羊毛 | 42.0 | 肉类 | 24.0 | 66.0 |
| 委内瑞拉 | 咖啡 | 52.0 | 可可 | 21.4 | 73.4 |

数据来源：Victor Bulmer-Thomas, *The Economic History of Latin America Since Independence*, Cambridge University Press, 1994, p. 59.

到了19世纪20年代末，拉美国家的出口商品结构的集中程度更高了。在所有拉美国家中，三种主要出口产品至少占其外汇收入的50%；在巴西、哥伦比亚、萨尔瓦多、危地马拉和尼加拉瓜，咖啡占总出口的比重在50%以上；在古巴和多米尼加，糖占总出口的50%以上；在洪都拉斯，香蕉占总出口的50%以上；玻利维亚的锡占总出口50%以上；委内瑞拉的石油占总出口的50%以上。这些数据表明，尽管在1913~1929年间纯易货贸易条件恶化了，但是拉美国家未能调整其对外部门与新国际环境的关系，反而是相当显著的增加了对初级产品出口的依赖。[①]到19世纪30年代末，20种初级产品占拉美国家总出口的80%。而且，这一数字实际上在以后的30年中都未发生变化。由于出口商品种类过于集中，缺乏多样化，拉美国家的出口实际上就是由一小部分商品的贸易状况决定的。一旦世界市场对这一小部分初级产品不利时，拉美经济就会遭受到极大伤害。

### 二、20世纪的初级产品出口

20世纪30~70年代，拉美国家长期实行内向的工业化政策，但是，这种进口替代工业化不是建立在资源禀赋基础之上的，而是照搬美国的生产结构，导致国内生产越来越依赖中间产品和资本货的进口。因此，拉美实际上发展的是"进口依赖型的进口替代工业化"。从开始实行进口替代工业化政策一直到1973年，拉美国家的制成品进口额一直占其总进口额的70%左右。由此，拉美贸易余额逐渐减少，1950年有3%的贸易顺差，到1972年变成2%的逆差，到1981年拉美地区经常项目赤字已

---

① Victor Bulmer-Thomas, *The Economic History of Latin America Since Independence*, Cambridge University Press, 1994, pp. 162~163.

经相当于该地区 GDP 的 6% 和总出口的 44%。① 这种进口依赖型的工业化使拉美国家产生了巨大的资金缺口，因此对初级产品出口创汇的依赖程度就更高了。② 在 20 世纪 60 年代，拉美国家便纷纷推行进口替代与促进出口相结合的政策。例如，巴西在 1968~1974 年的"经济奇迹"年代，其大豆、咖啡、蔗糖的产量大增。整个拉美地区的农产品出口，由 1950~1952 年间的 33 亿美元增加至 1973~1974 年的 140 亿美元，增长了 3.2 倍。虽然，农产品出口占总出口的比重有所下降，由 1951 年的 61.9% 降至 1974 年的 41.5%，但它在出口商品结构中仍占据重要地位（见表 4-8）。虽然在 1950~1974 年拉美国家的农产品出口增加了 3 倍多，但由于国际贸易条件的恶化，拉美国家的出口购买力却大幅下降。据联合国拉美经委会的数据，1953~1955 年间 1 美元的购买力到 1975 年已降至不足 49 美分。而且，拉美农业部门外贸盈余的 90% 左右都集中于阿根廷、巴西、古巴、哥伦比亚以及一些中美洲国家，其他的拉美国家要么只有少量盈余，要么就是赤字。

表 4-8  拉美初级产品占总出口的比重（%）

| 初级产品名称 | 1934~1938 | 1946~1951 | 1963~1964 |
|---|---|---|---|
| 咖啡 | 12.8 | 17.4 | 15.0 |
| 石油 | 18.2 | 17.3 | 26.4 |
| 糖 | 6.1 | 10.2 | 8.6 |
| 棉花 | 4.5 | 4.7 | 4.3 |
| 铜 | 4.7 | 3.4 | 4.9 |

---

① ［英］莱斯利·贝瑟尔主编：《剑桥拉丁美洲史》（中文版），北京：当代世界出版社，2000 年版，第 6 卷（上册），第 237 页。
② ［英］莱斯利·贝瑟尔主编：《剑桥拉丁美洲史》（中文版），北京：当代世界出版社，2000 年版，第 6 卷（上册），第 201~202 页。

续表

| 初级产品名称 | 1934～1938 | 1946～1951 | 1963～1964 |
|---|---|---|---|
| 小麦和面粉 | 5.1 | 4.2 | 1.7 |
| 牛肉和牛 | 5.7 | 4.4 | 4.4 |
| 羊毛 | 4.3 | 3.7 | 2.0 |
| 玉米 | 6.3 | 2.0 | 2.0 |
| 鱼和鱼粉 | 0.0 | 0.1 | 2.4 |
| 皮革 | 3.5 | 3.2 | 0.5 |
| 铁矿石 | 0.0 | 0.1 | 2.8 |
| 木材 | 1.0 | 2.3 | 1.0 |
| 小计 | 72.2 | 73.0 | 76.0 |
| 20种初级产品 a | 80.0 | 79.3 | 81.8 |

注：a. 上述产品再加上可可、香蕉、铅、锌、锡、压榨油和硝酸盐。

数据来源：Victor Bulmer‐Thomas, *The Economic History of Latin America Since Independence*, Cambridge University Press, 1994, p. 273.

由于在工业化时期，拉美的发展政策过于长期关注国内市场，没有出口补贴来补偿与进口替代工业化有关的价格扭曲，妨碍了投资和出口的多样化。尽管在20世纪60年代，拉美地区的出口商品结构中初级产品的比重有所下降，制成品的出口比重上升了。但是，制成品出口的迅速增长只是集中于几个较大的拉美国家，大多数拉美国家的出口仍严重依赖少数几样初级产品。而且，在工业化时期，虽然拉美国家的工业增长迅速，但是效率并不高。工业企业（包括跨国公司）受到了关税和其他进口壁垒的保护，大多数企业都难以参与国际竞争，从而不得不依赖初级产品的出口所得来支付国外贷款的利息。因此，到了20世纪70年代中期，初级产品出口比重又有所增加了（见表4-9）。

表4-9　1965~1990年拉美出口商品构成（以1991年价格计算）
（10亿美元,%）

| | 1965年 | | 1970年 | | 1975年 | | 1980年 | | 1985年 | | 1990年 | |
|---|---|---|---|---|---|---|---|---|---|---|---|---|
| | 出口额 | 比重 | 出口额 | 比重 | 出口额 | 比重 | 出口额 | 比重 | 出口额 | 比重 | 出口额 | 比重 |
| 初级产品 | 12.53 | 24.2 | 13.86 | 22.9 | 13.29 | 27.4 | 16.38 | 25.2 | 22.41 | 24.9 | 23.08 | 22.2 |
| 原油 | 28.43 | 54.9 | 31.40 | 51.9 | 14.09 | 29.1 | 18.22 | 28.0 | 21.37 | 23.7 | 25.13 | 24.2 |
| 半制成品 | 8.79 | 17.0 | 11.12 | 18.4 | 13.13 | 27.1 | 16.70 | 25.7 | 22.23 | 24.7 | 24.01 | 23.1 |
| 制成品 | 1.88 | 3.6 | 3.93 | 6.5 | 7.60 | 15.7 | 13.32 | 20.5 | 23.64 | 26.2 | 30.66 | 29.5 |
| 其他 | 0.11 | 0.2 | 0.23 | 0.4 | 0.34 | 0.7 | 0.42 | 0.7 | 0.47 | 0.5 | 1.11 | 1.1 |

数据来源：Bethell L., *The Cambridge History of Latin America*, Vol.6, Part 1, p.207.

20世纪80年代拉美国家深陷债务危机，随着国际利率的提高，其债务规模不断扩大，尤其是累计的利息压力更大。为了还债，拉美国家不得不加大了对初级产品出口的依赖度。1985~1989年，拉美地区出口的初级产品中的第一产品——石油占拉美总出口的比重达到20%，第二产品——咖啡占总出口的比重高达66%（见表4-10）。

表4-10　1985~1989年拉美国家初级产品占总出口的比重（%）

| 国家 | 第一产品 | 比重 | 第二产品 | 比重 | 所有初级产品的比重 |
|---|---|---|---|---|---|
| 阿根廷 | 玉米 | 8.0 | 牛肉 | 6.7 | 68 |
| 玻利维亚 | 天然气 | 54.2 | 锡 | 20.5 | 95 |
| 巴西 | 咖啡 | 8.5 | 铁矿砂 | 5.2 | 48 |
| 智利 | 铜 | 42.9 | 葡萄 | 4.6 | 90 |
| 哥伦比亚 | 咖啡 | 49.0 | 石油 | 12.6 | 75 |
| 哥斯达黎加 | 咖啡 | 31.9 | 香蕉 | 20.4 | 70 |
| 古巴 | 蔗糖 | 75.5 | 柑橘 | 2.2 | 86 |
| 多米尼加 | 蔗糖 | 22.2 | 镍铁 | 16.0 | 74 |

续表

| 国家 | 第一产品 | 比重 | 第二产品 | 比重 | 所有初级产品的比重 |
|---|---|---|---|---|---|
| 厄瓜多尔 | 石油 | 49.0 | 香蕉 | 10.6 | 97 |
| 萨尔瓦多 | 咖啡 | 68.1 | 棉花 | 1.9 | 80 |
| 危地马拉 | 咖啡 | 40.4 | 棉花 | 3.5 | 83 |
| 海地 | 咖啡 | 23.9 | 蔗糖 | 0.2 | 27 |
| 洪都拉斯 | 香蕉 | 32.8 | 咖啡 | 31.3 | 88 |
| 墨西哥 | 石油 | 43.6 | 咖啡 | 3.5 | 55 |
| 尼加拉瓜 | 咖啡 | 43.0 | 棉花 | 22.2 | 97 |
| 巴拿马 | 香蕉 | 22.4 | 虾 | 18.5 | 80 |
| 巴拉圭 | 棉花 | 32.4 | 大豆 | 29.1 | 92 |
| 秘鲁 | 铜 | 16.4 | 鱼粉 | 6.8 | 81 |
| 乌拉圭 | 羊毛 | 19.1 | 牛肉 | 14.0 | 61 |
| 委内瑞拉 | 石油 | 79.1 | 铝 | 4.2 | 92 |
| 拉丁美洲 | 石油 | 20.0 | 咖啡 | 7.0 | 66 |

资料来源：Victor Bulmer – Thomas, *The Economic History of Latin America Since Independence*, Cambridge University Press, 1994, p. 9.

### 三、21 世纪的初级产品出口

进入 21 世纪，世界经济的发展更强化了拉美的初级产品出口型发展模式，尤其是石油和矿产品的出口。主要原因是，近年来中国、印度等新兴发展中国家的迅猛发展，在短期供给弹性较低的情况下，导致国际市场上初级产品的价格迅速上涨。

2007~2008 年，仅中国和印度就占全球大米消费量的 1/2、占全球小麦消费量的 1/3、占全球大豆油消费量的 1/3。相比农产品，中国对矿产品和石油的需求更大。2000~2007 年，全球精铜新增需求量中的 100%、精炼铝和锌板新增需求量中的 75% 均自来中国的需求；中国对石油及石油产品需求的增长几乎是同期全球对石油及石油产品需求增长的6倍，全球对石油及石油产品需求增长的35%是来自中国（见图4-3）。2004~2008年，中国与拉美地区的贸易总额增长了258.3%，其中，拉美向中国的出口总额增长了228.9%，拉美向中国出口的产品中50%以上是初级产品。①

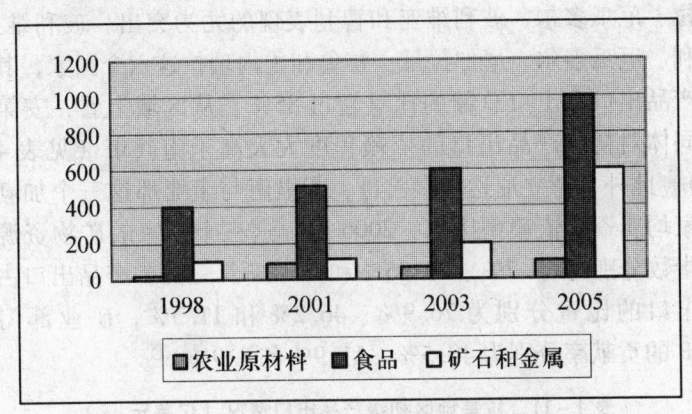

图4-3 1998~2005年中国和印度对拉美初级产品需求的增长（百万美元）

数据来源：OECD, *Latin American Economic Outlook* 2008, Chapter 4, Paris, 2008.

由于中国和印度等新兴大国的巨大需求，推动了资源类大宗商品的价格不断走高，使许多拉美国家继续选择了依赖初级产品出口的发展道路。如今，在绝大多数拉美国家，原材料和初级产品的生产及出口仍是其国民经济的重要组成部分。2006年，拉美地区生产的大豆、玉米分别占全球总产量的44%和13%，锌、铝和铜分别占全球总产量的28%、22%和19%。拉美地区的初级产品在其出口总额中的比重高达52.8%（见表4-11）。其

---

① 根据《中国统计年鉴》（2005~2009年）的数据计算。

中，农产品和渔产品（香蕉、牛肉、咖啡、玉米、大豆、大豆油、糖、小麦、鱼和贝类）占总出口的 7.6%，金属和矿产品（铁矿石、钢铁、锌、铝、铜）占总出口的 12.8%，石油和石油产品占 20%。大多数拉美国家的初级产品出口集中度已经超过了 21 世纪初的水平，向初级产品更加专业化发展的趋势在委内瑞拉、厄瓜多尔、玻利维亚和智利表现的尤为突出。玻利维亚、智利、厄瓜多尔、尼加拉瓜、秘鲁和委内瑞拉这六个国家，其初级产品出口占出口总额的比重超过 85%。从区域上看，安第斯共同体对初级产品出口的依赖程度大大高于南共市（见表 4 - 12）。此外，特立尼达和多巴哥、苏里南与圭亚那这三个加勒比国家均属资源依赖型国家，2006 年，这三个国家的矿物资源依赖指数分别为 58.7%、29.05% 和 10.1%；三国矿产品出口占商品出口的比重分别为 76.9%、46.2% 和 11.3%，矿业部门对 GDP 的贡献率分别为 40.5%、11.9% 和 8.9%。[①]

表 4 - 11　拉美地区初级产品出口情况　（亿美元,%）

| | 2000 年 | 2001 年 | 2002 年 | 2003 年 | 2004 年 | 2005 年 | 2006 年 | 2007 年 |
|---|---|---|---|---|---|---|---|---|
| 出口总额 | 3691.31 | 3531.08 | 3559.22 | 3887.73 | 4958.28 | 5367.37 | 5747.12 | 6114.06 |
| 初级产品出口额 | 1445.74 | 1365.97 | 1373.58 | 1619.00 | 2113.16 | 2754.31 | 3487.41 | 3325.9 |
| 占出口总额的比重 | 41.8 | 40.9 | 41.2 | 44.4 | 46.3 | 50.1 | 52.8 | 49.5 |

数据来源：ECLAC, *Statistics Yearbook for Latin America and the Caribbean* 2008.

---

① 1990 年奥蒂构建了一个衡量一国经济对矿物资源依赖程度的指标，即矿物资源依赖指数（MDI）。矿物资源依赖指数等于矿产品出口占商品出口的比重与矿业部门对 GDP 的贡献率之和的算术平均数。如果一国的矿物资源依赖指数大于 20%，该国属资源依赖型国家。ECLAC, *Economic Survey of the Caribbean* 2006 ~ 2007, 28 September, 2007.

表4-12 拉美主要国家对初级产品出口的依赖度（%）

| 国家 | 依赖度 | 国家 | 依赖度 |
|---|---|---|---|
| 阿根廷 | 5~10 | 墨西哥 | 1~2.5 |
| 巴拿马 | 5~10 | 尼加拉瓜 | 10~20 |
| 玻利维亚 | 5~10 | 危地马拉 | 5~10 |
| 巴西 | 5~10 | 秘鲁 | 5~10 |
| 智利 | >20 | 乌拉圭 | 5~10 |
| 哥伦比亚 | 2.5~5 | 巴拉圭 | 10~20 |
| 哥斯达黎加 | 10~20 | 多米尼加 | 2.5~5 |
| 洪都拉斯 | 10~20 | 厄瓜多尔 | 10~20 |
| 萨尔瓦多 | 2.5~5 | 委内瑞拉 | 1~2.5 |

数据来源：IMF, *World Economy Outlook*, September 2006.

2008年，33个拉美国家中有21个国家的出口额与初级产品价格之间的相关性大于0.8，其中有14个国家的出口额与初级产品价格之间的相关性大于0.9。主要初级产品出口国如阿根廷、委内瑞拉、玻利维亚、智利、哥伦比亚、厄瓜多尔、墨西哥和秘鲁，都与初级产品价格指数有很大的相关性。

2009年，拉美地区净出口收入约为2060亿美元，其中46%是来自农产品的出口，33%来自能源出口（主要是石油），还有21%来自矿产品的出口。由此可见，进入21世纪以来，初级产品价格对拉美的出口和经济增长仍具有重要的意义。

从产业结构上来看，进入21世纪，在拉美制造业中，资源密集型产业的比重不降反升。2003年，拉美的资源密集型产业的产值占制造业产值的比重高达49.2%，比1997年的这一比重还上升了1.5%。而技术密集型产业和劳动力密集型产业的产值分别占制造业产值的30%和20%（见表4-13）。[1]

表4-13 不同产业的产值在拉美制造业部门中的比重（%）

| | 1970 | 1980 | 1990 | 1997 | 2003 |
|---|---|---|---|---|---|
| 技术密集型产业 | 22.3 | 29.4 | 25.6 | 29.9 | 30.0 |
| 资源密集型产业 | 47.5 | 45.0 | 47.9 | 47.7 | 49.2 |
| 劳动力密集型产业 | 30.3 | 25.6 | 26.5 | 22.4 | 20.8 |
| 总计 | 100 | 100 | 100 | 100 | 100 |

资料来源：Jose Luis Machinea, *Crecimiento, Competitividad e Innovación en América Latina y el Caribe*, Buenos Aires, Mayo de 2006.

## 第四节 拉美打破了贸易条件恶化论了吗？

发展中国家是否应该专门生产和出口初级产品，一直是发展经济学长期争论的问题。尤其是在拉美地区，对这个问题的争论最激烈。早在1950年，普雷维什和辛格就撰文指出，专门生产和出口初级产品导致发展中国家落后于工业化国家，因为初级产品部门的技术进步相对缓慢和商品的贸易条件恶化的趋势。如今，关于专门化的问题在拉美地区仍备受关注，其原因正如牛津大学经济史和政治经济学家罗斯玛丽·索普（Rosemary Thorp）所说："20世纪90年代以来，初级产品出口在拉美再次表现出重要作用。进入21世纪，世界经济强有力地将拉美推向了这个方向，尤其是石油和矿业。如果对拉美的历史稍有了解的话，我们就应该冷静地看待这种模式的政治、经济和社会层面，必须关

---

[1] Jose Luis Machinea, *Crecimiento, Competitividad e Innovación en América Latina y el Caribe*, Buenos Aires, Mayo de 2006.

注初级资源产品型增长是否能够与长期经济增长和社会发展并存，什么必须改变？"

2003~2008年间，拉美地区的经济增长在很大程度上得益于国际市场上资源型产品的价格大幅飙升（见图4-4），这使得依赖初级产品的生产和出口的大多数拉美国家受益匪浅。2002~2005年，拉美出口的主要初级产品价格在3年间平均上涨了近37%，与20世纪90年代相比，2003~2005年拉美国家整体贸易条件平均改善了17.7%，2005年改善了23.4%（见表4-14）。2003~2005年，贸易条件的改善对拉美地区GDP的贡献率为0.8%，2006年为1.3%（见表4-15）。其中，2003~2005年，安第斯共同体国家和智利，由于贸易条件改善带来的收益占其GDP的比重分别为12.6%和5.1%。有些学者就因此提出，拉美打破或改变了普雷维什的贸易条件恶化论，认为贸易条件恶化论已经过时了。

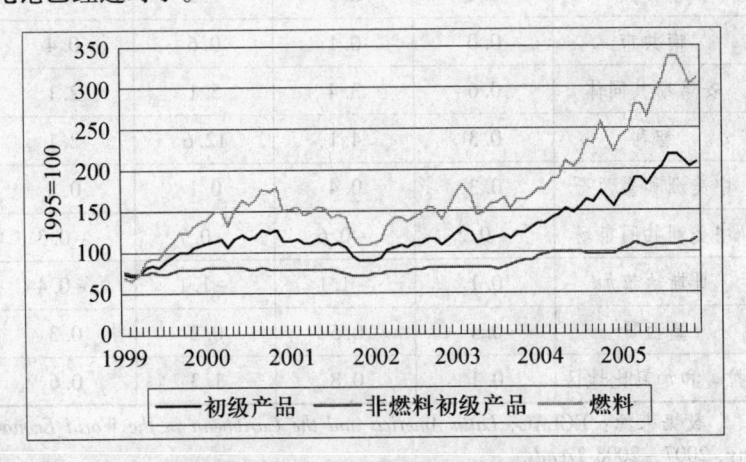

**图4-4　国际市场上初级产品价格指数**

数据来源：http://www.imf.org/external/np/res/commod/index.asp

表4-14 拉美国家贸易条件的变化（与20世纪90年代相比，%）

|  | 2005年 | 2003~2005年平均 |
|---|---|---|
| 出口价格指数 | 27.8 | 16.2 |
| 初级产品 | 24.4 | 16.2 |
| 以自然资源为基础的制成品 | 1.9 | 1.1 |
| 其他 | 1.5 | -1.1 |
| 进口价格指数 | 4.4 | -1.5 |
| 贸易条件 | 23.4 | 17.7 |

数据来源：IMF, *World Economy Outlook*, September 2006.

表4-15 1995~2007年拉美地区的贸易条件变化带来的收益和损失（年均%）

|  | 1995~2002 | 2003~2005 | 2006 | 2007 |
|---|---|---|---|---|
| 南美洲 | 0.1 | 0.9 | 2.2 | 0.8 |
| 南共市 | 0.0 | 0.1 | 0.6 | 0.4 |
| 安第斯共同体 | 0.6 | 3.4 | 5.1 | 2.1 |
| 智利 | 0.3 | 4.1 | 12.6 | 2.1 |
| 中美洲和墨西哥 | 0.3 | 0.4 | 0.1 | 0.2 |
| 中美洲共同市场 | -0.2 | -0.6 | -0.7 | -0.3 |
| 哥斯达黎加 | 0.1 | -1.1 | -1.1 | -0.4 |
| 墨西哥 | 0.4 | 0.5 | 0.2 | 0.3 |
| 拉美和加勒比地区 | 0.1 | 0.8 | 1.3 | 0.6 |

数据来源：ECLAC, *Latin America and the Caribbean in the World Economy*, 2007~2008 Trends.

拉美真的打破了普雷维什的贸易条件恶化论了吗？从表4-15中，我们可以清楚看到，2007年拉美的贸易条件改善趋势就开始发生了变化，2007年贸易条件的改善对拉美地区GDP的贡献率下降至0.6%；到2009年，由于贸易条件恶化给拉美地区带来的损失就高达882亿美元，相当于拉美地区GDP的2.4%。① 由于初级产品的世界市场价格类似于一种"零和"博弈，一个国家集团（生产者）的收益由另一个国家集团（消费者）的损失所抵消，所以初级产品的价格波动很大。以石油为例，1998~1999年石油价格为每桶10美元，到2008年最高升至每桶140多美元，而2009~2010年又降至每桶75美元左右。因此，仅凭2003~2006年间拉美国家整体贸易条件得到明显的改善的事实就断言拉美打破了贸易条件恶化论未免太草率了，我们还需要从更长的周期来观察和判断国际市场上资源型产品实际价格的变化趋势和贸易条件的趋势。

**一、初级产品的实际价格在长期呈下跌趋势**

研究表明，在过去的100多年中，资源型产品实际价格的变化呈现出大幅波动且长期下跌的趋势。尽管，在大幅波动的过程中，实际价格也屡创新高，但价格变化的总体趋势仍然是长期下跌的（见图4-5）。其中，在20世纪30年代大萧条之前、40年代末~50年代中期、70年代中期~80年代中期分别出现的三个峰值，但一次比一次低。到20世纪90年代末，资源型产品实际价格的指数值处于百年以来的最低点，比起1900年的指数值129，在这100年中实际价格指数已经跌去了63%，平均每年的跌幅约为0.63%。也就是说，在21世纪商品价格上涨潮来临之前，资源型产品的实际价格处于百年以来的最低水平。因此，可

---

① Claudio M. Loser, "Global Financial Turmoil and Emerging Market Economies: Major Contagion and A Shocking Loss of Wealth?", *Global Journal of Emerging Market Economies*, Vol. 1, p. 137, 2009.

以这样说，始于21世纪初的这一轮资源价格的上涨具有价值回归的性质。

虽然从总体上看，2003～2006年国际市场初级产品价格处于上升周期中，但各类资源价格走势不尽相同。具体来说，2006年的金属价格比1945～1980年的平均价格增长了76%，但热带和温带农产品的价格却比1945～1980年的平均价格分别下降了41%和29%，由于生物燃料技术的蓬勃发展，到2007年农产品的价格才有所回升。矿产品价格上涨主要归因于石油和天然气的价格的上涨，尽管石油的价格直到最近才恢复到20世纪70年代的实际水平。总的来看，这个周期出现的初级产品价格涨潮主要是因为石油和矿产，而不是农产品价格的上涨。

研究表明，从长期来看，国际市场农产品实际价格将呈下降趋势。主要原因是，农产品供求失衡在长期内有可能得到解决。虽然从长期来看，农产品的供给富有价格弹性，全球主要农产品出口国的生产和出口将随着经济复苏而增长。但是，人均收入提高、原油价格的逐步上升会引起生物质能源的需求逐渐增长，又会造成农产品长期需求相对缺乏价格弹性；再加上一些不确定的因素，如气候条件的改善、最贫穷的发展中国家未来国内粮食生产能力的提高等，农产品供求失衡状况在长期内有可能得到解决，因此，国际农产品实际价格在长期里可能呈下降趋势。[1]

资源型产品的实际价格呈现长期下跌的一个根本原因就是全球劳动生产率的提高。虽然劳动生产率的增速受经济周期影响而有快有慢，但劳动生产率的提高则一直贯穿经济和社会发展的整个历程，是经济增长和社会进步的基本推动力。在20世纪90年代下半期，主要发达国家和发展中国家的劳动生产率都出现了大

---

[1] 傅晓、牛宝俊：《国际农产品价格波动的特点、规律与趋势》，载《中国农村经济》，2009年第5期。

幅增长。例如，1998~2003年，中国的劳动生产率以年增幅接近7%的速度在不断提高。劳动生产率的提高使得单位产量上升，从而就会给价格带来下跌的压力。

**图4-5 资源商品实际价格的长期变动趋势（1900~2005年）**
资料来源：朱民、马欣：《新世纪的全球资源商品市场》，载《世界经济导刊》，2007年第1期。

**二、短期的贸易条件改善无法扭转贸易条件恶化的长期趋势**

普雷维什"贸易条件恶化论"揭示了出口初级产品的发展中国家相对于出口工业制成品的发达国家的贸易条件恶化的一个历史趋势。这一历史趋势是"长期的和总体性的"趋势，在这一长期趋势中，不排除会出现由于受到气候变化、金融投机行为及战争等因素的影响，初级产品价格暴涨的短期波动现象，但这种短期内初级产品价格上涨和贸易条件暂时性的改善并不能从根本上改变初级产品价格下跌的长期趋势。其主要原因是：虽然发展中国家似乎在国际贸易所得格局中的地位略有改善，但从总体上来看，直至到现阶段，在商品交换中，发展中国家相对发达国家仍处于较低的技术水平上。因此，2003~2006年间出现的短期的、阶段性的贸易条件改善根本不足以扭转发展中国家贸易条件长期恶化的趋势。

而且,事实证明,初级产品的价格波动很大,不可能长期持续上涨。以1971~1980年的初级产品价格指数为基数100,2003年非石油产品、农产品、金属和石油产品的价格指数分别为67.6、65.2、78.3和100.9,在经过了六年的持续上涨,到2008年第2季度达到峰值后,便开始了持续下跌。到2009年底,非石油产品、农产品、金属和石油产品的价格指数分别跌至72.7、68.5、92.1和149.7(见表4–16)。

表4–16 初级产品实际价格指数(1971~1980年=100)

| 年份 | 非石油产品 | 农产品 | | | 金属 | 石油 |
| --- | --- | --- | --- | --- | --- | --- |
| | | 总价格 | 热带农产品 | 其他 | | |
| 1945~1970 | 101.8 | 103.7 | 108.6 | 98.8 | 93.1 | 33.6 |
| 1971~1980 | 100.0 | 100.0 | 100.0 | 100.0 | 100.0 | 100.0 |
| 1981~1990 | 78.3 | 73.6 | 65.7 | 81.6 | 100.4 | 128.2 |
| 1991~1997 | 73.2 | 71.7 | 62.3 | 81.3 | 80.1 | 72.6 |
| 1998~2003 | 67.6 | 65.2 | 55.0 | 75.5 | 78.3 | 100.9 |
| 2004 | 73.4 | 67.9 | 58.8 | 77.1 | 99.1 | 151.3 |
| 2005 | 78.2 | 70.4 | 64.8 | 76.0 | 114.7 | 213.8 |
| 2006 | 93.5 | 74.6 | 68.7 | 80.5 | 181.0 | 253.5 |
| 2007 | 101.9 | 82.0 | 77.6 | 86.5 | 193.7 | 270.0 |
| 2008年第1季度 | 122.1 | 104.7 | 105.6 | 103.8 | 202.6 | 357.8 |
| 2008年第2季度 | 124.5 | 106.2 | 111.4 | 100.9 | 208.9 | 448.1 |
| 2008年第3季度 | 112.8 | 96.6 | 97.9 | 95.4 | 187.4 | 421.7 |
| 2008年第4季度 | 79.2 | 72.4 | 65.2 | 79.7 | 110.7 | 202.2 |
| 2009年第1季度 | 76.4 | 72.9 | 68.1 | 77.8 | 92.5 | 157.3 |
| 2009年12月 | 72.7 | 68.5 | 60.5 | 76.6 | 92.1 | 149.7 |

数据来源:J. A. Ocampo, "Latin America and the Global Financial Crisis", *Cambridge Journal of Economics*, Vol. 33, 2009, pp. 703~724.

相应地，拉美地区的整个贸易条件也发生了协同性变化，开始逐渐恶化（见图4-6）。与2008年相比，2009年拉美地区的贸易条件迅速恶化。拉美各次地区的贸易受金融危机的影响程度存在较大差异。以能源、矿产品和金属出口为主的国家，贸易条件出现了明显的恶化；以农产品出口为主的国家，贸易条件有所恶化；能源、原材料和中间产品的净进口国的贸易条件则有所改善。2008~2009年，玻利维亚、厄瓜多尔、哥伦比亚和委内瑞拉这四个安第斯国家的贸易条件恶化最严重（-28%），尤其是石油出口大国委内瑞拉的贸易条件下降幅度最大，以2000年的贸易条件为基数100，2008~2009年委内瑞拉的贸易条件从226下降至179；智利和秘鲁这两个金属矿产品出口国的贸易条件的下降幅度（-20.2%）也远远高于拉美地区贸易条件下降的平均水平（-10.8%）；南共市等农产品出口国的贸易条件也恶化了（-6.2%）（见图4-7）。

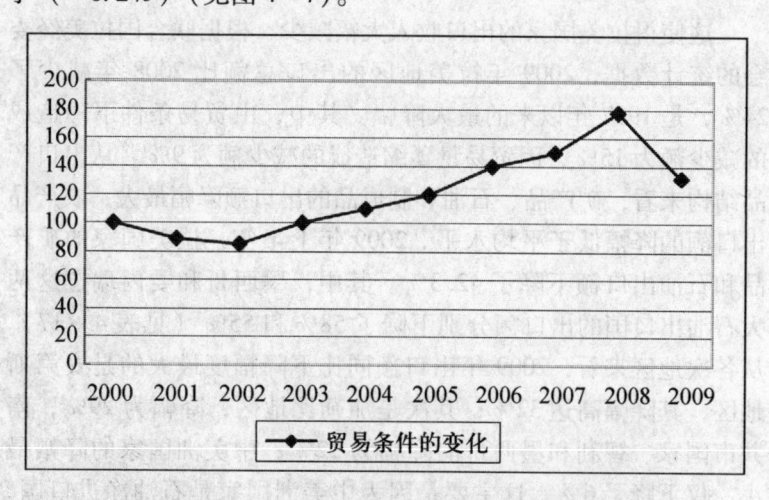

**图4-6 2000~2009年拉美国家贸易条件的变化趋势**

资料来源：IMF, *World Economic and Financial Surveys: Regional Economic Outlook*, May 2009.

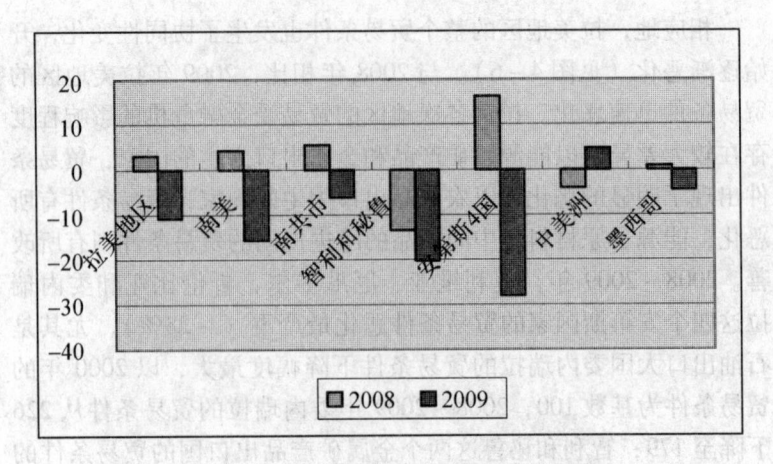

**图 4-7 2008~2009 年拉美次地区贸易条件的变化（%）**

数据来源：CEPAL, *Estudio Económico de América Latina y el Caribe: Políticas para la Generación de Empleo de Calidad*, 14 de julio 2009.

这使得拉美国家的出口收入大幅减少，根据联合国拉美经委会的统计数据，2009年拉美地区的出口总额比2008年减少了24%，是1937年以来的最大降幅。其中，由贸易条件下降造成的减少额为15%，因贸易量萎缩造成的减少额为9%。从出口产品结构来看，矿产品、石油和制成品的出口额降幅最大，农产品出口额的降幅低于平均水平。2009年上半年，拉美国家的矿产品和石油出口额下降了42.3%。其中，墨西哥和委内瑞拉这两大石油出口国的出口额分别下降了58%和55%（见表4-17）。从各次地区来看，2009年出口额同比下降幅度最大的是安第斯地区，其降幅高达32%；其次是加勒比地区，降幅为29%；南共市国家、智利和墨西哥的降幅为22%；中美洲国家的降幅最小，仅下降了6%，这主要是因为中美洲国家是石油净进口国，由于国际市场原油价格大跌，中美洲国家的贸易条件在2009年反而上升了（见表4-18）。

表4-17 2009年1~6月拉美国家主要产品出口额的变化（%）

| 主要出口产品类别 | 2009年1~6月 |
|---|---|
| 农产品 | -18.4 |
| 矿产品和石油 | -42.3 |
| 制成品 | -25.4 |
| 出口总额 | -27.7 |

数据来源：CEPAL, *Panorama de la inserción internacional de América Latina y el Caribe 2008~2009*, Octubre de 2009, p.63.

表4-18 2009年拉美次地区出口额的变化（%）

| | 出口额的变化 |
|---|---|
| 拉美地区 | -23.4 |
| 安第斯地区 | -32 |
| 加勒比地区 | -30.7 |
| 南美洲地区 | -25.5 |
| 南共市 | -21.8 |
| 中美洲地区 | -8.6 |
| 墨西哥 | -22 |
| 石油出口国 | -34.4 |
| 矿产品出口国 | -21.7 |

数据来源：CEPAL, *Balance preliminar de las economías de América Latina y el Caribe*, Diciembre de 2009, p.100.

从以上的分析可以看出，拉美地区一直存在着商品生产专门化问题，拉美国家实行的初级产品出口型发展模式，导致其对外部危机一向表现得很敏感、很脆弱。其贸易条件的变化与初级产品贸易价格的变动之间具有高度的协同性。可见，拉美国家贸易条件的改善完全是由于国际市场需求的带动，而不是通过改造内部经济结构推动的，因此是脆弱的。一旦遭受到外部冲击，贸易条件就开始恶化，出口收入减少，经济陷入停滞，甚至是负增长。2003~2008年间，拉美贸易条件的改善显然只是一个短期现象，是不可持续的。而普雷维什的"贸易条件恶化论"揭示的是初级产品贸易的"长期历史"趋势。即使是在那些通过产业结构调整，提升了自身产业技术水平，从而改善了贸易条件，外向型发展确实取得了成功的诸多新兴发展中国家里，不同技术层次产品的出口价格的差距也仍然存在，更何况是经济如此倚重初级产品出口的拉美国家，因此，初级产品贸易条件恶化的趋势在国际贸易中仍是客观存在和不可否认的。由于初级产品价格的波动性很大，短期的贸易条件改善是不稳定的，根本无法扭转初级产品贸易条件恶化的长期趋势。因此，对于拉美国家来说，重新思考普雷维什在50年前提出的论点很重要，因为从长期来看，贸易条件的恶化将挫败拉美地区的发展目标。

## 第五节 小　结

### 一、自然资源对经济增长的贡献呈倒U型曲线

图4-8描绘了各种资源在经济发展不同阶段的贡献。很明显，自然资源对经济增长的贡献呈倒U型曲线。在农业社会和工业社会前半期，自然资源对经济发展的贡献较大，但到工业社会后半期，其对经济发展的贡献作用就开始逐渐下降了；空间资源（区位条件）对经济增长的贡献呈卧S型曲线。步入工业社会前半期，空间资源开始逐渐显现优势。这主要是由于工业革命打破了自给自足、封闭的农业经济格局，生产的目的更多的是用

来交换,贸易的发展就是以区位条件为基础的。但从工业社会后半期开始,这种空间资源对经济增长的贡献作用也呈逐渐下降的趋势,主要是因为基础设施的不断完善,降低了交通成本;知识资源对经济增长的贡献作用则一直呈现逐渐上升的趋势。尤其是在工业社会后半期,当自然资源和空间资源优势减退时,知识资源的优势加速上升。尤其到了信息社会,知识资源对经济增长的贡献度更是自然资源和空间资源不可比拟的。可见,在经济发展的早期,自然资源和空间资源是很重要的,但是那些一味依赖自然资源和空间资源的优势谋求经济发展的国家,其发展进程肯定是不持续的。当自然资源和空间资源优势殆尽时,其发展进程就会发生断裂。这也可以用来解释拉美初级产品出口型发展模式的不可持续现象。

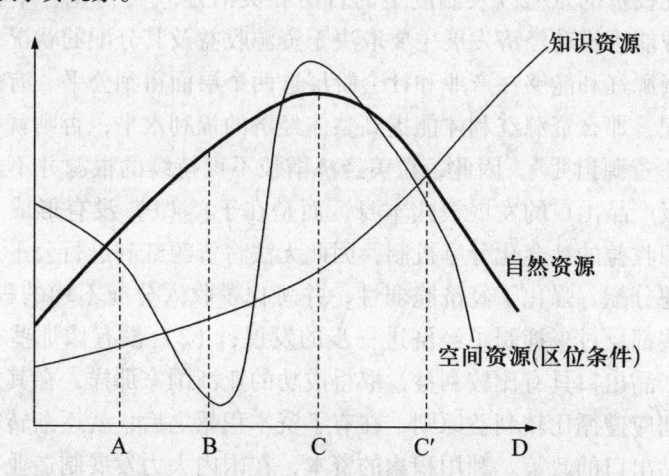

A—农业社会前期　B—农业社会　C—工业社会前半期
C′—工业社会后半期　D—信息社会

**图 4-8　各种资源在不同经济发展阶段的贡献**

资料来源:寿嘉华:《国土资源与经济社会可持续发展》,北京:地质出版社,2001 年版。

**二、资源丰裕只是经济增长的必要条件而不是充分条件**

大多数拉美国家是资源丰裕型经济，而且总体上处于工业社会发展期，自然资源优势还比较明显，按照比较优势原则，资源开发是其发展经济的一个必然选择。但是，应该认识到：资源丰裕只是经济增长的必要条件，而不是经济增长的充分条件。正如著名发展经济学家刘易斯（W. Arthur Lewis）在其《经济增长理论》一书中写道："很明显增长和资源是相互依赖的……虽然一国资源的多少对其发展程度和类型有所限制，但这不是唯一的限制，甚至不是主要的限制……一国拥有了资源，其增长率就取决于人的行为和制度，比如对待物质财富的态度、节俭、进行生产性投资的意愿以及制度上的自由和灵活性。"[①] 可见，丰裕的资源能否推动经济发展主要取决于资源收益及其分配的状况。如果资源红利能够在产业和社会阶层这两个层面得到公平、有效地分配，那么资源红利才能提高整体经济的福利水平，否则就会成为"资源诅咒"。因此，拉美经济增长不可持续的根源并不在于初级产品出口的发展模式本身，而是在于：（1）没有形成一种资源收益的社会化分享机制，因此无法将资源红利进行公平、有效地分配，强化了经济脆弱性，并恶化了收入分配不均的程度，这些都反过来抑制了经济进一步的发展；（2）没有像那些在初级产品出口具有比较利益，取得成功的亚洲国家那样，在其发展初期应遵循比较利益原则，在有了资本积累之后，就逐渐转向制成品出口的政策。利用积累的资本，在国内大力发展制造业，从而减少出口收入不稳定性对经济产生不利的影响。因为，资源产业的高收益只是短期的，而在长期里，制造业的投资收益率要远

---

① W. Arthur Lewis, *The Theory of Economic Growth*, George Allen and Unwin Ltd., 1955.

高于资源产业的收益率（见图4-9）。而拉美国家总是没有能够利用资源红利来改造其内部的经济和社会结构，所以每当外部产生危机，拉美就会发生增长的断裂。正如阿列克·凯恩克劳斯（A. Cairncross）所说的："发展作为一个不断前进的过程，依靠的是不断注入新技术，以及产生和吸收技术变化的能力。自然资源的富有并不能保证快速发展和最后的繁荣。"①

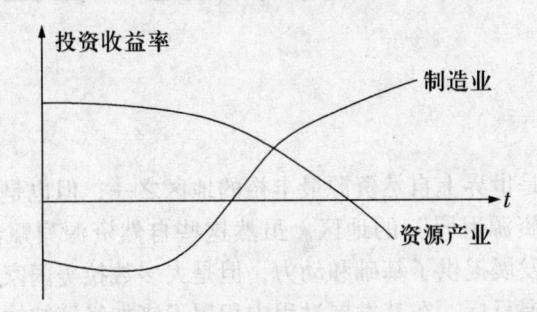

**图4-9 资源产业与制造业的投资收益率的变化趋势**
资料来源：张复明：《资源型经济：理论解释、内在机制与应用研究》，北京：中国社会科学出版社，2007年版。

---

① [英]阿列克·凯恩克劳斯著，李琮译：《经济学与经济政策》，商务印书馆，1990年版。

# 第五章 "资源诅咒"在拉美

　　拉美是世界上自然资源最丰裕的地区之一，但也是比较典型的遭受"资源诅咒"的地区。虽然这些自然资源禀赋给拉美地区的经济发展提供了基础和动力，但是大多数拉美国家并未实现其预期发展目标，在其发展过程中积累了诸如经济结构失衡、收入分配不公、失业和贫困、社会动荡等深层次的矛盾和问题，陷入了"富饶的贫困"，有些学者甚至将其亦称为"拉美化"现象。

## 第一节 "资源诅咒"在经济领域的表现

### 一、低经济增长

　　表5-1比较了自20世纪60年代以来世界各地区的GDP增长率。可以看到，在20世纪60~80年代，正值拉美各国普遍实行进口替代工业化政策的时期，其GDP增长率仅低于东亚和太平洋地区，高于世界其他地区；然而，在1990~2000年间，拉美国家实行了经济改革，又重新回归了初级产品出口型发展道

路,这期间的 GDP 增长率明显低于东亚和太平洋地区、中东和北非,以及南亚地区;2000~2007 年,虽然正值初级产品价格上涨的高峰期,但拉美和加勒比地区的 GDP 增长率却明显落后于东亚和太平洋地区、欧洲和中亚地区、中东和北非、南亚地区和撒哈拉南部非洲。可见,资源丰裕并没有给拉美地区带来较高的经济增长,从其经济发展历程来看,拉美地区 GDP 增长率较高的时期,恰恰是拉美国家从初级产品出口型发展模式转变为进口替代工业化发展模式的那段时期。

表 5-1 20 世纪 60 年代中期以来的世界各地区 GDP 增长率（%）

|  | 1965~1987 年 | 1990~2000 年 | 2000~2007 年 |
| --- | --- | --- | --- |
| 东亚和太平洋地区 | 6.2 | 8.5 | 9.0 |
| 欧洲和中亚 | 4.6 | -0.8 | 6.1 |
| 拉美和加勒比地区 | 4.7 | 3.2 | 3.6 |
| 中东和北非 | — | 3.8 | 4.5 |
| 南亚地区 | — | 5.5 | 7.3 |
| 撒哈拉南部非洲 | 3.4 | 2.5 | 5.1 |
| 高收入国家 | 3.1 | 2.7 | 2.4 |
| 世界平均 | — | 2.9 | 3.2 |

数据来源：World Bank, *World Development Indicators*, 1989, 2009.

## 二、经济结构单一性

初级产品出口繁荣的潜在负面影响之一就是导致一国经济结构单一性,这正是拉美地区经济脆弱性的根源。第二次世界大战之后,拉美国家也曾从 1929~1930 年的大萧条中吸取了教训,在 20 世纪 50~70 年代,普遍实行了进口替代工业化政策,在一定程度上改造了国家经济结构。初级产品出口在拉美总出口中的比重曾一度呈下降趋势，制成品出口的比重不断上升，出口结构呈现出多样化。但是，自20世纪80年代以来，拉美普遍出现了"去工业化"（deindustrialización）现象，大多数拉美国家的制造业产值占GDP的比重大幅下降了（见表5-2）。21世纪初开始的新一轮初级产品出口繁荣，又进一步加剧了拉美地区具有高附加值制成品出口的下降趋势。2000~2006年，初级产品尤其是石油和矿产品的出口，成为拉美经济发展的引擎。石油产品出口占拉美总出口的比重从16%上升至20%，铜（含铜矿）制品出口占总出口的比重从2.8%上升至6.8%，钢铁（含铁矿石）产品出口占总出口的比重从3.2%上升至4.3%。到2006年，拉美国家初级产品出口占拉美出口总额的比重上升至36%。因此，可以这样说，21世纪初以来的新一轮初级产品出口繁荣完全摧毁了拉美前20年来在出口结构多样化上所取得的进步。

目前，在拉美和加勒比地区19个最大的出口国中，有11个国家专门化生产初级产品。近年来，大多数拉美国家在原材料生产领域的专门化能力不断提高，制造业生产则逐渐失去地位。表5-3中的巴拉萨指数（Balassa index）显示了七个拉美国家的出口专门化模式。① 2000~2005年，拉美国家在"软"初级产品（谷物和糖等）和"硬"初级产品（金属矿产和石油等）上的比较优势都提升了，但是制造业部门的比较优势却下降了。最突出的案例是墨西哥，自20世纪80年代中期以来，墨西哥成功实施了制造业贸易多样化的战略，到2000年其制造业还处于相对较强的地位，但是到2005年，其制造业的比较优势显著下降了。2000~2006年，墨西哥的制成品出口占世界制成品出口的份额

---

① 巴拉萨指数是将一国某部门的出口与世界上其他国家相同部门的出口进行对比，衡量该部门出口的比较优势。数值大于1，表示这个国家在该部门具有比较优势。

从3.3%迅速下降至2.5%。

此外，拉美国家的出口产品结构具有较高的集中度。四种主要初级产品（石油、铜、大豆和咖啡）的出口占拉美初级产品出口总额的66%。图5-1显示了根据赫芬达尔—赫希曼指数（Herfindahl–Hirschman index）计算的2001~2005年拉美国家的出口产品集中度。可以发现，除了哥斯达黎加和阿根廷等少数国家以外，大多数拉美国家都显示出了比21世纪初更高的出口集中度，尤其是那些倚重石油和矿产品出口的国家如委内瑞拉、厄瓜多尔、玻利维亚和智利等国更甚）。

表5-2 拉美地区的"去工业化"：制造业产值占GDP的比重（%）

| 国家 | 1950 | 1960 | 1970 | 1980 | 1990 | 2000 |
|---|---|---|---|---|---|---|
| 阿根廷 | 21.4 | 24.2 | 27.5 | 25.0 | 21.6 | 16.1 |
| 巴西 | 23.2 | 28.6 | 32.2 | 33.1 | 27.9 | 19.8 |
| 智利 | 20.6 | 22.1 | 24.5 | 21.8 | 21.7 | 17.4 |
| 哥伦比亚 | 17.2 | 20.5 | 22.1 | 23.3 | 22.1 | 13.7 |
| 墨西哥 | 17.3 | 17.5 | 21.2 | 22.1 | 22.8 | 21.2 |
| 秘鲁 | 15.7 | 19.9 | 21.4 | 20.2 | 18.4 | 14.6 |
| 委内瑞拉 | 10.2 | 12.7 | 17.5 | 18.8 | 20.3 | 15.1 |
| 中美洲共同市场 | 11.5 | 12.9 | 15.5 | 16.5 | 16.2 | 18.1 |
| 拉美平均 | 18.4 | 21.3 | 24.0 | 25.4 | 23.4 | 18.9 |

注：1950年、1960年和1970年的数据按1970年美元价格计算；1980和1990年的数据按1980年美元价格计算；2000年的数据按1995年美元价格计算。

数据来源：ECLAC, *Statistics Yearbook for Latin America and The Caribbean*, 1991, 2001.

表5-3 2005年拉美主要国家的专门化生产情况（巴拉萨指数）

| 产品类别 | 阿根廷 | 巴西 | 智利 | 哥伦比亚 | 墨西哥 | 秘鲁 | 委内瑞拉 | 拉美平均 |
|---|---|---|---|---|---|---|---|---|
| 食品 | 6.30 | 3.81 | 3.40 | 3.27 | 0.85 | 3.24 | 0.07 | 2.51 |
| 饮料和烟草 | 1.57 | 1.72 | 2.68 | 0.51 | 1.29 | 0.11 | 0.12 | 1.31 |
| 原材料（食品和燃料除外） | 3.13 | 5.46 | 10.52 | 1.77 | 0.46 | 7.94 | 0.16 | 2.82 |
| 矿物燃料 | 1.60 | 0.60 | 0.21 | 3.83 | 1.45 | 0.91 | 8.66 | 2.14 |
| 动植物油、脂和蜡 | 22.07 | 3.56 | 0.30 | 1.60 | 0.10 | 2.63 | 0.01 | 2.86 |
| 化学制品 | 0.74 | 0.55 | 0.47 | 0.74 | 0.32 | 0.21 | 0.16 | 0.44 |
| 制成品 | 0.75 | 1.32 | 2.54 | 0.92 | 0.59 | 1.44 | 0.49 | 0.92 |
| 机械及运输设备 | 0.27 | 0.66 | 0.04 | 0.15 | 1.33 | 0.02 | 0.03 | 0.71 |

数据来源：OECD, *Latin American Economic Outlook* 2008, Chapter 4, Paris, 2008.

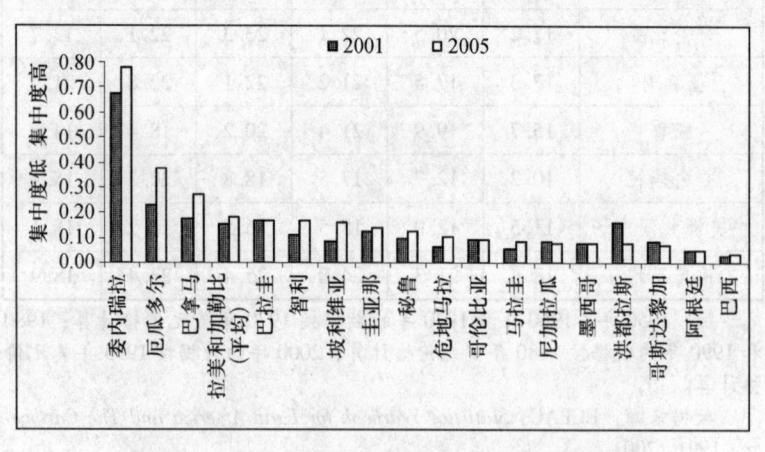

图5-1 2001~2005年拉美国家的产品出口集中度
（按产品计算的赫芬达尔-赫希曼指数）

数据来源：OECD, *Latin American Economic Outlook* 2008, p155.

### 三、财政不稳定

许多拉美国家的财政收入主要依赖资源产品的出口收入。一般来讲,资源型财政的基本特征包括:(1)从长期看,财政发展面临可持续性问题。因为,政府财政收入在相当大程度上依赖于当地某种或几种资源性产业的发展,丰富的资源储量和可开采量是其财政收入源源不断的基本保障,但自然资源的不可再生性必然会影响政府财政发展的可持续性。(2)政府收入增减在很大程度上取决于资源产品市场价格变化,因而财政的稳定性与资源产品市场行情直接相关。特别是在外向型经济条件下,如果资源产品以出口为主,其政府财政收入的稳定性则取决于国际市场资源产品的行情。在资源产品价格上涨的时候,资源型财政自然会获得宽松的发展环境,政府收入和支出随之增长;反之,资源产品价格持续下跌必然直接影响到其政府财政收入,政府难以有足够的收入满足已经形成的政府支出基数扩大的趋势,最终可能激发财政收支矛盾,影响财政稳定,破坏国家的宏观经济发展计划,甚至还可能引发大规模的经济合同失效,从而扰乱国家经济秩序。(3)长期单一产业结构的弊端与资源型财政的困难之间容易形成恶性循环。由于有丰厚的资源收入"坐享其成",政府往往缺乏发展其他经济门类的动力,使得其单一产业结构趋势越来越明显,经济结构调整的难度也会越来越大,财政的稳定性越来越差;而资源一旦"坐吃山空",政府财政失去基本来源,更加无力支持经济结构调整,可能使整个财政经济发展陷入困境。

联合国经济合作与发展组织(OECD)将拉美国家与OECD国家的财政不稳定性进行了比较研究,考察了1990~2006年财政总收入、财政总支出和财政余额这三个财政总量的波动性,结果发现拉美国家的财政波动性指数高于OECD国家。其中,拉美国家的财政收入波动性指数为1.6,OECD国家为1.1;拉美国家的财政支出波动性指数为 1.8，OECD 国家为 1.7；拉美国家的财政余额波动性指数为 2.2，OECD 国家为 2.0。在拉美国家中，财政收入波动性指数最大的国家是巴西、委内瑞拉和尼加拉瓜，支出波动性指数最高的是委内瑞拉和巴拿马，财政余额波动性指数最高的是委内瑞拉和尼加拉瓜。①

**四、高通货膨胀**

从理论上来说，初级产品出口繁荣将推动国内通货膨胀率出现较快的上涨。这是因为，初级产品出口繁荣时期，大量意外的出口收入将产生对经济中所有商品和服务更多的需求。经济学中将一切能够用于进口或出口的商品称为可贸易商品；将那些由国内生产，而不是进口或出口的商品称之为不可贸易商品。当这一需求影响到更多的进口商品时，便会有大量外汇流出，而国内不会发生通货膨胀。但是，由出口激增还会产生对那些由国内生产的而非进口或出口商品，即不可贸易商品的新需求。不可贸易商品一般包括交通、建筑、电力及其他公共设施、家庭及其他个人服务，以及那些受严格保护免于进口品竞争的制成品和农产品。由于不可贸易商品的供给是有限的，特别是在出口繁荣的初期，较多的需求将导致不可贸易商品较高的价格，即国内通货膨胀。如果国内通货膨胀超过世界通货膨胀，就造成实际汇率升值，从而导致其他出口商品的竞争力下降，因此出口总收入将减少（见表 5-4）。

可贸易商品的生产者即出口方和与进口商品的竞争者，在购买不可贸易商品时，都面对上涨的价格，包括工人工资在内。但是，为了保持其竞争力，可贸易商品的生产者即出口方却不能提高出口产品的价格，面对利润挤压，他们只能减少生产和雇工。

---

① OECD, *Latin American Economic Outlook* 2009, Chapter 2, Paris, 2009.

因此，初级产品出口的繁荣就会被其他可贸易商品产业的萧条所抵消。

**表5-4 通货膨胀和贬值对出口利润的影响**

| 假设汇率为1美元：12比索；实际汇率=100 | |
|---|---|
| 1. 出口销售商品的价值 | 100 000 |
| 2. 出口方得到的本币 | P 1200 000 |
| 3. 若出口方的成本 | P 900 000 |
| 4. 则出口方的利润 | P 300 000 |
| 若3年后：在初级产品出口激增后，累积的国内通货膨胀比世界价格高33%；实际汇率升值至75 | |
| 1. 出口销售商品的价值 | 100 000 |
| 2. 出口方得到的本币 | P 1200 000 |
| 3. 若出口方的成本 | P 1200 000 |
| 4. 则出口方的利润 | P 0 |
| 若3年后：货币贬值33%，汇率为1美元：16比索；实际汇率恢复到100 | |
| 1. 出口销售商品的价值 | 100 000 |
| 2. 出口方得到的本币 | P 1600 000 |
| 3. 若出口方的成本 | P 1200 000 |
| 4. 则出口方应得的利润 | P 400 000 |
| 5. 由于货币贬值33%，所以出口方最终所得利润恢复到 | P 300 000 |

数据来源：【美】吉利斯、波金斯、罗默和斯诺德格拉斯著，彭刚等译：《发展经济学》（第4版），北京：中国人民大学出版社，1999年版，第458页。

事实上，21世纪初以来的新一轮初级产品出口繁荣的确推动了拉美地区通货膨胀率出现了较快的上升。2006年拉美和加勒比地区的通货膨胀率还只是温和上升，其平均水平为3.5%，与世界平均水平差不多；到2007年，拉美地区的通货膨胀率就开始出现较快上升，达到8.6%，是世界平均通货膨胀率的近2倍；2008年，拉美地区平均通货膨胀率更是快速攀升至12.1%，远高于世界任何一个国家和地区的通胀水平。其中，倚重初级产品出口的委内瑞拉和阿根廷、智利等拉美国家的通货膨胀率上升地最快，到2008年，这三个国家的通货膨胀率分别上升至30.8%、9.3%和9.5%（见表5-5），对国家经济造成了严重的损害。

表5-5 世界主要国家和地区的通货膨胀率的比较（%）

| 国家和地区 | 2006 | 2007 | 2008 |
|---|---|---|---|
| 阿根廷 | 9.8 | 8.5 | 9.3 |
| 巴西 | 3.1 | 4.5 | 6.1 |
| 智利 | 2.6 | 7.8 | 9.5 |
| 墨西哥 | 4.1 | 3.8 | 5.3 |
| 委内瑞拉 | 17.0 | 22.4 | 30.8 |
| 拉美和加勒比地区 | 3.5 | 8.6 | 12.1 |
| 美国 | 2.6 | 4.1 | 4.9 |
| 欧盟 | 1.9 | 3.1 | 4.0 |
| 中国 | 2.8 | 6.5 | 7.1 |
| 日本 | 0.3 | 0.7 | 2.0 |
| 东盟 | 3.5 | 5.6 | — |
| 世界 | 3.5 | 4.9 | — |

*数据来源*：Association of Southeast Asian Nations (ASEAN) Finance and Macroeconomic Surveillance Unit Database; International Monetary Fund (IMF), International Financial Statistics Database; official government statistics; and European Central Bank.

### 五、人力资本不足和创新能力较低

在资源丰裕国家，往往从两个层面导致人力资本不足：一方面是，由于自然资源生产部门的工资一般要高于其他经济部门的工资，这将从私人部门和政府部门吸引人才，从而导致经济其他部门的人力资本不足；另一方面，在依赖自然资源出口的国家里，一般可能会倾向于忽视教育投入，因为他们对教育并没有迫切的需求，缺乏人力资本积累的内在动力。这是因为资源型产业与加工制造业相比，不管是对于人力资本的需求还是人力资本的投资报酬率，都存在着较大的差异。在一些过度依赖资源经济的地区，人力资本的投入无法得到额外的收入补偿，人们接受教育的意愿普遍降低，大量具有较高知识水平和技能素质的劳动力流出，知识创新缺乏机会，人力资源开发滞后。在现代经济结构中，人力资本是推进经济增长的主要动力，其作用与收益大于自然资源，而资源产业扩张同样地把人力资本的积累效应给"挤出"了。

联合国拉美经委会的研究表明，拉美国家的人力资本指数仅处于世界中等水平。从表5-6可以看到，2000年拉美的人力资本指数高于非洲、东南亚和中东地区，但明显低于东亚、欧洲和北美地区的人力资本指数。虽然，20世纪70年代以来至21世纪初，许多拉美国家的人力资本指数都呈上升趋势，但相当缓慢。其中，阿根廷、乌拉圭、智利及特立尼达和多巴哥的人力资本指数较高，处于世界中上等水平；但危地马拉、洪都拉斯、玻利维亚和尼加拉瓜的人力资本指数仍然很低（见表5-7）。

表5-6 2000年世界各地区的人力资本指数

| 地区 | 人力资本指数 |
|---|---|
| 撒哈拉南部非洲 | -4.57 |
| 东南亚 | -2.65 |
| 中东和北非 | -0.04 |
| 拉美和加勒比 | 0.19 |
| 东亚和太平洋 | 1.89 |
| 东欧和中亚 | 2.74 |
| 西欧 | 5.33 |
| 北美 | 6.30 |

数据来源：Gregorio Giménez, *La dotación de capital humano de América Latina y el Caribe*, CEPAL Revista 86, 2005.

表5-7 1970~2000年拉美国家的人力资本指数的变化趋势

| 国家 | 1970 | 1975 | 1980 | 1985 | 1990 | 1995 | 2000 |
|---|---|---|---|---|---|---|---|
| 阿根廷 | 4.07 | 3.16 | 2.78 | 2.71 | 2.42 | 2.29 | 2.07 |
| 玻利维亚 | -2.64 | -2.61 | -2.49 | -2.31 | -2.02 | -2.07 | -2.08 |
| 巴西 | -0.84 | -0.70 | -0.61 | -0.28 | -0.18 | -0.05 | 0.12 |
| 哥伦比亚 | -1.27 | -0.46 | -0.33 | 0.17 | -0.30 | -0.38 | -0.53 |
| 哥斯达黎加 | -0.09 | 0.77 | 0.83 | 1.16 | 0.80 | 0.91 | 0.81 |
| 智利 | 1.40 | 1.69 | 2.15 | 2.33 | 2.24 | 2.32 | 2.72 |
| 厄瓜多尔 | -1.74 | -1.36 | -0.79 | -0.36 | -0.26 | -0.30 | -0.38 |
| 萨尔瓦多 | -2.03 | -2.33 | -2.10 | -1.64 | -1.32 | -1.04 | -0.84 |
| 危地马拉 | -3.18 | -3.27 | -3.34 | -3.60 | -3.45 | -3.46 | -3.34 |
| 洪都拉斯 | -3.58 | -3.31 | -3.25 | -2.34 | -2.26 | -2.24 | -2.16 |
| 墨西哥 | -1.34 | -1.06 | -0.66 | -0.31 | 0.37 | 0.55 | 0.58 |
| 尼加拉瓜 | -2.97 | -2.94 | -3.12 | -2.99 | -2.52 | -2.05 | -1.93 |
| 巴拿马 | 0.28 | 0.55 | 0.97 | 1.35 | 1.47 | 1.31 | 1.23 |
| 巴拉圭 | -0.59 | -0.60 | -0.79 | -1.10 | -1.02 | -1.28 | -1.33 |

续表

| 国家 | 1970 | 1975 | 1980 | 1985 | 1990 | 1995 | 2000 |
|---|---|---|---|---|---|---|---|
| 秘鲁 | -1.71 | -1.39 | -0.80 | -0.53 | -0.47 | -0.18 | 0.08 |
| 乌拉圭 | 4.69 | 3.86 | 3.46 | 3.54 | 3.25 | 2.77 | 2.75 |
| 委内瑞拉 | -0.73 | -0.22 | 0.60 | 0.70 | 0.11 | 0.27 | -0.06 |

数据来源：Gregorio Giménez, *La dotación de capital humano de América Latina y el Caribe*, CEPAL Revista 86, 2005.

人力资本的积累不足直接影响到国家的创新能力，而创新能力又决定了国家的竞争力及其长期增长能力。表5-8对拉美与东亚和太平洋地区的科技创新能力的指标进行了比较。可以看

表5-8 科技创新能力的指标比较

| | | 非本国企业/个人的专利申请（项） | 本国企业/个人的专利申请（项） | 本国企业/个人专利申请的比重（%） | 研发投入（占GDP的比重,%） | 科技期刊发表论文（篇） |
|---|---|---|---|---|---|---|
| 东亚和太平洋 | 1980~2000 | 27119 | 17387 | 64.12 | 0.89 | 11505 |
| | 2000~2005 | 64235 | 44106 | 68.66 | 1.09 | 24804 |
| 中国 | 1980~2000 | 24236 | 18785 | 77.51 | 0.98 | 10386 |
| | 2000~2005 | 58876 | 43509 | 73.90 | 1.21 | 22979 |
| 拉美和加勒比 | 1980~2000 | 19044 | 3792 | 19.91 | 0.57 | 9666 |
| | 2000~2005 | 29850 | 4056 | 13.59 | 0.57 | 16472 |
| 墨西哥 | 1980~2000 | 7051 | 540 | 7.65 | 0.39 | 2026 |
| | 2000~2005 | 12745 | 498 | 3.91 | 0.41 | 3488 |

数据来源：Kevin P. Gallagher and Roberto Porzecanski, "*Climbing Up the Technology Ladder? High-Technology Exports in China and Latin America*", University of California Berkeley Center for Latin American Studies (CLAS) Working Paper 20, January 2008.

到，1980~2005年，东亚和太平洋地区的专利申请总数（含本国企业/个人的和非本国企业/个人的专利申请）是拉美地区的2.7倍。值得注意的是，东亚和太平洋地区的专利申请平均65%以上是来自本国企业或个人，而拉美地区的这一比重平均只有16%左右，其大部分研发和创新都是由跨国公司完成的，这说明东亚和太平洋地区的国家自主创新能力比拉美国家强得多。科技论文的发表情况也是如此。东亚和太平洋地区更注重研发投入，其研发支出占GDP的比重从1980~2000年的0.89%增加到2000~2005年的1.09%；而拉美地区在1980~2005年间的研发投入比重几乎没有任何增加，一直处于0.57%这个较低的水平。表中还比较了墨西哥与中国的科技创新能力。1980~2005年，中国的专利申请总数是墨西哥的2.7倍；中国的专利申请中本国企业或个人的比重平均在75%以上，而墨西哥的这一比重平均为5.8%。可见，墨西哥与中国的科技创新能力存在着相当大的差距。

我们还可以通过观察高技术产品出口占世界份额及其变化来考察拉美国家的科技创新能力和国际竞争力。表5-9给出了1985~2006年高技术产品出口占世界份额前10名的国家，以及一些拉美国家和中国的比较情况。可以看到，巴西的高技术产品出口占世界份额及其排名，在1985~1995年间呈下降趋势，到2000~2006年，才又有所回升。2006年，巴西的高技术产品出口占世界份额为0.4%，其排名为第27位；墨西哥的高技术产品出口占世界份额及其排名倒是呈上升趋势，但值得注意的是，2006年其高技术产品出口占世界份额比2000年下降了0.7个百分点。相比之下，1985~2006年，中国的高技术产品出口占世界份额及其排名迅速上升。到2006年，中国的高技术产品出口占世界份额为13.7%，超过美国，跃居世界第一位。

表 5-9　1985~2006 年世界各国的高科技产品出口占世界份额及排名的变化（%）

| | 1985 年 | | | 1990 年 | | | 1995 年 | | | 2000 年 | | | 2006 年 | |
|---|---|---|---|---|---|---|---|---|---|---|---|---|---|---|
| 1 | 美国 | 25.3 | 1 | 美国 | 22.3 | 1 | 美国 | 18.1 | 1 | 美国 | 18.7 | 1 | 中国 | 13.7 |
| 2 | 日本 | 17.3 | 2 | 日本 | 16.1 | 2 | 日本 | 15.2 | 2 | 日本 | 10.7 | 2 | 美国 | 12.5 |
| 3 | 德国 | 11.5 | 3 | 德国 | 11.6 | 3 | 德国 | 8.8 | 3 | 德国 | 7.4 | 3 | 德国 | 9.0 |
| 4 | 英国 | 8.5 | 4 | 英国 | 7.5 | 4 | 新加坡 | 6.9 | 4 | 新加坡 | 5.8 | 4 | 日本 | 6.2 |
| 5 | 法国 | 6.8 | 5 | 法国 | 6.6 | 5 | 英国 | 6.8 | 5 | 英国 | 5.5 | 5 | 香港 | 5.9 |
| 6 | 意大利 | 3.6 | 6 | 新加坡 | 4.0 | 6 | 法国 | 5.8 | 6 | 法国 | 5.0 | 6 | 新加坡 | 5.7 |
| 7 | 荷兰 | 3.3 | 7 | 荷兰 | 3.6 | 7 | 香港 | 4.2 | 7 | 香港 | 4.5 | 7 | 英国 | 5.3 |
| 8 | 加拿大 | 3.0 | 8 | 意大利 | 3.5 | 8 | 韩国 | 4.2 | 8 | 韩国 | 4.4 | 8 | 韩国 | 4.7 |
| 9 | 香港 | 2.3 | 9 | 香港 | 2.9 | 9 | 荷兰 | 3.5 | 9 | 中国 | 4.0 | 9 | 法国 | 4.4 |
| 10 | 新加坡 | 2.2 | 10 | 韩国 | 2.8 | 10 | 马来西亚 | 3.3 | 10 | 马来西亚 | 3.7 | 10 | 荷兰 | 3.9 |
| 23 | 巴西 | 0.4 | 21 | 中国 | 0.7 | 12 | 中国 | 2.1 | 12 | 墨西哥 | 3.4 | 12 | 墨西哥 | 2.7 |
| 29 | 中国 | 0.1 | 26 | 巴西 | 0.3 | 14 | 墨西哥 | 1.8 | 28 | 巴西 | 0.5 | 27 | 巴西 | 0.4 |
| | | | 29 | 墨西哥 | 0.2 | 30 | 巴西 | 0.2 | | | | | | |

数据来源：Kevin P. Gallagher and Roberto Porzecanski, "*Climbing Up the Technology Ladder? High-Technology Exports in China and Latin America*", University of California Berkeley Center for Latin American Studies (CLAS) Working Paper 20, January 2008.

## 六、就业不足

一般来说,资源出口繁荣并不能在所预期的部门(可贸易商品生产部门)创造大量的就业,在拉美,情况亦如此。正如爱德华多·劳拉(Eduardo Lora)和毛里西奥·奥利韦拉(Mauricio Olivera)所指出的:"结构改革,特别是拉美地区经济的'对外开放',没有像传统国际贸易中的比较优势理论预期的那样,增加对非熟练劳动力的需求和相对报酬。"[1]

表5-10描述了20世纪60~80年代,拉美地区的GDP结构和劳动力结构的变化。可以发现,拉美国家的农业和服务业就

表5-10 拉美地区的GDP结构和劳动力结构(%)

|  | 指标 | 农业 | 工业 | 服务业 |
|---|---|---|---|---|
| 1960年 | GDP结构 | 17.2 | 32.9 | 49.9 |
| | 劳动力结构 | 47.9 | 20.9 | 31.2 |
| | 滞后程度 | -30.7 | 12 | 18.7 |
| 1970年 | GDP结构 | 13.8 | 35.4 | 50.8 |
| | 劳动力结构 | 40.9 | 23.1 | 36 |
| | 滞后程度 | -27.1 | 12.3 | 14.8 |
| 1980年 | GDP结构 | 10.2 | 38.2 | 51.6 |
| | 劳动力结构 | 32.1 | 25.7 | 42.2 |
| | 滞后程度 | -21.9 | 12.5 | 9.4 |

注:农业包括:农业、狩猎、林业与渔业;工业包括:矿业和采掘业、制造业、电力、水、气和建筑业;服务业包括:批发及零售、餐馆、旅店、运输、仓储与通信、金融、保险、房地产及商业服务以及社区、社会及个人服务。

资料来源:ECLAC, *Statistical Yearbook for Latin America and The Caribbean* 1980, 1990.

---

[1] Eduardo Lora and Mauricio Olivera, "Políticas macro y problemas del empleo en América Latina", RES Working Papers 4117, Inter-American Development Bank, 1998.

业比重的变化总是滞后于在生产结构中比重的变化，其滞后程度随着经济发展程度的提高而逐渐下降；但随着工业产值在国民生产总值中的比重上升，其劳动力就业比重的滞后程度却几乎没有改变。这说明，初级产品出口繁荣对增加就业的作用是相当有限的。20世纪60~80年代，农业部门占GDP的比重及其就业呈不断下降的趋势，包括矿业和采掘业在内的资源加工业，其相对扩张能力和吸纳就业的能力也明显不足。这是因为，矿业和采掘业是资本密集型和技术密集型产业，对劳动力的需求不大；而且矿业和采掘业的联系效应也较小，通常表现为"飞地经济"，很难带动其他产业的发展和就业的增加。

20世纪90年代以来，拉美地区的农业占GDP的比重开始回升，这与拉美国家经济发展模式再度回归资源型产品出口模式有关。到20世纪90年代末，虽然拉美和加勒比地区的农业部门的就业人口占总就业人口的比重为23.6%，但农业部门无法创造充足的就业，农业就业年均增长率仅为-0.6%，农业部门对总就业的贡献率为-8%（见表5-11）。例如，大豆出口国之一的巴西，尽管大豆产量和出口量逐年增长，但大豆生产部门所吸纳和创造的就业则不断下降。1985年，巴西的大豆产量为1827.8万吨，大豆生产部门的就业人数为169.4万人；1996年，巴西的大豆产量增长至2319万吨，而大豆生产部门的就业人数则减少至74.1万人；到2006年，巴西的大豆产量增至5246.4万吨，但大豆生产部门的就业人数则减少进一步减少至41.9万人。[①]

---

[①] Kevin P. Gallagher and Roberto Porzecanski, *The Dragon in the Room: China and the Future of Latin American Industrilization*, Stanford University Press, 2010.

表 5-11 20 世纪 90 年代拉美地区农业部门的就业增长、贡献率及占总就业的比重（%）

| | 农业部门就业年均增长率 | 农业对总就业的贡献率 | 农业就业占总就业的比重 |
|---|---|---|---|
| 巴西<br>(1992~1997年) | -1.9 | -43.9 | 24.2 |
| 智利<br>(1990~1997年) | -1.6 | -11.1 | 14.2 |
| 哥伦比亚<br>(1991~1997年) | -1.2 | -22.1 | 23.1 |
| 哥斯达黎加<br>(1990~1997年) | -0.6 | -5.2 | 20.6 |
| 牙买加<br>(1991~1996年) | -2.6 | -64.6 | 22.7 |
| 墨西哥<br>(1991~1997年) | 1.6 | 12.3 | 24.2 |
| 秘鲁<br>(1990~1997年) | | | 34.2 |
| 玻利维亚<br>(1990~1997年) | — | — | 43.2 |
| 拉美和加勒比<br>(20世纪90年代末) | -0.6 | -8 | 23.6 |

数据来源：Jürgen Weller, *Economic Reforms, Growth and Employment: Labour Markets in Latin America and the Caribbean*, CEPAL, 2001, p75.

## 第二节　"资源诅咒" 在社会领域的表现

### 一、收入分配不平等程度高

与世界其他地区相比，拉美一直是世界上收入分配最不平等的地区（见表5-12）。从20世纪60年代至21世纪初，拉美地区的收入基尼系数一直处于世界最高水平。而且，在这30多年里，拉美地区对改善收入分配不平等状况的效率也比较低。虽然在20世纪的工业化时期，由于经济增长使拉美收入分配不平等状况曾略有改善，但90年代以后，收入分配不平等状况又有所恶化，到21世纪初，拉美地区的收入基尼指数仍为0.53，这与20世纪60年代的基尼系数相当。此外，拉美地区的收入集中度也处于世界最高水平。在21世纪初，其收入最高的10%人口占总收入的比重高达41.1%（见表5-13）。

表5-12 20世纪60年代~21世纪世界各地区的收入基尼系数比较

| 地区 | 60年代 | 70年代 | 80年代 | 90年代 | 21世纪初 |
| --- | --- | --- | --- | --- | --- |
| 高收入经济体 | 0.35 | 0.35 | 0.33 | 0.34 | 0.33 |
| 东欧和中亚 | 0.25 | 0.25 | 0.25 | 0.29 | 0.34 |
| 南亚 | 0.36 | 0.34 | 0.35 | 0.32 | 0.38 |
| 中东和北非 | 0.41 | 0.42 | 0.41 | 0.38 | 0.38 |
| 东亚和太平洋 | 0.37 | 0.40 | 0.39 | 0.38 | 0.40 |
| 撒哈拉南部非洲 | 0.50 | 0.48 | 0.44 | 0.47 | 0.44 |
| 拉丁美洲 | 0.53 | 0.49 | 0.50 | 0.49 | 0.53 |

数据来源：Klaus Deininger and Lyn Aquire, "A new data set measuring income inequality", *World Bank Economic Review*, Vol. 10, No. 3, Washington, D. C. , 1996.

表5-13 21世纪初世界各地区的收入分配状况
（收入水平最高的10%人口和最低的10%人口分别占总收入的比重,%）

| 地区 | 最低10% | 最高10% |
| --- | --- | --- |
| 高收入经济体 | 3.0 | 25.7 |
| 欧洲和中亚 | 3.1 | 26.6 |
| 南亚 | 3.4 | 31.7 |

续表

| 地区 | 最低10% | 最高10% |
|---|---|---|
| 中东和北非 | 2.7 | 29.8 |
| 东亚和太平洋 | 2.8 | 31.8 |
| 撒哈拉以南非洲 | 2.2 | 34.0 |
| 拉丁美洲 | 1.1 | 41.1 |

数据来源：World Bank, *World Development Indicators* 2007.

从拉美地区内部的情况看，自1870年以来，大多数拉美国家的收入不平等状况并没有出现太大改善，有不少国家的收入差距反而呈现逐渐扩大的趋势（见表5-14）。就具体国家来说，自20世纪70年代以来，尼加拉瓜、墨西哥、厄瓜多尔、洪都拉斯、委内瑞拉五个拉美国家的收入基尼系数有所减小，意味着其收入分配状况有所改善；巴拿马、巴西、萨尔瓦多、秘鲁四个国家的收入基尼系数的变化幅度在±5%以内，仅有微小的变化，表明这些国家的收入分配状况没有明显变化；哥伦比亚、乌拉圭、玻利维亚、哥斯达黎加、危地马拉、智利、多米尼加、阿根廷、巴拉圭九个国家，其基尼系数的增加幅度超过5%，这意味着，这些国家的收入差距有所扩大（见图5-2）。

同样地，大多数拉美国家的个人收入高度集中的状况也没有太大改善。20世纪70年代初，巴西收入水平最高的10%人口拥有个人总收入的50.9%（1972年），居世界首位。其他拉美国家的这一数字如下：巴拿马为44.2%（1973年），秘鲁为42.9%（1972年），墨西哥为40.6%（1977年），哥斯达黎加为39.5%（1971年），委内瑞拉为35.7%（1970年），阿根廷为35.2%（1970年），特立尼达和多巴哥为31.8%（1976年）。[①]

---

[①] World Bank, *World Development Report* 1989, The World Bank, Washington, D.C., 1989.

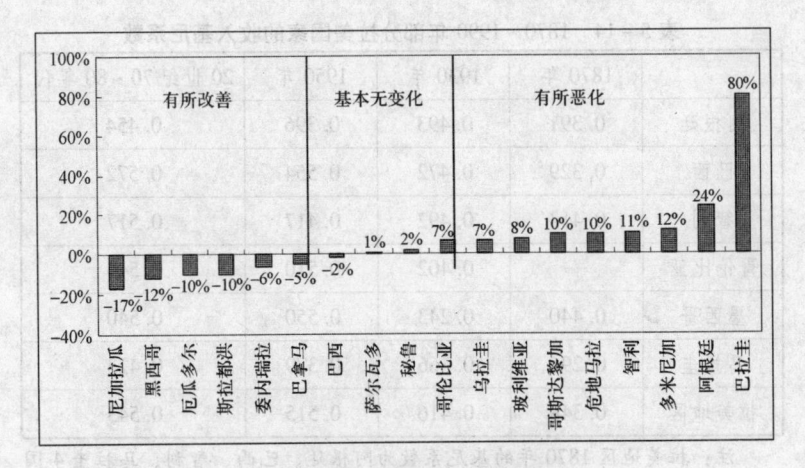

图 5-2　20 世纪 70 年代至 21 世纪初 18 个
拉美国家收入基尼系数的变化

数据来源：Jeffrey G. Williamson, T. J. Hatton, Kevin H. O'Rourke and Alan M. Taylor, "*The new comparative economic history*", essays in honor of Jeffrey G. Williamson, MIT press, 2007, p. 296~297; ECLAC, *Social Panorama of latin America* 2007, May 2008, Santiago, Chile.

到 2006 年，在 18 个主要拉美国家中，收入水平最高的 10% 人口拥有的个人收入占个人总收入的比重超过 40% 的国家有 10 个，哥伦比亚的这一比重最高，达到 46%，其后依次为玻利维亚 (45.3%)、巴西 (43.4%)、厄瓜多尔 (43.4%)、洪都拉斯 (42.4%)、巴拉圭 (42.3%)、智利 (42%)、尼加拉瓜 (41.9%)、巴拿马 (41.7%) 和危地马拉 (40%)。墨西哥、哥斯达黎加、秘鲁、多米尼加、萨尔瓦多、阿根廷和乌拉圭等 8 个国家的这一比重介于 35%~40% 之间，其中墨西哥为 39.5%，阿根廷为 35.5%。①

---

① CEDLAS, Socio-Economic Database for Latin America and the Caribbean, http://www.depeco.econo.unlp.edu.ar/sedlac/eng/index.php

表 5-14　1870～1990 年部分拉美国家的收入基尼系数

|  | 1870 年 | 1930 年 | 1950 年 | 20 世纪 70～80 年代 |
|---|---|---|---|---|
| 阿根廷 | 0.391 | 0.493 | 0.396 | 0.454 |
| 巴西 | 0.329 | 0.472 | 0.554 | 0.572 |
| 智利 | 0.413 | 0.492 | 0.417 | 0.517 |
| 哥伦比亚 | — | 0.402 | 0.510 | 0.543 |
| 墨西哥 | 0.440 | 0.243 | 0.550 | 0.540 |
| 乌拉圭 | 0.296 | 0.366 | 0.379 | 0.423 |
| 拉美地区 | 0.348 | 0.416 | 0.515 | 0.543 |

注：拉美地区 1870 年的基尼系数为阿根廷、巴西、智利、乌拉圭 4 国的加权平均值；1913 年、1930 年、1950 年、20 世纪 70～80 年代的基尼系数为阿根廷、巴西、智利、乌拉圭、哥伦比亚、墨西哥 6 国的加权平均值。

数据来源：Milanovic, B., P. H. Lindert and J. G. Williamson, "*Ancient Inequality*," revised version of "Measuring Ancient Inequality," *NBER Working Paper* 13550, National Bureau of Economic Research, Cambridge, Mass, October 2008; Jeffrey G. Williamson, T. J. Hatton, Kevin H. O'Rourke, and Alan M. Taylor, *The new comparative economic history*, MIT press, 2007, pp. 296~297。

## 二、贫困率较高

在拉美，资源丰裕与初级产品出口型发展模式并未给所有人带来财富，该地区几乎近半数人口处于贫困状态。这主要是由于：一方面，由于在发展过程中，拉美多数国家未对社会政策进行及时的调整，贫困问题一直没有得到很好的解决。另一方面，由于拉美的初级产品出口型发展模式是通过贸易条件的波动使拉美国家的贫困与世界经济周期紧密相联，导致其减贫绩效易受外部不利冲击的影响。例如，20 世纪 90 年代之后，尽管拉美进入了一个相对快速且平稳的增长时期，但是由于外向型经济模式下地区经济的波动性增强,① 特别是1994年之后的墨西哥金融危机、东南亚金融危机、俄罗斯金融危机、巴西金融危机和阿根廷金融危机等全球性或地区性经济动荡对拉美各国的减贫产生了较大冲击,拉美地区出现了"返贫"现象,巴西、墨西哥和阿根廷等拉美主要国家的贫困人口比重有所上升。因此,虽然自20世纪90年代中期以来,拉美各国推出了一系列旨在建立与经济发展水平相适应的、促进经济与社会协调发展的社会政策,削减贫困是这些政策的核心内容之一,使得拉美地区的贫困率不断下降,但是与东亚和太平洋地区,尤其中国相比,拉美的减贫速度却缓慢得多(见图5-3和表5-15)。

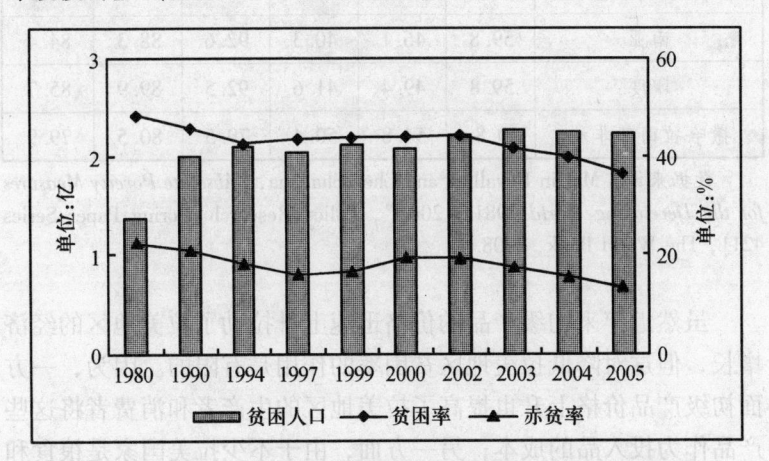

**图5-3 拉美地区的贫困率**

数据来源:ECLAC, *Statistics Yearbook for Latin America and The Caribbean*, 1999~2006.

---

① 以人均GDP的标准差衡量。世界银行提供的数据表明,20世纪80年代,拉美地区加权的经济波动性指标值为2.0;转型后的90年代波动性指标值增为2.6。同期,几乎所有拉美国家的经济波动性都在增强。

表 5-15　1981~2005 年世界各地区的贫困率比较（%）

| 地区 | 低于 1.25 美元/天 | | | 低于 2.5 美元/天 | | |
|---|---|---|---|---|---|---|
| | 1981 | 1993 | 2005 | 1981 | 1993 | 2005 |
| 世界 | 52 | 38.9 | 25.7 | 74.8 | 69.3 | 57.6 |
| 拉美和加勒比地区 | 12.3 | 10.8 | 8.2 | 31 | 27.7 | 24.1 |
| 东亚和太平洋地区 | 78.8 | 51.2 | 17.9 | 95.4 | 83.6 | 52.4 |
| 中国 | 84.0 | 53.7 | 15.9 | 99.4 | 86.5 | 49.5 |
| 东欧和中亚 | 1.6 | 3.8 | 5.0 | 15.7 | 16.3 | 14.7 |
| 中东和北非 | 8.6 | 5.2 | 4.6 | 41.3 | 33.8 | 30.9 |
| 南亚 | 59.8 | 46.1 | 40.3 | 92.6 | 88.3 | 84.4 |
| 印度 | 59.8 | 49.4 | 41.6 | 92.5 | 89.9 | 85.7 |
| 撒哈拉南部非洲 | 50.8 | 54.8 | 50.4 | 79.5 | 80.5 | 79.9 |

数据来源：Martin Ravallion and Chen Shaohua, "Absolute Poverty Measures for the Developing World 1981~2004", Policy Research Woring Paper Series 4211, The World Bank, 2008.

虽然近年来初级产品的价格迅速上升拉动了拉美地区的经济增长，但这对降低拉美地区贫困率的作用是有限的。因为，一方面初级产品价格上升也提高了拉美地区的生产者和消费者将这些产品作为投入品的成本；另一方面，由于不少拉美国家是粮食和能源的净进口国，初级产品价格的上涨还加大了这些净粮食和能源进口国的进口成本，对减贫具有潜在的不利影响，因为初级产品价格上涨使低收入人群必须增加用以购买食品的支出。根据拉美经委会的统计，由于食品价格上涨，导致拉美地区的贫困人口和赤贫人口超过了 1000 万。2007 年食品价格上涨 15%，导致赤贫人口从 12.7% 上升至 15.6%，这意味着新增 1570 万赤贫人口（见表 5-16）。

表 5-16　食品价格上涨导致的贫困和赤贫人口

|  | 2007 年 | | 食品价格上涨 15% | | | |
|---|---|---|---|---|---|---|
|  | | | 收入没有增加 | | 收入增长 5% | |
|  | % | 百万人 | % | 百万人 | % | 百万人 |
| 赤贫人口 | 12.7 | 68.5 | 15.6 | 84.2 | 14.7 | 79.1 |
| 贫困人口 | 35.1 | 189.5 | 37.9 | 204.5 | 37.0 | 199 |

数据来源：ECLAC, *Latin America and the Caribbean in the World Economy*, 2007·2008 *Trends*.

采用两种不同的贫困线来具体说明拉美地区的贫困状况。第一种是拉美国家各自确定的贫困线和赤贫线。拉美国家一般按月收入水平来确定贫困线，如 2006 年，阿根廷城市地区的贫困线为 90.2 美元/月，赤贫线为 45.1 美元/月；巴西城市地区的贫困线和赤贫线分别为 102.7 美元/月和 39.8 美元/月，农村地区的贫困线和赤贫线分别为 80 美元/月和 34.7 美元/月；墨西哥城市地区的贫困线和赤贫线分别为 161 美元/月和 80.5 美元/月，农村地区的贫困线和赤贫线分别为 100.6 美元/月和 57.5 美元/月。[①] 如果将 2006 年的月收入转换为天收入，则阿根廷、巴西、墨西哥 3 国的贫困线和赤贫线为：阿根廷城市地区为 2.97 美元/天和 1.48 美元/天；巴西城市地区为 3.38 美元/天和 1.3 美元/天，农村地区为 2.63 美元/天和 1.14 美元/天；墨西哥城市地区为 5.29 美元/天和 2.65 美元/天，农村地区为 3.3 美元/天和 1.89 美元/天。按照各国贫困线标准计算，1990~2007 年，拉美地区的贫困率由 48.3% 降至 35.1%。也就是说，截至 2007 年，拉美地区有超过 1/3 的人口是贫困人口，其中赤贫人口约为 4600 万人，赤贫率为 8.1%。

---

① ECLAC, *Social Panorama of latin America* 2007, May 2008, Santiago, Chile.

第二种是联合国确定的国际贫困线，即每天收入低于1.25美元。按照这一贫困线标准，与其他发展中国家和地区相比，拉美地区的贫困率属较低水平。2005年，撒哈拉以南非洲的贫困率为50.4%，南亚为40.3%，东亚和太平洋地区为17.9%，世界平均水平为25.7%，而拉美地区仅为8.2%。[①] 但需要指出的是，联合国的这一贫困线标准差不多是拉美国家的赤贫线。从表5-17可以看出，按照联合国的贫困线标准，拉美地区的贫困人口约为4500万人，这一数字与按拉美国家的赤贫率基本一致。

表5-17 拉美地区的贫困率

| 贫困线 | 年份 | 贫困人口数量（亿人） | 贫困率（%） | 赤贫困人口（亿人） | 赤贫率（%） |
|---|---|---|---|---|---|
| 各国贫困线 | 1980年 | 1.36 | 37.4 | 0.62 | 17.0 |
| | 1990年 | 2.15 | 48.3 | 0.68 | 15.3 |
| | 2000年 | 2.22 | 42.5 | 0.61 | 11.7 |
| | 2007年 | 2.01 | 35.1 | 0.46 | 8.1 |
| 1.25美元/日（联合国贫困线） | 1990年 | 0.48 | 11.0 | | |
| | 2005年 | 0.45 | 8.2 | | |

注：贫困人口包括赤贫人口。

数据来源：Juan Luis Londoño, Miguel Székely, "Persistent Poverty and Excess Inequality: Latin America, 1970–1995", *Working Paper* 357, Inter-American Development Bank, 1997; ECLAC, *Social Panorama of Latin America* 2007, May 2008, Santiago, Chile; United Nations, *The Millennium Development Goals Report* 2009, p.6, New York, 2009.

---

① Martin Ravallion and Chen Shaohua, "*Absolute Poverty Measures for the Developing World 1981~2004*", Policy Research Woring Paper Series 4211, The World Bank, 2008.

## 第三节 "资源诅咒"在政治领域的表现

资源是人类生存和发展的物质基础,在人类社会发展史上,由争夺资源而引发的冲突和战争迄今从未停止过。丰裕的资源往往成为引起国家之间以及一国社会内部冲突的重要因素,不同团体和派系为了争夺资源的开发和资源利润而爆发冲突。有时,冲突是以公开战争的形式发生,但在更多时候,冲突是以更隐蔽的形式发生的,如政府各部门为获得预算拨款而争斗。这些冲突往往会削弱资源丰裕国家的能力有效地发挥作用。有研究表明,当一国初级商品出口占 GDP 的比重达到 25% 左右时,该国面临冲突的可能性为 33%;但当初级商品出口占 GDP 的比重下降至 5% 时,冲突的可能性就下降至 6%。① 也就是说,自然资源丰裕的国家或地区意味着具有更大的冲突风险,尤其是在点资源丰裕的国家或地区更容易发生严重的国家战乱和国家分裂(见表5-18),其中产油国则更为典型。1992~2008 年,产油国的武装冲突在全球冲突中的比例由 20% 增加到 33%。石油不仅可能滋生国际冲突,更有可能引发产油国的内部冲突。产油国爆发国内武装冲突的几率是非产油国的 2 倍。冲突的类型基本分为低烈度的分离主义冲突(如尼日尔三角洲和泰国南部)和大规模的内战(如阿尔及利亚、哥伦比亚、苏丹和伊拉克)。石油财富一般通过三种渠道引发冲突:(1)通过引发经济动荡导致政治动荡。对产油国来说,变幻莫测的石油价格很可能导致石油收入的突然

---

① Ian Bannon and Paul Collier (eds), *Natural resources and violent conflict: options and actions*, World Bank, 2003; Paul Collier, *Natural Resources, Development and Conflict: Channels of causation and Policy Interventions*, World Bank, 2003.

减少，国家经济的持续动荡可能诱发国内冲突。政府越依赖石油收入，就越要在石油价格下跌时做好应对骚乱的准备。（2）石油财富可能助长国内叛乱。叛乱分子可以通过攫取、走私石油资源（如伊拉克和尼日利亚），或者向石油公司进行勒索（如哥伦比亚和苏丹），或者与战略伙伴达成权钱交易（如赤道几内亚和刚果共和国）获得充足的资金进行反叛活动。（3）石油财富变相地激励了分离主义。产油国的石油收入大多归属中央政府，而承担石油开发成本的地方政府获利甚少，导致地方政府产生自治并脱离中央政府的要求，如在玻利维亚、印尼、伊朗、伊拉克、尼日利亚和苏丹等国的产油区发生的分离主义运动。[①] 当然，石油并不是引发产油国国内武装冲突的唯一原因，事实上，自1970年以来，全球将近一半的产油国并未发生武装冲突。但石油因素的确可能激化潜在的矛盾，甚至诱使政府与反政府武装最终选择以武力解决分歧。如果政府能够有效地抑制腐败并对石油收入善加使用，也不会引发社会动荡。但令人遗憾的是，石油国大多缺乏有效的政府管理。

在拉美这个资源丰裕的地区也不例外，除了经常发生经济危机之外，还频繁发生战乱或大规模社会运动，社会动荡和社会治安成为严重的社会问题。尤其是20世纪80年代后期以来，拉美国家的社会治安恶化已逐渐成为一个日趋严重的社会问题。犯罪活动不仅在总量上有所增多，而且恶性案件也呈上升趋势。在巴西、哥伦比亚、委内瑞拉、萨尔瓦多、墨西哥等国，暴力已成为导致死亡的主要原因。近20年来，拉美的凶杀率处于不断增高的态势。据泛美卫生组织统计，20世纪80年代末至90年代初，拉美的凶杀率为十万分之十六点七；至90年代末，这一比率增

---

① Michael L. Ross, "Blood Barrels: Why Oil Wealth Fuels Conflict", *Foreign Affairs*, May/June 2008.

至十万分之二十七点五,是世界平均凶杀率的3倍,是欧洲国家凶杀率的27倍。① 据美洲开发银行的数据,拉美和加勒比国家每年约有14万人死于凶杀。② 这些数字说明,拉美已成为世界上最不安全和暴力活动最猖獗的地区之一。尤其是20世纪90年代以来,拉美地区掀起了社会运动的新高潮,例如巴西无地农民运动、墨西哥萨帕塔民族解放运动、阿根廷失业工人运动、玻利维亚"水之战"和"气之战"等群体抗议运动,使拉美国家的社会政治民主体制面临着某种危机。1997~2001年间,在厄瓜多尔、玻利维亚、阿根廷等国,先后有七位民选总统因民众的社会抗议浪潮而被迫中途退位。

表5-18 自然资源与冲突的关系(按资源类型和冲突类型划分)

| 点资源 | 散资源 |
| --- | --- |
| 国家战争/叛乱 | 叛乱/骚乱 |
| 阿尔及利亚(天然气)<br>安哥拉(石油)<br>乍得(石油)<br>刚果(石油)<br>伊拉克-伊朗(石油)<br>伊拉克-科威特(石油)<br>利比里亚(铁矿、橡胶)<br>尼加拉瓜(咖啡)<br>卢旺达(咖啡)<br>塞拉利昂(金红石) | 萨尔瓦多(咖啡)<br>危地马拉(耕地)<br>以色列-巴勒斯坦(水资源)<br>墨西哥(耕地)<br>塞内加尔-毛里塔尼亚(耕地) |

---

① Antanas Mockus y Hugo Acero Velásquez, *Criminalidad y Violencia en América Latina: la experiencia exitosa de Bogota*, 24 de mayo de 2005, http://www.iigov.org

② Juan Luis Londoño y Rodrigo Guerrero, *Violencia en América Latina: Epidemiología y Costos*, BID, agosto de 1999, p. 3.

续表

| 国家分裂 | 军事政变 |
|---|---|
| 安哥拉/卡奔达（石油） | 阿富汗（鸦片） |
| 高加索（石油） | 安哥拉（钻石） |
| 刚果金（铜、钴、金） | 缅甸（鸦片、木材） |
| 印度尼西亚（石油、铜、金） | 高加索（毒品） |
| 摩洛哥/西撒哈拉（磷酸盐） | 柬埔寨（宝石、木材） |
| 尼日利亚/比夫拉（石油） | 哥伦比亚（可卡因） |
| 巴布亚新几内亚/布干维尔（铜） | 刚果金（钻石、金） |
| 塞内加尔（大麻） | 库尔德斯坦（海洛因） |
| 苏丹（石油） | 黎巴嫩（大麻制剂） |
| | 利比里亚（木材、钻石、毒品） |
| | 秘鲁（可卡因） |
| | 菲律宾（大麻、木材） |
| | 塞拉利昂（钻石） |
| | 索马里（香蕉、骆驼） |
| | 塔吉克斯坦（毒品） |
| | 前南斯拉夫（大麻、木材） |

资料来源：Philippe Le Billon, "The political ecology of war: natural resources and armed conflicts", *Political Geography*, Vol. 20, 2001, pp. 561~584.

## 第四节 小 结

事实上，上述的"资源诅咒"现象已经受到了拉美各国政府的高度重视。为了避免资源繁荣期的大量"意外"收入可能带来的资源诅咒，不少国家通过设立财政（预算）稳定基金加强对资源收入的管理，即将资源繁荣期获得的一部分"资源红利"存储起来，以备在资源枯竭或资源产品市场价格下跌的情况下用于弥补政府预算收入不足，以期解决不同时期的财力平衡问题，或通过转移支付制度实现资源部门（地区）与非资源部门（地区）之间的财力平衡。在拉美，智利、委内瑞拉和哥伦比亚都建立了这种稳定基金。

智利是全球最大的铜生产国，2004年铜产量达到560万吨，占全球总产量的36%。智利出口产品中铜产品占40%，铜出口收入是其政府预算收入的重要来源，造就了其典型的"铜财政"。智利的铜稳定基金（Copper Stabilization Fund）设立于1985年，旨在稳定实际汇率及减少铜出口收入波动对国家预算收入的影响。智利政府根据每年度做出的国际铜市场基准长期价格预测来确定该基金提取与使用办法。基金收入根据铜出口合同实际价格超出基准长期价格的情况计提，由政府在铜出口实际价格低于基准价格时使用。基金计提和使用在20世纪80年代末主要用于偿还外债和补贴国内油价。智利的铜稳定基金规则只适用于国有铜业公司（CODELCO）的收入，实际上是对该公司的一种额外课税。该基金等同于黄金外汇储备，由中央银行管理。基金规模变化较大，1997年最高时约合39亿美元，占GDP的5%。

委内瑞拉的宏观经济稳定基金（Macroeconomic Stabilization Fund）设立于1998年，当时国际油价跌至最低水平，基金的目的是保护经济和国家预算不受油价波动的影响。该基金是委内瑞拉政府稳定国家财政和提高国有资产（国有石油公司Petroleos de Venezuela）管理效率计划的一个部分。该基金用于平抑中央政府、地方政府及国有石油公司本身的石油出口收入波动。该基金的形成办法是三方（中央政府、地方政府和国有石油公司）任何一方获得的超过基准收入的部分计入基金。基准收入计算公式具体不同，但以五年平均油价为基础。经国会同意后，在如下两种情况下可以动用基金：一种是石油出口收入低于基准收入，另一种是基金规模超过近五年石油出口年均收入的80%。在后一种情况下，中央政府有权使用基金偿还外债，地方政府有权用于资本性支出。可见，该基金仅仅是为短期宏观经济稳定服务。1999年，委内瑞拉通过立法对基金进行了修订，弱化了基金作为宏观经济稳定器的作用，规定了很低的基准收入，超过基准收入的部分只有一半计提进入基金；由总统决定基金是否可以用于社会性支出和国家投资。基金由委内瑞拉中央银行管理，投资于外国金融资产。到2000年底基金总额为17亿美元（其中中央政府7亿美元，地方政府4亿美元，国有石油公司6亿美元）。

哥伦比亚于1993年设立了石油稳定基金（Oil Stabilization Fund），其基金收入分别计入地区预算和国家石油公司。这些国家设立财政稳定基金的效果十分明显，特别是近年来战略型资源产品价格持续上涨使得基金规模迅速扩大，其在稳定政府财政、减轻外债负担、实施宏观调控和加大社会救助等方面发挥了重要作用，在一定程度上有助于克服"资源诅咒"现象。

此外，一些资源出口型国家调整了资源贸易的目标，即为民众福祉而出口资源，而不是为赚取外汇而出口资源。他们与外国公司通过签订"以资源促发展"的合同，构建一种战略合作伙伴关系，让外国公司协助资源国建设卫生、教育、农业等各领域的基础设施，以促进资源国经济社会的进一步发展，提高国民生活质量，增进福利水平。例如，中国与委内瑞拉通过签署"石油播种发展基金"计划，进一步加强两国在经济、石油、教育、司法协助等领域的合作。中国将与委内瑞拉深化石油领域上下游一体化的合作，支持中国企业赴委内瑞拉投资，并在委内瑞拉设立经贸合作区，参与委内瑞拉铁路系统、通讯网络、社会住房和水利等基础设施建设项目，并积极开展农业合作。此外，中国与委内瑞拉还在文教、科技、司法、体育、新闻、扶贫等人文和社会领域展开交流与合作，以促进委内瑞拉的社会事业的发展。

# 第六章 拉美国家的案例分析

在拉美，有许多资源丰裕的国家，如巴西盛产铁矿石，智利拥有丰富的铜矿资源，玻利维亚有丰裕的天然气和锂矿，墨西哥、委内瑞拉、哥伦比亚以及厄瓜多尔等国蕴藏着丰富的石油资源，还有许多拉美国家是农、林、渔、畜产品的生产和出口大国。鉴于篇幅的限制，本书的案例研究只选取了委内瑞拉和智利，首先是因为，根据奥提的研究，在"点资源"丰裕的国家出现资源诅咒现象更明显、更严重，而委内瑞拉是石油经济，智利是矿业经济，它们正是典型的"点资源"丰裕国家；其次还因为，虽然委内瑞拉和智利都属于"点资源"丰裕的国家，但两国无论是在经济发展、社会发展还是政治及制度的发展方面都呈现出截然不同的轨迹，将两国进行对比分析更容易得出避免"资源诅咒"效应的对策建议。

## 第一节 委内瑞拉的"资源诅咒"

委内瑞拉是世界主要石油生产国和第五大出口国，是美洲唯一的石油输出国组织（OPEC）成员国。委内瑞拉是典型的石油经济，1930～2005年，石油产值占其GDP的比重达到20%～30%，石油收入占其总税收的50%和总出口的80%。

### 一、委内瑞拉的石油经济

在分析之前，先简要回顾一下委内瑞拉这个石油经济体的发展历程：在20世纪20年代之前，委内瑞拉一直以出口农牧产品为主，自1920年之后，委内瑞拉逐渐转变为单一石油出口国，到1929年委内瑞拉就已经是世界第二大石油生产国（仅次于美国）和世界最大的石油出口国。1920～1935年，石油出口占总出口的比重从1.9%升至91.2%。由于石油资源大多被外国公司控制，而国家只能获得石油收入的一小部分，主要来源于石油开采权和关税。为此，1943年委内瑞拉开展了"石油行动"，开始对石油开采征税，还通过立法规定，外国公司从石油中的获利不能超过向委内瑞拉政府缴纳的税额，从而使大部分石油收入归国家财政所有。还为了稳定石油价格，在委内瑞拉的游说下，1960年世界石油大国决定组建石油输出国组织，同年，委内瑞拉成立了国家石油公司。国家有了一定的财政基础后，20世纪中期开始实行工业化政策，使制造业取得了迅速的发展。1974年，由于阿拉伯国家实行石油禁运，委内瑞拉利用这一大好机会，使其石油收入比1972年翻了4倍。时任委内瑞拉总统卡洛斯·安德烈斯·佩雷斯提出了"大委内瑞拉"（La Gran Venezuela）战略，包括反贫困、价格管制、提高收入水平、实行进口替代以及石油工业国有化，其核心是"石油播种"（sow the oil）计划，① 将石油美元用以发展农业、旅游业、非石油工业以及基础设施建设，

---

① 其实，"石油播种"计划最早是1936年提出的，其宗旨是将石油收入用于扩大再生产的投资，以促进国民经济其他部门的发展。但当时由于石油收入主要归外国跨国公司所有，因此，没有条件实现这一计划。

建立一个多元经济。在 1974～1980 年间，委内瑞拉获得了大量石油收入，是拉美地区经济增长最快的国家之一。在这期间，非石油经济尤其是制造业的投资率比较高。1950～1978 年，委内瑞拉制造业产值年均增长 7.8%，在 1972 年制造业产值首次超过了石油业产值；1950～1979 年，制造业在 GDP 中的比重从 10.01% 上升至 19.13%。"石油播种"计划对委内瑞拉摆脱单一经济起到了重要的作用。1920～1980 年间，委内瑞拉的 GDP 年均增长 6.4%，但是，自 20 世纪 80 年代债务危机之后，委内瑞拉的制造业逐渐衰退，单一经济结构又重新显现。1980～1990 年，制造业年均增长率为 4.3%，1990～1997 年为 1.8%，1999 年为 -9.2%，到 2003 年为 -10.6%。20 世纪 80 年代中期，由于石油价格开始下跌，到 1988 年跌至每桶 3.19 美元，给委内瑞拉经济造成了巨大冲突，人均收入直线下降。在 1980～1998 年间，委内瑞拉成为了拉美地区经济下跌最快的国家之一。1998～2003 年，委内瑞拉的经济形势进一步恶化，其 GDP 增长率为 -2.5%。直至 2004～2005 年，在外部需求的刺激下，委内瑞拉的石油收入剧增才促使其经济开始复苏。

从以上的发展回顾中很明显地感受到，委内瑞拉陷入了"资源诅咒"：农业生产停滞，工业化进程延迟。20 世纪 20 年代，农业产值占委内瑞拉 GDP 的 1/3，50 年代农业萎缩至不到 1/10，而目前不到 6%；1990～2003 年间，工业产出占 GDP 的比重从 50% 下降至 24%（同期拉美地区的工业产出占 GDP 的比重从 36% 下降至 29%）；自 1979～1981 年石油繁荣期以来，本币玻利瓦尔贬值，通货膨胀率攀升。可见，丰裕的石油资源并未成为委内瑞拉经济的发动机，也没有提高全体国民的福利水平，却给委内瑞拉的经济和政治带来了扭曲，尽管产生了短期的经济繁荣，但是却阻碍了其长期的经济发展。丰裕的石油资源到底在多大程度上导致了委内瑞拉的经济低增长和人均收入的下降呢？

有研究表明，在1970～1990年间，委内瑞拉的实际GDP年均增长，在不计入石油的情况下比计入石油的情况下快0.77%。在不计入石油的情况下，1999年委内瑞拉的GDP可能会高14%。①

数十年来，委内瑞拉似乎陷入了一个怪圈：自然资源型经济特性阻止国家向更具生产性的方向迈进，结果导致一种政治体制，而这种政治体制反过来又强化了这些经济特性，自然资源始终是国家经济的重点。通常，资源丰裕的国家似乎更关注经济这张饼的价格而非努力将饼做大。正如美国斯坦福大学教授特里·林恩·卡尔（Terry Lynn Karl）所说："由石油导致的偏向发展助长了国家管理者的一种理念，在他们那里市场机制不起作用。这种心理导致了只褒奖那些不付出任何努力'挤奶'的人，而对那些更具积极生产精神的人却很少给予报偿。"② 政府只关注资源税收，而非整体经济的发展。虽然自20世纪90年代末以来，委内瑞拉的财政账户基本平衡，尤其是始于2003年新一轮的资源繁荣期以来，委内瑞拉有丰厚的石油收入进账，但最终并未使整个经济更具竞争力。③ 20世纪60年代曾任委内瑞拉石油部长和OPEC的创始人之一——胡安·巴勃罗·佩雷斯·阿方索（Juan Pablo Pérez Alfonzo）这样说："石油不是黑金，它是魔鬼的粪便。"④

---

① Jeffery D. Sachs and Andrew M. Warner, "The Big Push, Natural Resource Booms and Growth", *Journal of Development Economics*, vol. 59, June 1999, pp. 43～76.

② Terry Lynn Carl, *The Paradox of Plenty: Oil Booms and Petro - States*, Berkeley: University of California Press, 1997.

③ William C. Gruben and Sarah Darley, "The Curse of Venezuela", *Southwest Economy*, Federal Reserve Bank of Dallas, May – June 2004, pp. 16～17.

④ Moisés Naím, "The Devil's Excrement: Can oil – rich countries avoid the resource curse?", Sept. ～ Oct., 2009. http：//www.foreignpolicy.com/articles/2009/08/17/the_devil_s_excrement?page=full

## 二、委内瑞拉的"资源诅咒"效应

(一)增长悖论:有利的初始条件下经济增长的下降趋势

与其他拉美和东亚中等收入国家相比,在20世纪60年代中期,委内瑞拉具有更有利的初始条件:首先,委内瑞拉拥有较高的资源动员能力。一般来说,在不引入外债的情况下,高水平的国民储蓄对支撑高水平的投资具有重要意义。从表6-1中可以看到,1960~1980年,委内瑞拉的国民储蓄率高于其他拉美和东亚国家。但是,到20世纪90年代,情况发生了变化。委内瑞拉的国民储蓄率下降了10个百分点,虽然仍是拉美地区国内储蓄率最高的国家,但已经大大低于东亚国家的国内储蓄率。其次,1960~1998年间,委内瑞拉的教育投资水平是拉美地区最高的,除在个别年段低于马来西亚的教育投资水平外,也均高于东亚国家的教育投资水平(见表6-2)。第三,委内瑞拉在卫生领域的投资水平也比较高。自1965年以来,委内瑞拉每千人中的医生人数是样本国家中最高的(见表6-3)。第四,从人力资本的指标来看,委内瑞拉不乏继续推进工业化进程以实现类似东亚"四小龙"经济奇迹的初始条件。如表6-4所示,1950~1998年,委内瑞拉的文盲率逐渐下降,从48%降至16%。表6-5显示了1965~1998年,委内瑞拉所有教育水平上的入学率都提高了。委内瑞拉的中学入学率差不多是泰国的2倍。1965年委内瑞拉的高等教育入学率是样本国家中最高的,到1998年,委内瑞拉的高等教育入学率除低于韩国之外,仍高于其他样本国家。第五,委内瑞拉在20世纪70~80年代在重工业部门吸收外国先进技术上具有有利的初始条件。如表6-6显示,1960年委内瑞拉比其他样本国家每百万人中有更多的科学家;1981~1995年,委内瑞拉在研发领域比哥伦比亚、马来西亚和泰国拥有更多的科学家和工程师。这主要是因为,1940~1960年,委内瑞拉接收了大批来自欧洲的移民,这些移民通常受过较好的教育,拥有专业技术能力。在20世纪70~80年代初,委内瑞拉又接收了大批来自南共市国家的高技术移民。第六,表6-7比较了1970和20世纪90年代中期的拉美和东亚国家的收入分配状况。1970年,委内瑞拉收入最高的20%人口与收入最低的40%人口的收入比是4.0,不仅是拉美最低的国家,也低于马来西亚和菲律宾。到1996年,委内瑞拉仍是拉美地区收入分配较公平的国家,其基尼系数是拉美地区样本国家中最低的。

表6-1 委内瑞拉与其他拉美和东亚中等收入国家的国民储蓄率的比较(%)

| 国家 | 1960~1970年 | 1970~1980年 | 1980~1990年 | 1990~1998年 |
| --- | --- | --- | --- | --- |
| 委内瑞拉 | 37.0 | 37.5 | 25.3 | 23.9 |
| 哥伦比亚 | 18.3 | 19.5 | 21.0 | 17.2 |
| 智利 | 19.8 | 16.5 | 20.1 | 24.8 |
| 阿根廷 | 25.3 | 27.1 | 21.7 | 17.7 |
| 韩国 | 8.6 | 22.2 | 31.2 | 35.0 |
| 马来西亚 | 26.6 | 30.4 | 33.4 | 39.3 |
| 泰国 | 21.2 | 22.4 | 27.6 | 35.8 |

数据来源:World Bank, World Development Indicators, various years.

表6-2 委内瑞拉与其他拉美和东亚中等收入国家的教育投资水平的比较(在教育上的公共支出占GDP的比重,%)

| 国家 | 1960年 | 1965年 | 1970年 | 1980年 | 1985年 | 1993~1998年 |
| --- | --- | --- | --- | --- | --- | --- |
| 委内瑞拉 | 4.0 | 4.1 | 5.5 | 4.4 | 5.4 | 5.1 |
| 智利 | 2.7 | 2.7 | 4.5 | 4.6 | 4.4 | 3.3 |
| 哥伦比亚 | — | — | 2.2 | 1.9 | 2.8 | 4.1* |

续表

| 国家 | 1960 年 | 1965 年 | 1970 年 | 1980 年 | 1985 年 | 1993~1998 年 |
|---|---|---|---|---|---|---|
| 韩国 | 3.2 | 1.8 | 3.8 | 3.7 | 4.8 | 4.1 |
| 马来西亚 | 4.0 | 4.1 | 5.5 | 6.0 | 6.6 | 4.4 |
| 泰国 | 2.5 | 3.5 | 2.9 | — | — | 5.1 |

注：*1995~1997 年数据。

数据来源：UNESCO, Statistical Yearbook, various years; UNDP, Human Development Report, 1997, 2001.

表6-3 委内瑞拉与其他拉美和东亚中等收入国家
的卫生领域的投资水平的比较

| 国家 | 1990~1998 年卫生领域的公共支出 | | 每千人中的医生人数 | | |
|---|---|---|---|---|---|
| | 占 GDP 的比重（%） | 人均支出（美元） | 1965 年 | 1980 年 | 1990~1998 年 |
| 委内瑞拉 | 7.5 | 426 | 0.8 | 0.8 | 2.4 |
| 智利 | 3.9 | 344 | 0.5 | 0.8 | 1.1 |
| 哥伦比亚 | 9.4 | 594 | 0.4 | 0.8 | 1.1 |
| 韩国 | 5.6 | 824 | 0.4 | 2.5 | — |
| 马来西亚 | 2.4 | 180 | 0.2 | 0.3 | 0.5 |
| 泰国 | 6.2 | 329 | 0.1 | 0.1 | 0.4 |

数据来源：World Bank, World Development Report, 1991; World Bank, World Development Indicators, 2000.

表6-4 委内瑞拉与其他拉美和东亚中等收入国家的文盲率的比较
（15 岁及以上人口中文盲的比重,%）

| 国家 | 1950 年 | 1960 年 | 1970 年 | 1998 年 | | |
|---|---|---|---|---|---|---|
| | | | | 总文盲率 | 男性文盲率 | 女性文盲率 |
| 委内瑞拉 | 48 | 37 | 25 | 16 | 7 | 9 |
| 智利 | 20 | 16 | 11 | 7 | 4 | 3 |

续表

| 国家 | 1950 年 | 1960 年 | 1970 年 | 1998 年 | | |
|---|---|---|---|---|---|---|
| | | | | 总文盲率 | 男性文盲率 | 女性文盲率 |
| 哥伦比亚 | — | — | 22 | 18 | 9 | 9 |
| 韩国 | 78 | 29 | 12 | 5 | 1 | 4 |
| 马来西亚 | 48 | 32 | 21 | 10 | 3 | 7 |
| 泰国 | 62 | 47 | 40 | 27 | 9 | 18 |

数据来源：UNESCO, *Statistical Yearbook*, various years; World Bank, *World Development Report*, various years.

表6-5 委内瑞拉与其他拉美和东亚中等收入国家的入学率的比较（%）

| 国家 | 1965 年 | | | 1998 年 | | |
|---|---|---|---|---|---|---|
| | 初等教育 | 中等教育 | 高等教育 | 初等教育 | 中等教育 | 高等教育 |
| 委内瑞拉 | 94 | 27 | 7 | 106 | 54 | 27 |
| 智利 | 124 | 34 | 6 | 102 | 74 | 18 |
| 哥伦比亚 | 84 | 17 | 3 | 104 | 56 | 14 |
| 韩国 | 101 | 35 | 6 | 104 | 87 | 37 |
| 马来西亚 | 90 | 28 | 2 | 102 | 57 | 7 |
| 泰国 | 78 | 14 | 2 | 87 | 28 | 16 |

数据来源：World Bank, *World Development Report*, various years.

表6-6 委内瑞拉与其他拉美和东亚中等收入国家拥有科技人才的情况比较

| 国家 | 每百万人中科学家的人数（20世纪60年代） | 每十万人中从事研发的科学家和工程师人数（1981~1995 年） |
|---|---|---|
| 委内瑞拉 | 16.5 | 208 |
| 智利 | 15.2 | 364 |
| 哥伦比亚 | — | 39 |
| 韩国 | 7.1 | 2636 |

续表

| 国家 | 每百万人中科学家的人数（20世纪60年代） | 每十万人中从事研发的科学家和工程师人数（1981~1995年） |
|---|---|---|
| 马来西亚 | 12.2 | 87 |
| 泰国 | 1.6 | 173 |

数据来源：UNESCO, *Statistical Yearbook*, various years; UNDP, *Human Development Report*, 1997, 2001.

表6-7 委内瑞拉与其他拉美和东亚中等收入国家收入不平等程度的比较

| 国家 | 20世纪70年代 | | | 20世纪90年代 |
|---|---|---|---|---|
| | 收入最高的20%人口占总收入的比重（%） | 收入最低的40%人口占总收入的比重（%） | 收入比 | 基尼系数 |
| 委内瑞拉 | 3.6 | 13.0 | 4.0 | 48.8 |
| 智利 | 4.3 | 13.1 | 4.0 | 56.5 |
| 哥伦比亚 | 4.7 | 11.1 | 5.2 | 57.1 |
| 墨西哥 | 2.8 | 7.9 | 8.1 | 53.7 |
| 巴西 | 2.0 | 7.0 | 9.6 | 60.0 |
| 马来西亚 | 4.0 | 11.7 | 4.8 | 48.5 |
| 菲律宾 | 3.6 | 11.7 | 4.6 | 46.2 |
| 泰国 | 5.1 | 15.2 | 3.3 | 41.4 |
| 韩国 | 7.3 | 19.6 | 2.2 | 31.6 |

数据来源：World Bank, *World Development Report*, 1999; World Bank, *World Development Indicators*, 2000.

委内瑞拉虽然拥有上述较有利的初始条件，但比巴西、智利、墨西哥和美国等西半球国家相比，委内瑞拉的实际GDP增长却显得更缓慢（见图6-1）。尽管墨西哥也是世界10大石油出口国之一，但其石油出口只相当于委内瑞拉的2/3，长期以来其制造业出口在经济发展中起到重要的作用；比巴西、智利、墨西哥和美国等西半球国家相比,委内瑞拉的人均 GDP 增长也呈明显下降的趋势(见图 6-2)。1980~1999 年间和 1980~2002 年间,委内瑞拉的人均实际收入分别下降了 18% 和 25%。

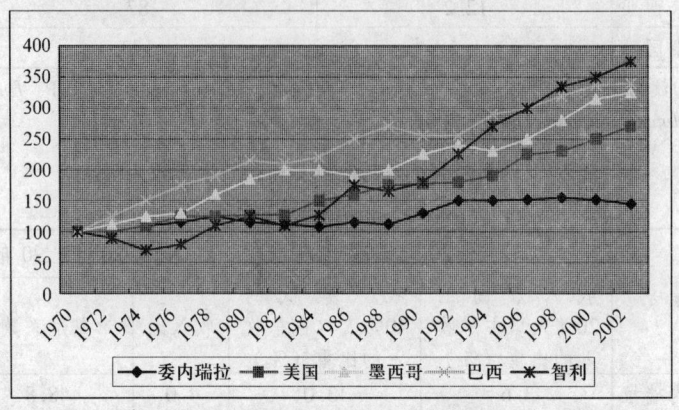

**图 6-1 委内瑞拉实际 GDP 增长比其他西半球国家更缓慢**

资料来源:William C. Gruben and Sarah Darley, "The Curse of Venezuela", *Southwest Economy*, Federal Reserve Bank of Dallas, May~June 2004, pp. 16~17.

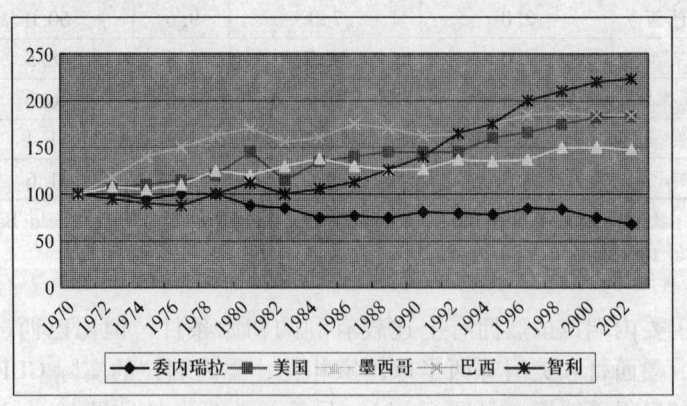

**图 6-2 委内瑞拉人均 GDP 增长呈下降的趋势**

资料来源:William C. Gruben and Sarah Darley, "The Curse of Venezuela", *Southwest Economy*, Federal Reserve Bank of Dallas, May~June 2004, pp. 16~17.

## （二）无效的财政联系效应

委内瑞拉是以石油经济为主导的，石油收入对其经济发展起着至关重要的作用。一方面，石油租扩大了经济增长传统的资源约束（即外汇、财政和储蓄），但另一方面，由于石油工业本身缺乏前向和后向联系，无法带动其他经济部门的增长，因此，石油收入只有通过财政联系效应（即通过国家税收和转移支付）才能在实现经济多样化和工业化的过程中起到关键作用。

乔纳森·迪·约翰（Jonathan Di John）考察了 1920~1998 年委内瑞拉石油收入的财政联系效应。1920 年之前的委内瑞拉是拉美地区最贫穷的、发展处于停滞状态的农业国家。其传统出口商品是咖啡和可可，这种建立在大庄园制度上的农业结构很难促进资本积累。1920 年，委内瑞拉的人均收入只有拉美地区平均水平的 1/2。到 20 世纪 20 年代，随着大量石油储备被发现，委内瑞拉经济发展所需的资源动员能力不断增强。尽管国有化过程很艰难，但委内瑞拉最终从外国公司手中夺回了石油开采权。到 20 世纪 50 年代，委内瑞拉就已成为了世界第二大石油生产国。1920~1965 年，石油资源丰裕带来的大量石油红利为委内瑞拉开启工业化和现代化进程，实行重大的工业结构和出口结构转型，减少经济对石油的依赖，并实现高速增长和公平的分配目标提供了有利条件。在这一时期，国家利用石油收入的财政效应有效地推动了工业化和非石油部门的增长。

在 1974~1978 年的石油繁荣时期，委内瑞拉获得了大量石油收入，其财政收入总额为 8240 亿玻利瓦尔（按 2001 年玻利瓦尔计算），差不多是委内瑞拉前 50 年财政收入的总和（8480 亿玻利瓦尔）。1979~1981 年，委内瑞拉财政收入总额高达 4890 亿玻利瓦尔，其中石油收入占财政总收入的比重为 68%。但是，在 1965 之后，国家却没有继续推进工业化进程。1920~1965 年，实际石油出口价格与非石油部门的增长之间呈正相关关系，其相关系数为 0.58；而 1965～1998 年间，这两者之间呈负相关关系，其相关系数为 -0.44。① 这表明，在这一时期，虽然财政收入迅速增加，但国家未能有效利用财政联系效应继续推进工业化。非石油部门的全要素生产率从 1950～1968 年的年均增长 1.1% 下降至 1968～1984 年的 -1.45%。这说明，委内瑞拉的政府部门和私人部门在管理巨额石油收入方面是无（低）效率的。因此，从委内瑞拉的经济发展史来看，会发现一个值得注意的现象是，委内瑞拉的增长和衰退均发生在物质资本和人力资本投资水平较高，且收入分配较公平和民主体制的时期。

（三）对非石油经济部门（制造业）的"挤出"

在委内瑞拉的经济发展过程中，虽然政府也不断通过补贴的形式将石油收入用于制造业的发展，但国内幼稚工业却始终未发展起来。可以说，制成品出口在委内瑞拉从未发端，从未繁荣过，自然资源出口始终是国家经济发展的引擎。研究表明，从 20 世纪 60 年代中期开始直至 2003 年，委内瑞拉的非石油经济，尤其是制造业的全要素生产率和劳动生产率均呈现出了大幅下降的趋势（见表 6-8）。

表 6-9 比较了 1965～1998 年委内瑞拉与其他拉美中等经济体以及东南亚国家的经济增长情况。很明显，无论是 GDP 增长率还是制造业增长，委内瑞拉均远低于东南亚国家。委内瑞拉的制造业增长呈逐渐下降的趋势。②

---

① Jonathan Di John, *From Windfall to Curse?: oil and Industrialization in Venezuela, 1920 to the Present*, The Pennsylvania State University Press, 2009, p23.

② 虽然委内瑞拉的制造业增长呈逐渐下降的趋势，但其制造业的长期增长率高于其他拉美中等经济体。这是因为许多拉美国家在 20 世纪经历了工业化和去工业化的过程，最终使其工业化程度普遍不高。

表 6-8 1920~2003 年委内瑞拉的非石油经济的年均增长率（%）

|  | 非石油经济 | 制造业 |
|---|---|---|
| 1920~1930 年 | 10.2 | — |
| 1930~1940 年 | 2.7 | — |
| 1940~1950 年 | 9.6 | 6.6 |
| 1950~1957 年 | 9.1 | 15.0 |
| 1957~1970 年 | 7.1 | 7.7 |
| 1970~1980 年 | 5.7 | 9.7 |
| 1980~1990 年 | 1.1 | 2.8 |
| 1990~1998 年 | 2.7 | 1.2 |
| 1998~2003 年 | -3.5 | -5.1 |

数据来源：Jonathan Di John, *From Windfall to Curse?: oil and Industrialization in Venezuela*, 1920 to the Present, The Pennsylvania State University Press, 2009.

表 6-10 显示了 1950~2002 年，委内瑞拉的总投资和非石油部门的投资大幅下降。委内瑞拉的总投资率从 27.7% 下降至 15.1%，非石油部门的投资率从 34.8% 降至 13.7%。其中，公共部门的投资率从 20 世纪 70 年代的 10.8%，80 年代的 10.6%，下降至 1990~1998 年的 9.9%，1999~2002 年继续降至 6.6%；私人投资的下降幅度更大，从 20 世纪 70 年代的 23.6%，80 年代的 10.7% 降至 1990~1998 年的 6.9%，虽然在 1999~2002 年间，私人投资有所恢复，但仍低于 1950~1980 年间的投资水平，这反映出在 1950~2002 年间，委内瑞拉的财政收入呈逐渐下降的趋势。

表6-9 委内瑞拉与其他拉美中等经济体以及东南亚国家的经济增长的比较（1965~1998年）（%，美元）

| | 1965~1980 | | 1980~1990 | | 1990~1998 | | 1965~1998 | | 人均GNP |
| --- | --- | --- | --- | --- | --- | --- | --- | --- | --- |
| | GDP年均增长率 | 制造业年均增长率 | GDP年均增长率 | 制造业年均增长率 | GDP年均增长率 | 制造业年均增长率 | GDP年均增长率 | 制造业年均增长率 | 1998年 |
| 委内瑞拉 | 3.7 | 5.7 | 1.1 | 4.3 | 2.2 | 1.5 | 2.5 | 4.3 | 3500 |
| 哥伦比亚 | 5.7 | 6.4 | 3.7 | 3.5 | 3.9 | -1.1 | 4.2 | 3.8 | 2600 |
| 智利 | 1.9 | 0.7 | 4.2 | 3.4 | 7.9 | 5.7 | 4.0 | 2.7 | 4810 |
| 阿根廷 | 3.4 | 2.7 | -0.7 | -0.8 | 5.6 | 4.3 | 1.5 | 0.8 | 8970 |
| 韩国 | 9.9 | 16.4 | 9.4 | 13.0 | 6.1 | 6.9 | 8.8 | 13.0 | 7970 |
| 马来西亚 | 7.4 | 8.1 | 5.3 | 8.9 | 7.4 | 10.8 | 6.8 | 9.7 | 3600 |
| 泰国 | 7.3 | 11.2 | 7.6 | 9.5 | 5.7 | 7.7 | 7.0 | 9.8 | 2200 |

数据来源：Jonathan Di John, *From Windfall to Curse?: oil and Industrialization in Venezuela, 1920 to the Present*, The Pennsylvania State University Press, 2009.

表6-10 1950~2002年委内瑞拉的总投资率（以当前价格计算,%）

| | 年均投资率 | | | 非石油部门年均投资率 | | |
| --- | --- | --- | --- | --- | --- | --- |
| | 总投资率 | 公共部门 | 私人部门 | 总投资率 | 公共部门 | 私人部门 |
| 1950~1960年 | 27.7 | 10.5 | 17.2 | 34.8 | 16.9 | 17.8 |
| 1960~1970年 | 24.2 | 8.4 | 15.8 | 26.1 | 9.1 | 17.0 |
| 1970~1980年 | 34.4 | 10.8 | 23.6 | 36.8 | 9.6 | 27.2 |
| 1980~1990年 | 21.3 | 10.6 | 10.7 | 22.5 | 8.7 | 13.8 |
| 1990~1998年 | 15.8 | 9.9 | 6.9 | 13.7 | 5.6 | 8.1 |
| 1999~2002年 | 15.1 | 6.6 | 8.5 | — | — | — |

数据来源：Jonathan Di John, *From Windfall to Curse?: oil and Industrialization in Venezuela, 1920 to the Present*, The Pennsylvania State University Press, 2009.

### (四) 普通民众的福利水平下降

从委内瑞拉的要素收入分配结构来看，1950~1988 年，公司利润、租金、分红占委内瑞拉国民收入的比重为 51%~54%；到 1989~1998 年，资本所有者获得的收入占国民收入的份额达到 64%，而劳动力要素收入份额则不断下降。资本和劳动的分配严重失衡，大多数普通民众的收入水平下降，资源利润被少数资本所有者（尤其是外国跨国公司）占有。1994~2000 年，委内瑞拉的资本外流达到 140 亿美元，几乎相当于同期经常性账户累计盈余总额（150 亿美元）。这表明，委内瑞拉经济发展的成果未被大多数国民所分享，普通民众福利水平并未随着经济发展而提高，反而有所下降（见表 6-11）。

表 6-11  1950~2002 年委内瑞拉国民收入的要素分配（%）

|  | 工资 | 公司利润、分红、租金和利息支付 |
| --- | --- | --- |
| 1950~1960 年 | 47 | 53 |
| 1960~1970 年 | 46 | 54 |
| 1970~1980 年 | 49 | 51 |
| 1980~1988 年 | 46 | 54 |
| 1989~1998 年 | 36 | 64 |

数据来源：Banco Central de Venezuela, Serie estadística, various years.

### (五) 长期经济停滞对委内瑞拉的社会经济和政治的影响

1980~2003 年的长期经济停滞对委内瑞拉的社会经济和政治的影响是巨大的和毁灭性的。首先，长期经济停滞导致国内平均实际工资大幅下降。1995 年委内瑞拉的实际工资水平低于 1950 年的水平。其次，长期经济停滞对劳动需求产生负面影响，失业率增加。1965~1983 年间，委内瑞拉的平均失业率为

7.4%；到 1984~1989 年，失业率升至 10.5%；1999 年为 11.5%，2002 年继续升至 14.4%，到 2003 年失业率达到最高点 18.4%，导致了全国性的大罢工和国内政局的动荡。直到 2004~2005 年，石油价格上涨才使国内失业率在 2005 年降至 11.8%。第三，长期经济停滞使非正规就业增加。1975~1980 年，非农劳动力的非正规就业率平均为 23%；1981~1990 年间，这一比例增至 39.5%，这表明正规经济部门如工业和服务业创造就业的能力较差。1991~1995 年非正规就业率平均为 44.5%，1998~2002 年为 50.1%，直到 2005 年非正规就业率才降至 41.4%。第四，长期经济停滞导致贫困发生率上升。1980~1981 年，委内瑞拉 20% 的家庭生活在贫困线下；到 1985~1986 年，这一比例上升至 36%，1989~1990 年为 42%，1994~1995 年为 51%。由于 1998~2003 年委内瑞拉非石油部门的衰退，到 2003 年底，这一比例达到了最高点 62%。2005 年贫困率下降至 45%，主要是由于石油繁荣、扩张性的财政政策以及增加了对穷人的社会性支出。第五，长期经济停滞还导致大多数人的实际收入下降，引发了严重的政治危机。

### 三、对委内瑞拉资源诅咒的解释

（一）荷兰病模型

矿产和能源资源对一国长期经济增长的影响，关键在于能否带动其工业活动。过去 200 年来的世界经济发展史的重要经验之一就是，只有持续的、成功的工业化才能支撑一国持续的经济增长。而荷兰病模型的主要逻辑是：石油繁荣将导致汇率上升，使制成品失去竞争力，削弱了对制造业的投资刺激。资源诅咒的荷兰病模型与 20 世纪 70~80 年代初委内瑞拉石油繁荣期制造业增长的下滑相一致。

何塞·安东尼奥·马约尔贝（José Antonio Mayorbe）认为，

委内瑞拉石油工业的扩张导致国内较高的汇率水平,使工业丧失了竞争力,从而阻碍了委内瑞拉的工业化。自然资源繁荣还对委内瑞拉的经济结构产生了负面影响,在资源繁荣期后出现了"去工业化"现象,其产出和就业水平都下降了。① 马约尔贝考察了1950~1998年,委内瑞拉石油收入不断增长与制造业在经济中的相对比重的下降,以及制造业投资下降的情况。研究发现,1973年委内瑞拉的经济结构比1960年更依赖石油出口,制造业在非石油部门GDP中的比重为27%,明显低于钱纳里标准(the Chenery norms)。② 在石油繁荣期,委内瑞拉的经济的确发生了"过早的去工业化"或"过早的第三产业化"。从表6-12中可以看到,1950年服务业占委内瑞拉非石油部门GDP的比重为52%;1973年的石油繁荣加速了服务业的发展,服务业的相对

表6-12 1950~1998年委内瑞拉非石油部门产值的结构变化(%)

|  | 农业 | 制造业 | 其他工业 | 服务业 |
|---|---|---|---|---|
| 1950年 | 8 | 8 | 22 | 52 |
| 1960年 | 6 | 15 | 24 | 55 |
| 1973年 | 7 | 16 | 17 | 60 |
| 1981年 | 6 | 18 | 17 | 59 |
| 1990年 | 6 | 20 | 10 | 64 |
| 1995年 | 6 | 19 | 14 | 61 |
| 1998年 | 6 | 20 | 10 | 64 |

注:其他工业主要是指建筑业、矿业、电力和水。
数据来源:Banco Central de Venezuela, Serie estadística, various years.

---

① Jonathan Di John, *From Windfall to Curse?: oil and Industrialization in Venezuela, 1920 to the Present*, The Pennsylvania State University Press, 2009.
② H. Chenery, *Industrialisation and Growth*, Oxford University Press, Oxford, 1986.

份额达到 60%。与服务业发展形成鲜明对比的是，从 1950 年起，非制造业的其他工业部门的比重（如矿业、建筑业、电力、水）则出现了同比例下降的趋势。1960 年非制造业的其他工业部门占非石油部门 GDP 的比重为 24%，到 1981 年降至 17%，到 1998 年进一步降至 10%。制造业除了在 1950~1960 年间有较大的发展之外（1950 年制造业占非石油部门 GDP 的比重只有 8%，到 1960 年这一比重上升至 15%），自 1960 年以来其增长一直较为缓慢。

（二）自然资源出口专门化

在关于资源丰裕与工业增长之间的关系上，结构主义理论、依附论以及一些马克思主义理论的共同结论是：自然资源出口专门化不可能推进资源丰裕国家持续的工业化，需要建立起一个替代性的出口部门（非石油可贸易部门），使经济结构和出口结构多样化，在石油收入下降时起到稳定经济的作用，降低经济的脆弱性。并不是国家领导层没意识到经济多样化的重要性，事实上，委内瑞拉政府也经常大规模地投资其他经济部门的发展，但这些投资鲜有成功，主要是因为较高的汇率水平阻碍了农业、制造业和旅游业的发展。

里卡多·豪斯曼（Ricardo Hausmann）和弗朗西斯科·罗德里格斯（Francisco Rodríguez）的研究表明，委内瑞拉始终未能建立起这种替代性的出口工业，其石油生产和出口的专门化是导致制造业未能实现持续发展和经济增长下降的主要内在原因。虽然在 1982~2002 年间，委内瑞拉非石油部门的出口占总出口的比重从 7.1% 上升至 19.7%，但这主要是由于石油出口比重的下降造成的。而且，在非石油部门的出口增长中，3/5 的增长集中于铁矿石、钢铁、化工和非铁金属部门，这些部门均是资本密集型产业，对经济发展的"溢出效应"是有限的，不仅创造就业机会的能力差，对技术进步的推动力也不大。①

在1981~2002年间经历了出口严重下跌的10个石油出口型发展中国家（墨西哥、阿曼、巴林、印度尼西亚、沙特阿拉伯、特立尼达和多巴哥、委内瑞拉、厄瓜多尔、阿尔及利亚和尼日利亚）中，只有两个国家（墨西哥和印度尼西亚）建立起了一个强劲的非石油出口部门（尤其是制造业），从而抵消了石油出口下跌对整体经济造成的损失。

（三）无效的公共投资

1. 决策者的短视行为

石油出口国在经济管理方面存在着一些潜在的风险：首先，石油繁荣产生大量的、突然的资本流入容易掩盖经济中存在的问题；其次，大规模的石油收入往往容易导致政府的草率投资行为；再次，石油收入的不稳定性与政府的长期经济计划存在着潜在的冲突。

研究表明，1973~1998年委内瑞拉经济表现不佳应归因于政府政策制定过程中的这种短视行为。石油收入剧增使国家财政政策产生了严重的问题，大量的、突然增加的财政收入似乎导致一种"幻觉"，引发公共部门的过度投资。在财政收入倍增的情况下，政府却入不敷出。但是，当石油收入减少时，这些公共支出却又无法削减，结果使国家深陷债务之中。1970~1994年间，委内瑞拉的外债占其 GNP 的比重从9%升至53%。当石油价格和石油收入双双下跌，其人均收入水平下降、贫困率上升。1996年委内瑞拉成为世界上人均收入最低的国家之一，其人均收入水平甚至远低于1960年的水平。

---

① R. Hausmann, "*Shocks Externos y Ajuste Macroeconómica*", Caracas: Banco Central de Venezuela, 1990; Francisco Rodríguez, "*Plenty of Room? Fiscal Space in a Resource-Abundant Economy*", paper presented to UNDP project on Fiscal Space in Less Developed Countries, Dakar, Senegal, 2006.

豪斯曼认为，为减少经济对石油的依赖，当油价高涨时，政府便入不敷出以期建立一个非石油生产部门。政府将石油出口收入快速转化为大规模的、长期的工业和基础设施投资，但问题是石油出口收入不是永久的，只是暂时性的，最终出现巨额财政赤字，导致20世纪70年代中期以来委内瑞拉通货膨胀率攀升和宏观经济不确定性增加。20世纪60年代，委内瑞拉的年均通货膨胀率处于较低水平1.1%，70年代升至6.6%，80年代继续升至23%，1990~1998年高达50.1%。①

表6-13 委内瑞拉的财政赤字与总固定投资的变化（%）

| 年份 | 财政赤字占GDP的比重 | 年段 | 总固定投资占GDP的比重 |
| --- | --- | --- | --- |
| 1970~1973年 | -0.8 | 1960~1970年 | 24.2 |
| 1974~1975年 | 15.0 | 1970~1980年 | 34.4 |
| 1976~1980年 | 1.9 | 1980~1990年 | 21.3 |
| 1981~1983年 | -0.8 | 1990~1998年 | 16.5 |
| 1984~1985年 | 7.3 | | |
| 1986~1987年 | -6.7 | | |
| 1988年 | -8.6 | | |
| 1989年 | -1.1 | | |
| 1990~1998年 | -1.4 | | |

数据来源：Jonathan Di John, *From Windfall to Curse?: oil and Industrialization in Venezuela, 1920 to the Present*, The Pennsylvania State University Press, 2009.

从表6-13中可以看到，1970~1998年间的大多数年份，委内瑞拉都出现了的财政赤字。尤其是1986~1988年，财政赤

---

① Jonathan Di John, *From Windfall to Curse?: oil and Industrialization in Venezuela, 1920 to the Present*, The Pennsylvania State University Press, 2009.

字占 GDP 的比重平均为 7.65%。其主要原因是，政府决策者过高的估计了可支配的财政资源，当石油收入增加时，许多大规模的投资项目就纷纷上马。政府将大量石油收入投资于自然资源密集型工业（水电、石油提炼、石化、钢铁、制铝等）。1968~1971 年间，公共部门对制造业的投资占制造业总投资的比重为 24%，1972~1980 年，这一比重达到 41%。而委内瑞拉非石油部门中的私人投资比重则从 20 世纪 70 年代的 27.2% 下降至 80 年代的 13.8%，到 1990~1998 年降至 8.1%。私人投资的大幅下降导致了总固定资产投资的下降，这表明宏观经济的不确定性增加了。

2. 公共投资的无（低）效率

一些学者认为，1968 年以后委内瑞拉经济表现不佳的原因是投资无（低）效率，包括政府过度投资，以及政府主导的工业保护政策导致企业间缺乏竞争，企业集中度过高。研究表明，委内瑞拉制造业增长下降的原因是公共部门在制造业投资的规模和范围过大，且无（低）效率。1970 年，工业增加值中国有企业的比重为 5%（不含石油提炼），到 1980 年这一比重上升至 8%，到 1986 年为 18%。然而，在石化、制铝、钢铁等国家重点投资的行业中，却由于企业工人和管理层缺乏能力，未能将大量的投资转化为生产性的能力，未能成功实施以自然资源为基础的大推进工业战略（1974~1979 年）。豪斯曼通过研究发现，1968~1985 年，委内瑞拉的非石油经济的资本—产出比（ICOR）为 6.7，其中非石油私人企业的资本—产出比为 4.9，而非石油国有企业的资本—产出比高达 10.8。可见，公共投资中资本使用的无（低）效率。① 根据内尔松·塞加拉（Nelson

---

① Jonathan Di John, *From Windfall to Curse?*: *oil and Industrialization in Venezuela*, *1920 to the Present*, The Pennsylvania State University Press, 2009.

Segarra)的计算,由于"软预算约束"①导致的公共投资的内在无(低)效率,造成了1978~1982年间,委内瑞拉21家最大的非石油、金融国有企业平均年净损失约50亿玻利瓦尔(12亿美元),相当于非石油经济GDP的7.6%。② 在1988~1992年间,委内瑞拉的非石油、金融国有企业从中央政府获得的投资大大高于其缴纳的收入税,这还不包括委内瑞拉投资基金的资本注入以及中央政府帮助其借贷的外债。1983年,委内瑞拉的外债总额超过了300亿美元,其中70%是由国有企业借贷的;20世纪70年代中期至1992年,委内瑞拉投资基金累计总资产约为60亿美元,其中75%均投资于国有企业。③

还有研究表明,委内瑞拉的国家保护主义和过度管制抑制了竞争。政府主导的工业保护政策导致企业间缺乏竞争,出现了工业高度集中和垄断性企业。1981年和1988年,委内瑞拉制造业集中度分别为54%和52%(四家最大企业的产出份额)。曾任委内瑞拉工业部部长的莫伊塞斯·纳伊姆(Moisés Naím)指出,"委内瑞拉深层次的结构变化就是要尽快改变高集中度和垄断性的工业结构,生产率增长缓慢以及长期未形成强有力的非石油出口部门,都是由于多年来政府管理失灵造成的。"④

(四)租金国家模型(Rentier state Model)

租金国家模型认为,当一国矿产和能源生产占GDP的比重

---

① 软预算约束就是指当一个经济组织遇到财务上的困境时,借助外部组织的救助得以继续生存这样一种经济现象。外部组织通常是受政府控制的,可以直接转移资源来救助陷入困境的预算约束体的组织。

② N. Segarra, "Como evaluar la gestión de la empresas públicas venezolanas", in J. Kelly de Escobar (ed.), *Empresas del Estado en América Latina*, Caracas: Ediciones IESA, 1985.

③ Jonathan Di John, *From Windfall to Curse?: oil and Industrialization in Venezuela, 1920 to the Present*, The Pennsylvania State University Press, 2009.

④ Moisés Naím, *Paper Tigers and Minotaurs: The Politics of Venezuela's Economic Reforms*, Carnegie Endowment for International Peace, 1993.

达到10%，以及矿产和能源出口占总出口的比重达到40%时，租金国家就产生了。按照这一定义，委内瑞拉就是一个租金国家或"石油国"。租金国家模型认为，矿产和能源资源丰裕的国家不同于其他类型的资源丰裕国家，因为其资源租来源于"点"资源，而不是来源于土地等"散"资源。"点"资源是与资本密集型的初级产品行业相关的，因此，"点"资源的所有权高度集中；"点"资源多为"飞地"工业，其生产、消费和社会经济联系效应很小。在"点"资源丰裕国家中，石油国尤其具有以上典型的特性。

租金国家模型的重要前提是，政府的财政收入主要来源于"非挣得"（unearned）收入（资源租或国际援助），而不必通过征税来"挣得"（earn）收入。政治精英们往往会通过建立"腐败网"来确保获得这些"非挣得"收入，而不是通过建立在税收与提供公共产品的交换基础上的社会契约来获得这些"非挣得"收入。因此，政治精英们不会对公民社会中的个人和群体负责，而是更倾向于从事寻租和腐败活动，无法形成促进增长的政策。詹姆斯·费伦（James Fearon）和大卫·莱廷（David Laitin）指出，不发达的石油国更容易发生冲突，这是因为"石油生产国更倾向于弱化国家机器，巨额的资源收入使统治阶层不必建立完备的执行机构体系来提高税收，这是政治上的荷兰病"[1]。

特里·林恩·卡尔利用租金国家模型分析了委内瑞拉的寻租政治学根源。[2] 他指出，在石油出口国，容易形成一个特殊的社会阶层、利益集团及集体行动模式，使国家被锁定在一个依赖租

---

[1] James Fearon and David Laitin, "Ethnicity, Insurgency, and Civil War", *American Political Science Review*, Vol. 97, No. 1, Feb. 2003, pp. 75~90.

[2] Terry Lynn Carl, *The Paradox of Plenty: Oil Booms and Petro-States*, Berkeley: University of California Press, 1997.

金发展的轨道上，因为利益集团通过非生产性的寻租活动侵吞国家资源利润，挤出了生产性活动。Karl 进一步指出，在石油国，容易形成一种特殊的制度背景，并在这一背景下进行资源租的政治分配。巨额石油收入成为了腐败、犯罪和国家权力肆意扩张的温床。石油收入使政府具备了强大的力量，通过暴力和国有化来维持对资源财富的垄断。一方面，政府部门变得更官僚了，政府部门就业人数占总就业人口的比重高达50%，而另一方面国家能力却越来越缺乏，主要原因是，石油租金为政府提供了充足的财政基础，因此政府缺乏征税激励，这使得政府管理机构和职能范围的缩小，导致政府的管理权限、行政能力和干预经济的合法性均处于低水平。莫伊塞斯·纳伊姆说："东亚国家的那种有目标的国家干预政策并不适于委内瑞拉，因为委内瑞拉政府缺乏有效分配资源租和财政补贴的管理能力。如果委内瑞拉也实行东亚国家的干预政策，腐败将会比出口增长得更快！"① 总之，石油美元财政导致国家权力的肆意扩张和国家管理能力的缺乏之间的鸿沟越来越大。这里所谓的"国家能力"是指，政府在"基础"领域中的管理能力，通过执行宏观管理职能使经济变得更有效率。也就是说，将生产交给私人部门，并减少国家在资源分配中的作用，尤其是在工业政策和国有企业的直接生产方面。

由于公共部门缺乏足够的能力去启动大规模的、复杂的投资项目，一旦石油收入减少，这些投资项目就会被搁置，甚至被放弃，就会产生巨大的资源浪费。因此，租金国家模型的政策建议是通过经济自由化（包括贸易自由化、私有化和金融自由化），来抑制集权政府对资源租的控制，减少寻租和腐败，从而促进投资和增长。

---

① Moisés Naím, *Paper Tigers and Minotaurs: The Politics of Venezuela's Economic Reforms*, Carnegie Endowment for International Peace, 1993, pp. 147~150.

（五）寻租和腐败理论

大量研究表明，在委内瑞拉，政府过度干预以及政府主导的工业政策导致了腐败和寻租，阻碍了经济发展。[1] 奥提（Richard Auty）和艾伦·盖尔布（Alan Gelb）认为，大量资源租金导致了政治竞争，在资源丰裕国家易形成派系的或自治的掠夺性政府。为了维护自己的权力，资源丰裕国家的政府常常需要寻求在各利益集团之间重新分配租金的方式，这样做的结果是经济政策经常被迫发生变化，缺乏连续性，导致宏观经济的不稳定。[2]

对石油收入的严重依赖助长了委内瑞拉的寻租行为和裙带关系。在委内瑞拉，创新活动未受到鼓励，反而是被鼓励与政府形成联盟关系，从而分享甚至掌控石油收入。特里·林恩·卡尔这样描述石油经济的后果："寻租成为石油国主要的政治经济生活，腐败渗透在僵化的政治体制之中。国家机构和政治党派都放弃了其管理职能，成为从公共领域抽取资源租金的机器。"石油财富使委内瑞拉变成了"盟约民主"（pacted democracy），即各精英集团通过协议结成联盟。在委内瑞拉是通过《菲霍角盟约》（the Punto Fijo pact）来实现的，其主要党派——民主行动党（AD）和基督教社会党（Copei）对占有资源财富具有投票权。

---

[1] Moisés Naím, *Paper Tigers and Minotaurs: The Politics of Venezuela's Economic Reforms*, Carnegie Endowment for International Peace, 1993; M. Naím and A. Francés, "The Venezuelan Private Sector: From Courting the State to Courting the Market", in L. Goodman, J. Forman, M. Naím, J. Tulchin, and G. Bland (eds.), *Lessons from the Venezuelan Experience*, Baltimore: Johns Hopkins University Press, 1995; Pérez Perdomo, *Políticas judiciales en Venezuela*, Caracas, Ediciones IESA, 1995; Ruth Capriles, La corrupción al servicio de un proyecto político económico, en Peréz Perdomo y Ruth Capriles (comps.), *Corrupción y control: Una perspectiva comparada*, Caracas, Ediciones IESA, 1991; Terry Lynn Carl, *The Paradox of Plenty: Oil Booms and Petro-States*, Berkeley: University of California Press, 1997.

[2] Richard M. Auty and Alan G. Gelb, "Political Economy of Resource Abundant States", in Richard M. Auty (ed.), Resource Abundance and Economic Development, Oxford: University Press, 2001, pp. 126~144.

即使某一政党在总统和立法选举中获胜，也有责任和义务与其他政党分享石油收入，分多分少取决于最终投票的结果。①

大量关于资源丰裕、腐败和增长之间关系的实证研究表明，资源丰裕、腐败和增长之间关系存在着负相关关系。表6-14比较了1965～2000年间，矿产和能源资源丰裕国家与非矿产和能源资源丰裕型国家的增长与腐败情况。在1965～1990年，非资

表6-14 1965～2000年资源丰裕国家与非资源丰裕型国家的增长与腐败

|  | 矿产和能源资源丰裕国家 | 非矿产和能源资源丰裕型国家 |
|---|---|---|
| 1965～1990年 | | |
| 平均GDP增长率（％） | 4.3 | 5.6 |
| 平均腐败指数（1980～1985年） | 3.9 | 3.6 |
| 1990～2000年 | | |
| 平均GDP增长率 | 4.0 | 3.7 |
| （最低值与最高值） | 1.6～7.0 | -0.6～10.3 |
| 平均腐败指数 | 3.3 | 3.2 |
| （最低值与最高值） | 0.7～6.8 | 1.0～5.0 |

注：矿产和能源资源丰裕国家是指矿产和能源出口等于或大于总出口的35%的发展中国家（以1980年为计算标准）；非矿产和能源资源丰裕型国家是指矿产和能源出口小于总出口的35%的发展中国家（以1980年为计算标准）。

数据来源：World Bank, *World Development Indicators*; Transparency International, *Corruption Perceptions Index*.

---

① "Venezuela——Historical Background and The Oil Curse", http://www.allbusiness.com/legal/international-trade-law-nontariff-barriers/5496024-1.html

源丰裕型国家的年均增长率（5.6%）明显高于资源丰裕国家的增长率（4.3%），而且，资源丰裕国家的腐败指数高于非资源丰裕型国家。在1990~2000年间，两类国家的两组数据差距都不大。但Karl指出，这两组数据都是平均意义上的数值，例如，腐败指数是不同类型国家中10个最低腐败指数的平均数。而实际上，石油国是资源丰裕国家中的特例，因为石油收入远比其他资源收入更高，所以在石油国，寻租和腐败的水平相对更高，其经济表现也更差。从表中可以看到，1990~2000年，非矿产和能源资源丰裕型国家GDP增长率的最高值（10.3）仍高于矿产和能源资源丰裕国家GDP增长率的最高值（7.0）；矿产和能源资源丰裕国家腐败指数的最高值（6.8）高于非矿产和能源资源丰裕型国家腐败指数的最高值（5.0）。

（六）地缘政治视角

在国际政治领域，石油是一个不可忽视的重要力量，甚至还存在着一种根深蒂固的"石油主义"思维。石油总是引发资源争夺战，拥有石油资源的一方倾向于使用这一工具作为谈判筹码向对手施加压力。托马斯·弗里德曼（Thomas L. Friedman）甚至将石油"资源的诅咒"称为"石油政治学的第一定律"。① 在石油国委内瑞拉，石油等同于政治，② 总是充满着石油的政治经济学博弈。因为，由于美国认识到沙特作为其能源供应者越来越不可靠，因此，有必要控制其他石油储备。正如美国在阿富汗的军事干预和对伊拉克石油储备的控制一样，委内瑞拉是世界上原油储量最为丰富的国家、世界最大的石油生产国和第五大出口国，在地理位置上又毗邻美国，完全符合美国的这个地缘政治议

---

① Thomas L. Friedman, "The First Law of Petropolitics", *Foreign Policy*, April 25, 2006.

② édouard Diago, "*Venezuela*: *The oil curse*", IV Online magazine: IV353, September 2003, http://www.internationalviewpoint.org/spip.php?article170

程。据美国官方的估计，委内瑞拉的重油储量超过 5130 亿桶，其中，奥里诺科（Orinoco）石油带所蕴藏的石油总量超过了沙特阿拉伯 2640 亿桶原油的规模。美国一直是委内瑞拉石油的最大买主，委内瑞拉向美国出口的石油占其石油出口总额的 60% 以上，占美国全部进口原油总量的 1/10。因此，委内瑞拉石油对美国的能源安全无疑具有重要意义。在查韦斯执政后，他主张加强对本国石油业的控制，这一政策导致了一些美国石油公司被迫退出委内瑞拉市场；他倡导的高油价政策将使美国不得不为进口石油支付更多的费用，可能对美国经济产生负面影响；委内瑞拉的石油出口多元化政策也使美国担心委内瑞拉减少对自己的石油出口。因此，查韦斯及其未来的石油政策走向成为了美国的"心病"，而美国更加紧了对委内瑞拉的政治博弈。目前，美国在委内瑞拉的邻国——哥伦比亚部署了七个军事基地，其中大部分都位于哥伦比亚的东部国境线附近，而这一地区往南就是委内瑞拉的奥里诺科河和委内瑞拉境内的亚马孙河流域，这些地区均蕴藏着丰富的油气资源和矿产资源。

成立于 1960 年的国家石油公司（PDVSA）自然是委内瑞拉石油的政治经济博弈的主体。资料显示，1917～1976 年的 60 年间，外国石油公司至少从委内瑞拉采走 332 亿桶石油，每年从委内瑞拉赚取的利润相当于委内瑞拉国民收入的 20%，比委内瑞拉的石油收入所得高 3～4 倍。仅 1950～1969 年间，外国石油公司从委内瑞拉攫取的利润就高达 500 亿美元。① 为了收回本国的石油资源，维护国家经济主权，从 20 世纪 50 年代起，委内瑞拉展开了争取石油国有化的斗争。为此，1960 年成立了国家石油公司；1975 年委内瑞拉通过了《石油国有化法》，并从 1976 年 1

---

① 石瑞元等著：《委内瑞拉经济》，北京：社会科学文献出版社，1986 年版，第 43 页。

月 1 日起生效。委内瑞拉通过向外国石油公司支付补偿金的方式实现了石油国有化。然而，国有化后的石油公司的新任董事却是曾任负责石油开采的外国公司在委内瑞拉的经理，他们仍旧像管理自己的私人公司那样管理国家石油公司，使国家石油公司就像一个跨国私人企业。他们的中心目标之一是要逃避国家控制，所以采取的战略是尽可能的生产和销售石油，而不是为造福子孙后代管理石油储备。1976 年，委内瑞拉每出口一桶石油，80% 的收入归国库所有，而到 2000 年，这个比重却只有 20%。国家石油公司实际上取代外国石油公司，成为了石油收入新的掌控者。石油剩余价值通过所谓的石油国际化政策，大量流出委内瑞拉。再加之委内瑞拉最重要的战略储备是重油及其丰富的副产品，这些产品很难在委内瑞拉进行提炼，于是，国家石油公司大量投资海外石油精炼厂，专门生产这类石油产品。如今，委内瑞拉国家石油公司在美国拥有八个石油精炼厂和 15000 个专营权的销售网络，这些投资都逃避了委内瑞拉国家税收的管制。可见，先期的石油工业国有化并未改变委内瑞拉的政治经济关系。为此，查韦斯执政后，提出了将石油工业重新国有化，因为国家石油公司似乎已经成为委内瑞拉的"国中之国"。政府要求国家石油公司公开账目，接受财政审计；还要求国家石油公司严格遵守石油输出国组织的"限产保价"政策。① 这些严格的监管措施显然损害了国家石油公司高级管理层的私利，他们都是委内瑞拉收入最高的群体。于是，在美国的作用下，国家石油公司与美国结为盟友，成为反对查韦斯的先锋，2002 年底，国家石油公司组织了大规

---

① 2000 年，OPEC 成员国峰会在加拉加斯（Caracas）召开。查韦斯积极说服 OPEC 和非 OPEC 成员国遵守"限产保价"政策，使石油价格稳定在每桶 22～28 美元。

模的罢工，以此来对抗查韦斯的石油工业重新国有化的政策。①

## 第二节 智利如何规避"资源诅咒"

### 一、智利的矿业经济及其增长的有限性

智利有着富饶的矿产资源，特别是硝石和铜矿曾先后在智利经济发展史上占有重要地位。16 世纪智利发现金矿，17 世纪发现银矿，18 世纪发现铜矿，此后智利的矿业不仅在拉美地区，甚至在世界上也都占有重要地位（见表 6-15）。矿业部门的产值占智利 GDP 的比重为 10.1%（2000 年），矿业部门的出口占智利出口总额的 50%~55%（1976~1992 年）。

铜工业的发展及其出口的扩张，在智利经济发展中起到了关键作用。可以说，铜工业是智利 150 年来经济增长和发展的基础。2005 年智利铜的储量为 1.4 亿吨，占世界总量的 29.79%，居世界第一位。2005 年智利生产的精炼铜为 530 万吨，超过世界总产量的 35%，是 1990 年产出水平的 3 倍多。智利的铜资源绝大多数集中在中、北部的斑岩型铜—钼—金矿化带中，走向南北延续 2000 多公里，北起安第斯高原山脉向南延伸到中部圣地亚哥以南的海岸山脉，再向东延伸到接近阿根廷边界。矿带相当于智利领土长度的 1/2，位于秘鲁—智利—阿根廷安第斯斑岩铜矿带。智利共有矿床 400 多个，其中大型和超大型矿床 10 多个，如世界驰名的丘基卡马塔（Chuquicamata）矿、厄尔特尼恩特（El Teniente）矿、厄尔萨尔瓦多（El Salvador）矿、安迪纳

---

① édouard Diago, "*Venezuela: The oil curse*", IV Online magazine: IV353, September 2003, http://www.internationalviewpoint.org/spip.php?article170

（Andian）矿、埃斯贡地达（Escondida）矿、洛斯布隆塞斯（Los Bronces）矿等。矿床覆盖岩层较薄，水文地质条件好，易采易选。矿石含铜量较高，铜品位在 0.55%~5%之间，平均品位为 0.94%。

表 6-15　2005 年智利主要矿产储量（万吨）

| 矿产种类 | 储量 | 储量占世界比例及排位 |
| --- | --- | --- |
| 铜 | 14000 | 29.79%，世界第一 |
| 碘 | 900 | 60%，世界第一 |
| 锂 | 300 | 73.17%，世界第一 |
| 钼 | 110 | 12.79%，世界第三 |
| 铼 | 0.13 | 54.17%，世界第一 |
| 硒 | 1.6 | 19.51%，世界第一 |

资料来源：U. S. Geological Survey, *Mineral Commodity Summaries* 2006.

　　按海关税则的分类方法，2006 年出口增幅最大的商品为铜矿及其产品。其中未锻轧的精炼铜、电解铜以及精铜矿的出口占到了智利全年出口总额的 38%，达到 321.81 亿美元，年增幅为 73%，对当年智利出口增长的贡献率为 34%，铜矿产业成为拉动智利出口增长的主要动力。

　　长期以来，智利的经济增长一直与铜的价格波动呈正相关关系，一些经济学家认为，智利经济过度依赖铜（及其他初级产品），将会产生严重的资源诅咒问题。例如，1997 年 9 月至 1999 年 5 月，按实际价值计算，国际市场上铜的价格下降了 50%，到 2001 年，铜的价格甚至比 20 世纪 30 年代大萧条时期的价格更低。这对智利这个铜生产国和出口国来说，是一个毁灭性打击。2000 年，智利的铜出口额仅为 73 亿美元（其出口总额为 182 亿美元），这对智利的经济增长来说的确是一个灾难。

经济过度依赖初级产品还存在着另外一些问题。首先，几乎所有高增长的国家都具有较高的出口增长。但是，自然资源如铜的增长潜力则是有限的，因为初级产品的世界市场已经很成熟，即使某个国家的产量占世界总产量的1/3，也不可能获得大量的市场份额。其次，假设没有实行出口多样化政策，智利的出口结构保持不变，由于铜的价格以年均1.65%的速度下跌，智利年均出口增长要保持8~9%（以美元计算）的速度，就需要铜产量年均增长10%左右。按照这种产出速度，即使世界需求不变，智利的铜储量不到20年就将耗尽，除非铜储量有了新的重大发现。因此，实现持续的出口增长的动力必须来源于铜之外的其他出口产品。

**二、出口多样化**

由于出口的各种产品的边际贡献率不同，20世纪90年代，智利开始在林业、渔业、葡萄酒、鲜果及其他农产品领域实行出口多样化政策，以确保出口的高增长（7%~8%）和GDP的高增长。① 由于纸浆和纸制品的国际需求增长迅速，智利企业积极投资于纸浆和纸制品；智利利用其位于太平洋沿岸的有利地理位置，大力促进农产品出口的扩张。1998年，智利农产品出口占其总出口的比重达到34%，而且仍在继续增长。2003年，农产品出口占GDP的比重为8.8%。不仅葡萄是主要的出口水果之一，20世纪80年代，葡萄酒也是智利的一个重要的出口产品，到20世纪90年代已经占据重要的世界市场份额，2003年葡萄酒出口占智利总出口的比重为7%。原则上，渔业产品、水果、蔬菜和葡萄酒应具有较大的增长潜力，但由于全球普遍存在的农

---

① Isabelle Dauner, *Chile: In Search of a Second Wind*, NSEAD, Fontainebleau, France, 2002.

业保护主义造成这些商品难以进入国外市场。因此，自20世纪90年代以来，智利与拉美其他国家、北美国家、亚太地区以及欧洲国家签署了不同程度的双边自由贸易协定。① 如今，智利是拉美乃至世界拥有自由贸易协定最多的国家。双边自由贸易协定为智利的优势产业开辟了广阔的国际市场，提升了出口部门的国际竞争力，使出口部门成为其经济增长的引擎（见图6-3）。

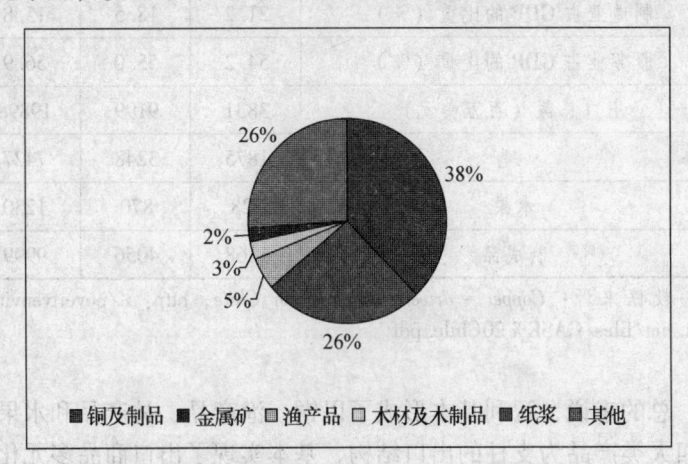

**图6-3 2006年主要出口产品在智利出口总额中的比重**
数据来源：智利海关网站：http：//www.aduana.cl

由于1976年智利实行了自由贸易，其制造业部门的相对规模逐渐下降。1973年，制造业占智利GDP的比重为27%，1993年这一比重下降至18.5%，到2003年，这一比重继续下降至15.8%。尽管如此，制造业仍然是智利出口的一个重要组成部分（表6-16）。

---

① 智利与世界其他国家签署的所有自由贸易协定文本，可查询网站：http：//www.sice.oas.org/trade/。

表 6-16　智利主要经济指标

| | 1983 年 | 1993 年 | 2003 年 |
|---|---|---|---|
| GDP（10 美元） | 19.8 | 44.5 | 72.4 |
| 农业占 GDP 的比重（%） | 5.9 | 9.2 | 8.8 |
| 工业占 GDP 的比重（%） | 39.9 | 35.8 | 34.3 |
| 制造业占 GDP 的比重（%） | 21.2 | 18.5 | 15.8 |
| 服务业占 GDP 的比重（%） | 54.2 | 55.0 | 56.9 |
| 出口总额（百万美元） | 3831 | 9199 | 19898 |
| 铜 | 1875 | 3248 | 7427 |
| 水果 | 328 | 870 | 1230 |
| 制成品 | 1168 | 4056 | 9999 |

数据来源：*Copper - driven prosperity in Chile*, http://povertyenvironment.net/files/CASE%20Chile.pdf

总的来说，智利基本形成了以铜、渔产品、林产品和水果蔬菜四大类产品为支柱的出口结构，基本实现了出口商品多元化和出口市场多元化目标。1989～2006 年，智利的出口商品由 1500 种增加到 4000 多种，出口市场由 122 个国家和地区增加到 167 个国家和地区。

### 三、智利政府对矿业部门的干预

（一）增加铜产量

自 19 世纪中叶以来，智利一直是世界最大的铜生产商，但到 20 世纪 50 年代，智利的铜工业开始由美国的跨国公司所控制。由于铜产品出口占智利出口总额的一半以上，智利政府的财政收入大多来源于铜的出口收入，因此，政府通过对外国跨国公司征收高额税收，以限制他们对资源利润的获得比例。

为了增加智利在世界铜产量中的份额，1955年，智利和美国签订了一份协议，改变了这种税收制度。智利政府通过降低美国跨国公司的税收，以此交换美国跨国公司投资新工厂。

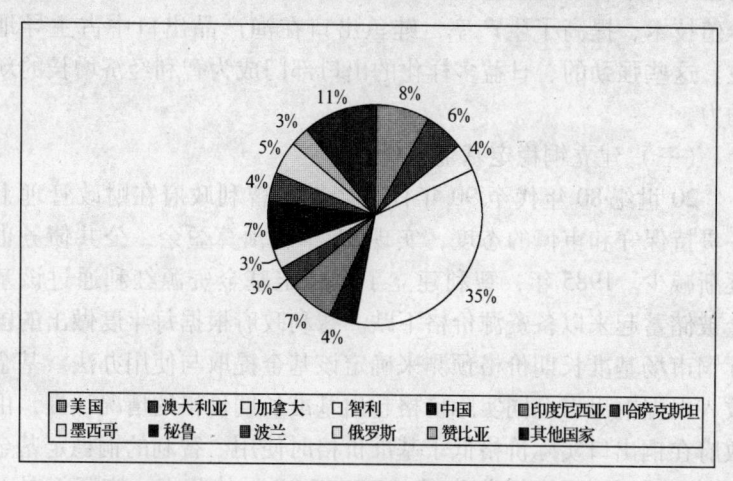

图 6-4　2005 年世界铜产量分布比例
资料来源：U. S. Geological Survey, *Mineral Commodity Summaries* 2006.

### （二）矿业国有化

1970 年萨尔瓦多·阿连德（Salvador Allende）的左翼联盟执政后，对铜工业实行了国有化。他组建了智利国家铜业公司（Codelco），以便使大部分铜矿资源收入归政府所有。然而，在阿连德执政的三年里，智利却经历了通货膨胀和国内生产总值的大幅下降，最终导致了经济和政治发生了严重的危机，阿连德政府被推翻，1973 年皮诺切特执政。皮诺切特的政府实行了严格的反通货膨胀计划和实际汇率贬值。

20 世纪 70 年代的国有化进程和贸易自由化，提高了竞争和生产率的增长。非铜产品出口扩大，主要是矿业和渔业。新的出口部门也逐渐形成，如纤维素（造纸的原料）、水果、三文鱼、葡萄酒和甲醇，以及各种服务业包括旅游业。其中，农产品出口增长最快，因为生产和出口农产品的企业，越来越多地使用先进的生产技术和管理方法。例如，智利的鲑鱼养殖场采用了先进的养殖技术，提高了生产率，鲑鱼出口在渔产品出口中占主导地位。这些强劲的、日益多样化的出口部门成为智利经济增长的新动力。

（三）建立铜稳定基金（CSF）

20世纪80年代至90年代前半期，智利政府在财政管理上一贯持保守和审慎的态度，实现11年的预算盈余，公共债务也逐渐减少。1985年，智利建立了铜稳定基金资源红利通过该基金被储蓄起来以备资源价格下跌。智利政府根据每年度做出的国际铜市场基准长期价格预测来确定该基金提取与使用办法。基金收入根据铜出口合同实际价格超出基准长期价格的情况计提，由政府在铜出口实际价格低于基准价格时使用。智利的铜稳定基金规则只适用于国有铜业公司（CODELCO）的收入，实际上是对该公司的一种额外课税。该基金等同于黄金外汇储备，由中央银行管理。1987年国家铜业公司开始将资源收入储蓄在中央银行。铜稳定基金减少了铜价波动对经济，尤其是对实际汇率和对政府收入的影响。

（四）严格的财政管理

1998~1999年，政府为减缓失业的增加，实施了反经济周期的扩张财政政策，出现了财政赤字。从2000年拉戈斯（Ricardo Lagos）政府开始实行财政管制，明确提出在经济处于增长时期或国际贸易条件有利时，财政收支的盈余要高于GDP的1%；反之，可低于1%。智利政府还通过建立财政结构性账户评估制度来强化财政预算约束，由一个独立委员会对财政结构性账户进行评估，根据GDP增长率和国际市场铜价的中期水平估算出下一年的财政收入水平，并以此制定下一年的财政支出计划，以达到财政盈余目标。

2004年是对政府承诺谨慎的财政政策的真正考验，因为国际市场上铜价飙涨，当年智利的GDP增长率达到6.1%，在剔除通货膨胀因素之后，政府财政收入增长了18.8%。拉戈斯政府信守承诺，严格将政府实际支出的增长率限制在5.3%，实现了财政盈余占GDP的2.2%的目标（累计计算）。2004年铜的红利使公共债务进一步减少，已低于国际标准。2006年财政余额占GDP的比重为5.8%。智利政府采取了提前还债的举措，使政府公共债务和外债进一步减少。在资源繁荣期，有限政府支出增加了政府的可信度。

（五）有效打击腐败

智利通过进行国际合作和加强国内监督，有效打击腐败，建立了廉洁的执政环境，保证了国内政治的稳定，为经济发展奠定了基础。2002年，智利加入经济合作与发展组织的《反对在国际商务中贿赂外国公职人员公约》（OECD Convention on Combating Bribery of Foreign Public Officials in International Business Transactions）。同年1月30日，以496号法令的形式在官方日报（Diario Oficial）上公布了公约内容。不仅如此，智利还将与此相关的犯罪纳入了《刑法》。智利公司还参加了经济合作与发展组织有关国际商务中收受贿赂犯罪的评估活动。

位于德国柏林的非政府组织透明国际（Transparency International）对全球193个国家中的163个国家的腐败情况进行不间断监测，每年定期公布各国的腐败指标（CPI），并据此列出全球廉政情况排行榜。① 在2009年透明国际的全球廉政排行榜中，

---

① CPI采用10分制，10分为最高分，表示最廉洁；0分表示最腐败；8.0～10.0之间表示比较廉洁；5.0～8.0之间为轻微腐败；2.5～5.0之间腐败比较严重；0～2.5之间则为极端腐败。

智利处于轻微腐败，在全球廉政排名第 25 位，在拉美排名第 2 位（见表 6 - 17）。

表 6 - 17　2009 年拉美廉政排名前十名的国家

| 拉美排名 | 国名 | 得分 | 全球排名 |
| --- | --- | --- | --- |
| 1 | 巴巴多斯 | 7.4 | 20 |
| 2 | 智利 | 6.7 | 25 |
| 2 | 乌拉圭 | 6.7 | 25 |
| 3 | 多米尼加 | 5.9 | 34 |
| 4 | 哥斯达黎加 | 5.3 | 43 |
| 5 | 古巴 | 4.4 | 61 |
| 6 | 巴西 | 3.7 | 75 |
| 6 | 哥伦比亚 | 3.7 | 75 |
| 6 | 秘鲁 | 3.7 | 75 |
| 7 | 苏里南 | 3.7 | 75 |

资料来源：Transparency International, *Corruption Perceptions Index* 2009, http://www.transparency.org/policy_research/surveys_indices/cpi/2009/cpi_2009_table

**四、智利矿业经济的发展成就**

1978 年智利 GDP 增长率为 7.2%，1990~2003 年 GDP 增长率为 5.6%，2006 年为 5%。矿业和农业出口是经济增长的重要动力。

（一）矿产为国家带来了可观收入。铜是政府收入的重要来源，1984 年铜出口收入对政府财政收入的贡献率为 7.4%，1989 年为 25%。1976~1990 年，国有矿业公司的纳税总额为 125 亿美元。2006 年，智利政府制定了"征收开采权使用费"的新法规，对年生产能力超过 5 万吨的矿业公司征收 5% 的税。根据智利财政部的数据，2006 年的矿业税达到 0.75 亿美元，2007～2008 年矿业税达到 1.5 亿美元。

（二）在矿业领域吸引外资。允许智利国家铜业公司与当地或外国公司合作开发该公司未开发的矿区，由于这一政策，从 20 世纪 80 年代中期开始，矿产勘探活动大规模地扩张，使智利的铜产量从 1970 年到 20 世纪 90 年代几乎增加了 2 倍，智利的铜产量占世界总产量的比重从 1970 年 11% 升至 1992 年的 21%。

（三）智利实行出口多样化，成功地减少了对其自然资源铜的依赖。铜及其他矿产品占智利总出口的比重从 1976 年的 70% 下降到 1992 年的 47.3%。智利已经成为一个渔业、林业和农业加工产品的出口大国。尽管 1970～1990 年，铜出口年均增长 1.7%，但非铜产品的年均出口增长率为 8.2%。20 世纪 60 年代，智利只是全球水果市场中的一个很小规模的供应商（出口苹果等），但到 20 世纪 90 年代，智利一跃成为世界上最大的水果出口国之一。农业出口部门通过引进加工技术为经济产生了后向联系，例如，葡萄加工业技术的引进使葡萄酿酒业得到迅猛发展。

（四）智利的经济增长惠及该国的贫困人口。智利已在扶贫取得了很大进展。生活在赤贫线下的人口比例从 1987 年的 4.7% 降至 2003 年的 17.4%。世界银行 2003 年的数据，生活在国际贫困线下的人口比重不到 2%。

（五）注重环境保护。矿业是智利环境退化的重要原因。以前，智利政府只注重宏观经济的稳定和经济增长，忽略对环境成本的考虑。1990 年，智利政府开始制定和实施环境政策。矿业部门制定了环境管理框架，自愿实施了环境影响评估（EIA）。1997 年 4 月，政府又实行了强制性的环境影响评估，对矿业、制造业、林业，以及与大坝、发电厂、大型基建相关的大型项目进行环境影响的全面研究和评估。

在智利，一些重要的流域发生了水污染问题。政府通过严格控制工业废水、水务公司的私有化，以及制定改善卫生状况的目标，解决水污染问题。2002年底，经处理的废水比例为50%，2004年3月该比例为80%。此外，从2005年年底开始，政府要求水务公司必须将其管辖下93%的废水进行净化处理，到2010年，这一标准上升到98.4%。

经济活动和交通造成的空气污染是智利环境政策的另一个目标。固体污染物最高排放标准从1993年的112毫克/立方米1998年降低为56毫克/立方米，汽车被要求装置催化净化转换器（catalytic converters），将排气中的一氧化碳等有害气体转换为对人体无害的气体。

### 五、智利的挑战

第一，虽然智利正在摆脱对矿业的历史依赖，继续实行出口多样化，但其经济增长仍主要依赖铜等初级产品的出口（见图6-5）。智利经济20多年来持续增长，令人称赞，但这种增长在很大程度上是由出口初级产品推动的，出口商品仍然比较单一，2004年和2005年仅铜一项就占出口额的45%。这意味着，智利经济增长严重依赖外部市场。近几年来，由于世界经济的发展，需求旺盛，铜价一直保持高位，大大刺激了智利经济的增长。但这种增长明显受制于国际市场价格的走势，铜价的波动，将在一定程度上成为智利经济增长的限制性因素，导致经济发展的不稳定。短时期内，智利依赖铜等初级产品出口的状况不会改变。

第二，贫富悬殊，两极分化问题仍突出。经过几届政府的努力，扶贫取得了明显成效，但智利的贫富悬殊程度依然排在世界前列。2000年智利的基尼系数为57.1；2003年，智利最富有的20%的人口获得了近56%的国民收入。政府仍然在力求不断改

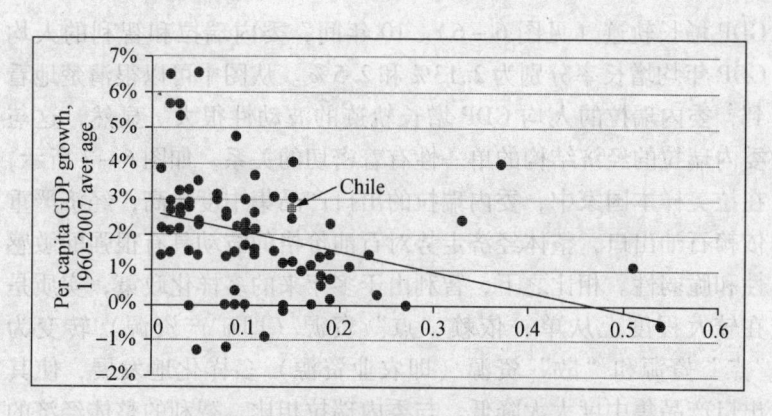

**图6-5 经济发展与自然资源依赖**

资料来源：José De Gregorio, *"Economic Growth Chile and Copper"*, Central Bank of Chile, September 2009.

善其反贫穷计划的成效，旨在减少极端贫困人口比例不足3%。

但无论如何，智利的经验可以作为资源丰裕的发展中国家寻求遵循类似路径的指导。简单地说，丰富资源禀赋和适当的政府政策相结合推动了智利的经济增长。

## 第三节 小 结

委内瑞拉是石油经济，智利是矿业经济，根据奥提的定义，委内瑞拉和智利都属于"点资源"丰裕的国家。但是，两国无论是在经济发展、社会发展还是政治及制度的发展方面都呈现出截然不同的轨迹。[1]

首先来看2000~2009年这10年间，委内瑞拉和智利的人均

---

[1] R. M. Auty, *Resource abundance and Economic Development*, Oxford: Oxford University Press, 2001.

GDP 增长轨迹（见图 6-6）。10 年间，委内瑞拉和智利的人均 GDP 年均增长率分别为 2.13% 和 2.5%。从图中可以很清楚地看到，委内瑞拉的人均 GDP 增长轨迹的波动性很大。显然，这与委内瑞拉的经济结构的单一性有着密切的关系。如图 6-7 所示，在拉美样本国家中，委内瑞拉的出口产品集中度最高，经济严重依赖石油出口，整体经济走势对石油价格的波动具有很强的敏感性和脆弱性。相比之下，智利由于多年来的多样化政策，实质是在较大程度上从单一依赖"点"资源（即矿产资源）转变为"点"资源和"散"资源（即农业资源）多样化地发展，使其出口产品集中度大大降低。与委内瑞拉相比，智利的整体经济的抗风险能力更高，因此，经济发展比较平稳。

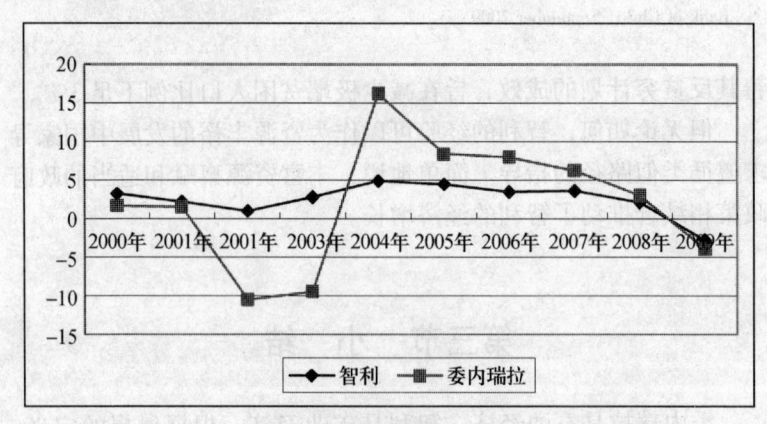

图 6-6　2000~2009 年委内瑞拉和智利人均 GDP 增长率趋势图

其次来看委内瑞拉与智利的各项社会发展指标的比较。根据联合国开发计划署（UNDP）发布的《2009 年度人类发展报告》中的人类发展指数（Human Development Index）排行，智利的人类发展指数为 0.878，在全球排名第 44 位，委内瑞拉的人类发

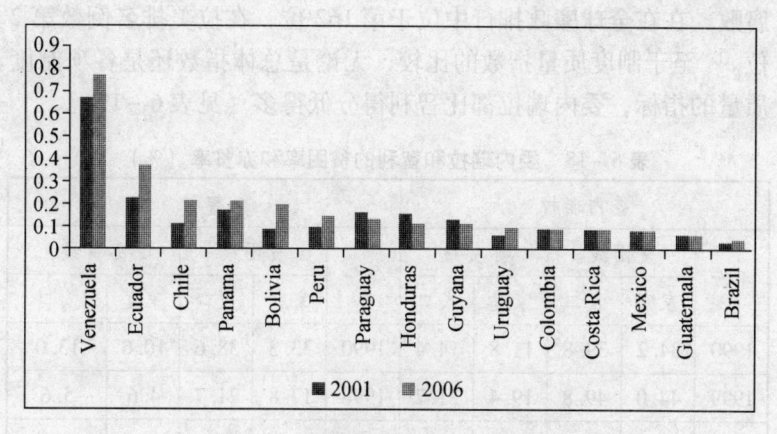

**图 6-7 拉美国家的出口产品集中度**

资料来源：Gøril Havro and Javier Santiso, "To Benefit From Plenty: Lessons From Chile and Norway", OCED Development Centre, *Policy Brief*, No. 37.

展指数为 0.844，在全球排名第 58 位。[①]

表 6-18 比较了委内瑞拉和智利的贫困率和赤贫率。在 1990 年，两国生活在贫困线和赤贫线下的家庭和人口比重差不多，但到 20 世纪 90 年代末，智利已经在很大程度上改善了贫困状况，但委内瑞拉的贫困率和赤贫率不降反升，直到 2007 年和 2008 年才有了较大幅度的改善。

最后来看委内瑞拉和智利在政治和制度方面的指标比较。根据 2009 年透明国际的全球腐败指数和全球廉政排行榜，智利的腐败指数为 6.7，处于轻微腐败，在全球廉政排行中位于第 25 位，在拉美排名第 2 位；委内瑞拉的腐败指数为 1.9，处于极端

---

① 人类发展指数是在 3 个指标的基础上计算出来的：预期寿命，用出生时预期寿命来衡量；教育程度，用成人识字率（2/3 权重）及小学、中学、大学综合入学率（1/3 权重）综合衡量；生活水平，用实际人均 GDP（购买力平价美元）来衡量。UNDP, Human Development Report 2009 – HDI rankings, *Statistics of the Human Development Report*, 2009.

腐败，在在全球廉政排行中位于第162位，在拉美排名倒数第2位。① 至于制度质量指数的比较，无论是总体指数还是各项制度质量的指标，委内瑞拉都比智利得分低得多（见表6-19）。

表6-18 委内瑞拉和智利的贫困率和赤贫率（%）

| 委内瑞拉 | | | | | 智利 | | | | |
|---|---|---|---|---|---|---|---|---|---|
| 年份 | 贫困线 | | 赤贫线 | | 年份 | 贫困线 | | 赤贫线 | |
| | 家庭 | 人口 | 家庭 | 人口 | | 家庭 | 人口 | 家庭 | 人口 |
| 1990 | 34.2 | 39.8 | 11.8 | 14.4 | 1990 | 33.3 | 38.6 | 10.6 | 13.0 |
| 1999 | 44.0 | 49.8 | 19.4 | 21.7 | 1998 | 17.8 | 21.7 | 4.6 | 5.6 |
| 2002 | 43.3 | 48.6 | 19.7 | 22.2 | 2000 | 16.3 | 20.2 | 4.5 | 5.6 |
| 2007 | 24.5 | 28.5 | 7.5 | 8.5 | 2003 | 15.3 | 18.7 | 3.9 | 4.7 |
| 2008 | 23.6 | 27.6 | 8.5 | 9.9 | 2006 | 11.3 | 13.7 | 2.7 | 3.2 |

数据来源：CEPAL, *Panorama Social de América Latina* 2009.

表6-19 委内瑞拉和智利的制度质量指数的比较

| | 投票权和责任 | 政治稳定 | 有效治理 | 管理 | 法规 | 贪污受贿 | 总体指数 |
|---|---|---|---|---|---|---|---|
| 委内瑞拉 | -0.34 | -0.33 | -0.81 | -0.30 | -0.81 | -0.59 | -3.18 |
| 智利 | 0.63 | 0.87 | 1.13 | 1.10 | 1.19 | 1.40 | 6.30 |

数据来源：Richard M. Auty, "*Economic and Political Reform of Distorted Oil - Exporting Economies*", http：//www.earthinstitute.columbia.edu/cgsd/events/documents/auty.DOC

研究表明，资源丰裕国家的预算通常缺乏透明度，这不仅加剧了腐败，更降低了政府的社会公信力，但是可以通过制度建

---

① Transparency International, *Corruption Perceptions Index* 2009, http：//www.transparency.org/policy_research/surveys_indices/cpi/2009/cpi_2009_table

设,增强透明度将"资源诅咒"的负面影响降至最低。2002年,由非政府组织发起的"采掘行业透明度行动计划"(EITI)倡导石油和矿业公司公开其财务支出,并敦促政府公开财政收入。虽然,目前全球已有24个国家自愿加入该计划,公开了其资源收入,但是这些国家仍然不会透露这些资金的去向,大部分资源收入成为国有公司的隐形收入,或者转变为政府的预算外开支。为此,经济学家保罗·科利尔(Paul Collier)甚至建议全球签署"自然资源宪章",为资源的收入设定相应的国际标准,让民众监督政府对资源收入进行妥善管理,国际信用评估机构可以借助"自然资源宪章"来评估政府的信誉,从而敦促政府增强透明度,减少腐败。[1]

根据以上两国在三方面的比较,我们可以得出一个简单的结论:资源丰裕是经济发展的基础,是经济发展的必要条件,但它不是充分条件。同样是资源丰裕的国家,委内瑞拉陷入了"资源诅咒",而智利却没有,两国的经济、社会和政治及制度的发展轨迹的差异相当大。这在很大程度上取决于在发展过程中政府采取的政策(诸如鼓励非矿业部门的发展、出口多样化、设立稳定基金等)是否适当,以及制度和管理(包括严格的财政制度、对腐败的监管等)是否透明有效。可见,"资源诅咒"并不是资源本身的问题,而是人们对资源的使用出现了问题,资源使用的适当,就带来"福音",使用的不适当,便是"诅咒"。

---

[1] Michael L. Ross, "Blood Barrels: Why Oil Wealth Fuels Conflict", *Foreign Affairs*, May/June 2008.

# 第七章 中国存在"资源诅咒"吗?

"资源诅咒"是个具有全球维度的问题,2005年以来这个问题逐渐受到了国内学者的关注,相关研究成果层出不穷。大多数实证研究表明,在中国,无论是在地区层面上还是资源型城市都存在着明显的"资源诅咒"现象。

从地区层面上看,我国中西部地区是资源密集区,能源、矿产资源一直是西部经济发展的一大优势,而东部沿海大部分地区资源匮乏,资源供给长期不足。但是,中西部省份经济增长却大大落后于东部沿海省份。随着资源的开采,许多资源丰裕中西部地区不是越来越富,反而与东部发达地区的差距越拉越大。中西部地区的资源优势未有转化成经济优势,出现了"富饶的贫困"。中国区域经济增长在长周期上存在的"资源诅咒"效应是中国地区发展差距的一个重要原因。

目前,我国共有煤炭、石油等各类资源型城市118个,其中煤炭城市63个,有色金属城市12个,黑色冶金城市8个,石油城市9个。它们均表现出"资源诅咒"的一些特征:一是产业结构单一。资源型城市只依靠某一个产业,拼命挖,拼命卖。二是中心性不强。一般来说,城市应该是一个区域的中心,但资源型城市只是因为有矿产,才聚集了很多人。它的建立与发展与历史是完全断裂的、与周围的区域也没有太大的联系效应。当城市所依托的资源一旦枯竭，可持续性的问题也就暴露出来。三是资源"锁定"效应。资源产业盛，则城市盛；资源产业衰，则城市衰。四是这些资源型城市以国有大企业为主体，依托国有大企业建设城市。先有企业，后有城市。企业的生存发展决定了居民未来的生活，也决定了城市的走向。部分资源型城市的矛盾和可持续发展的问题早在20世纪90年代末已经显现，进入21世纪，我国进入了重化工业阶段，新一轮的资源繁荣期更加剧了这些矛盾和问题。

# 第一节 中国地区层面的"资源诅咒"现象

### 一、中国区域经济"资源诅咒"效应的实证研究

徐康宁和韩剑（2005）通过构建以能源资源为代表的资源丰裕度指数（RAI），考察中国不同省份之间资源禀赋与经济增长的相互关系。[①] 资源充裕度指数是以各省煤炭、石油和天然气这三种矿产资源的基础储量占全国的相对比重来衡量各地区自然资源贫富的差异。我国一次能源生产和消费总量中的比重大约为：煤炭75%，石油17%，天然气2%，以此为依据，分别给予三种资源的相对权重。资源充裕度指数的具体计算公式如下：

$$RAI = \frac{coal_i}{coal} \times 75 + \frac{oil_i}{oil} \times 17 + \frac{gas_i}{gas} \times 2$$

用各省名义GDP年均增长率来比较地区经济增长的快慢程

---

① 徐康宁、韩剑：《中国区域经济的"资源诅咒"效应：地区差距的另一种解释》，载《经济学家》，2005年第6期。

度，基期为1978年，计算期为2003年。研究样本不包括西藏、新疆、台湾三个省份以及北京、上海、天津、重庆四个直辖市。根据测算出的两组横截面数据，以各省资源充裕度指数为横轴，GDP年均增速为纵轴，做两个变量的散点图，可以清晰地发现，各散点（代表各省份）非常近似地收敛于由高向低（代表GDP增速）和从左到右的一条拟合线（见图7-1）。这也就是说，1978~2003年间，中国能源资源丰裕的地区经济增长速度普遍要比能源资源贫穷的地区慢许多。

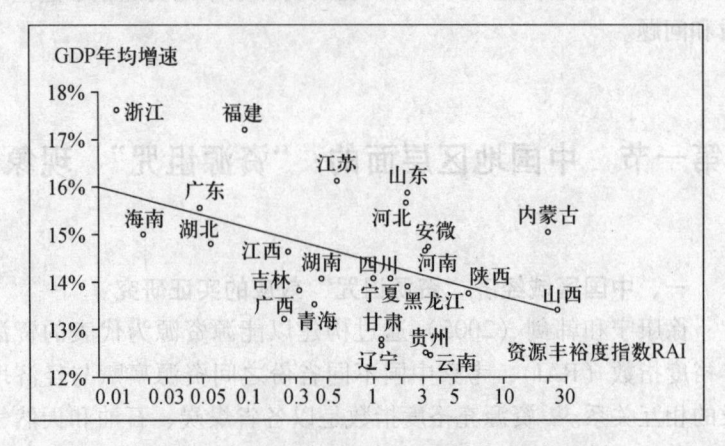

**图 7-1 资源丰裕度与 GDP 增速的散点图**
资料来源：徐康宁、韩剑：《中国区域经济的"资源诅咒"效应：地区差距的另一种解释》，载《经济学家》，2005年第6期。

为了进一步考察中国的区域资源禀赋与经济增长的相互关系，分别计算各地区资源充裕度指数和GDP年均增速的上、下四分位数。将RAI指数大于上四分位数的省份归为能源大省，RAI指数小于下四分位数的省份归为能源小省；GDP年均增速大于上四分位数的省份归为经济增长较快的地区，GDP年均增速小于下四分位数的省份归为经济增长较慢的地区。计量结果表明，RAI指数的上四分位数为3.35，下四分位数为0.196；GDP年均增速的上四分位数为15%，下四分位数13.6%。据此，我国能源大省排名依次是山西、内蒙古、陕西、黑龙江、山东、云南和贵州，其GDP年增速平均为13.8%；而能源贫乏的省份排名依次是浙江、海南、广东、福建、湖北和江西，其GDP年增速平均为15.8%。很明显，能源资源匮乏的省份都是经济增长较快的省份，相反山西、陕西、云南、贵州这些资源大省经济增长都比较缓慢，似乎存在着"资源的诅咒"效应（见表7-1）。主要原因是：

表7-1 中国26个省份的RAI指数和GDP年均增速（1978~2003年）

| 省份 | RAI指数 | GDP年均增速 | 省份 | RAI指数 | GDP年均增速 |
| --- | --- | --- | --- | --- | --- |
| 浙江 | 0.011 | 0.175 | 甘肃 | 1.574 | 0.128 |
| 海南 | 0.026 | 0.150 | 辽宁 | 2.389 | 0.128 |
| 广东 | 0.043 | 0.156 | 河北 | 2.905 | 0.156 |
| 福建 | 0.099 | 0.172 | 安徽 | 2.968 | 0.146 |
| 湖北 | 0.131 | 0.149 | 河南 | 3.173 | 0.145 |
| 江西 | 0.181 | 0.145 | 贵州 | 3.350 | 0.126 |
| 广西 | 0.197 | 0.131 | 云南 | 3.525 | 0.126 |
| 湖南 | 0.450 | 0.140 | 山东 | 4.297 | 0.158 |
| 江苏 | 0.741 | 0.160 | 黑龙江 | 6.380 | 0.139 |
| 青海 | 0.755 | 0.136 | 陕西 | 7.790 | 0.136 |
| 四川 | 1.211 | 0.139 | 内蒙 | 17.114 | 0.148 |
| 吉林 | 1.372 | 0.137 | 山西 | 23.458 | 0.133 |
| 宁夏 | 1.541 | 0.139 | 平均 | 3.427 | 0.144 |

数据来源：徐康宁、韩剑：《中国区域经济的"资源诅咒"效应：地区差距的另一种解释》，载《经济学家》，2005年第6期。

第一，单一的资源型产业结构容易使资源丰裕地区患上"荷兰病"，资源部门的扩张和制造业的萎缩必将降低资源配置的效率。我国能源大省的产业结构特征就是以采掘和原料工业为主的，工业比重过大。各类产品的加工链很短，中间产品比例高，而最终消费品比例低，挤占了技术含量和附加值高的最终产品工业和高新技术产业的发展。资源部门的扩张性在一定程度上"挤出"了制造业。

第二，资源丰裕地区的资源型产业扩张导致人力资本积累不足，难以支撑持续高速度的经济增长。单一的资源型经济结构导致资源丰裕地区严重缺乏人力资本积累的内在动力，这是因为资源型产业与加工制造业相比，不管是对于人力资本的需求还是人力资本的投资报酬率，都存在着较大的差异。在我国一些过度依赖资源经济的地区，人力资本的投入无法得到额外的收入补偿，人们接受教育的意愿普遍降低，大量具有较高知识水平和技能素质的劳动力流出，知识创新缺乏机会，人力资源开发滞后。在现代经济结构中，人力资本是推进经济增长的主要动力，其作用与收益大于自然资源，而资源产业扩张同样地把人力资本的积累效应"挤出"了。

第三，在产权制度不清晰、法律制度不完善、市场规则不健全的情况下，丰裕的自然资源还会诱使资源使用的"机会主义"行为及寻租活动的产生，造成大量的资源浪费和掠夺性开采。我国现行资源开发管理的制度安排不仅使得资源的所有权与行政权、经营权相混淆，而且所有权在经济上没有得到充分的体现，其收益由多种途径和渠道转化为一些部门、地方、企业甚至是个人的利益。国家资源产权的虚置或弱化，资源使用权的缺乏约束造成一些地区资源权属纠纷频繁，资源消耗过度、规模利用率低，资源重开采、重使用而轻保护、轻管理，从而破坏了资源产业发展的良性循环和宏观经济的正常运行。

第四，资源的开发加大了生态环境的压力，城市环境问题突出，污染治理水平较差。脆弱的自然环境状况不仅阻碍了地区潜在优势的发挥，而且成为经济发展的主要障碍。在资源接近枯竭时，经济发展的可持续性受到了严峻的挑战，由此引发了大量的失业和社会不稳定问题。

**二、中国区域经济发展水平与不同类型资源丰度的相关性研究**

张菲菲、刘刚、沈镭（2007）以不同类型资源和省域面板数据为基础，对1978~2004年中国区域经济发展水平和资源丰度之间的相关性进行了检验。[1] 选取了水资源、耕地资源、能源资源（包括煤、石油和天然气）、矿产资源和森林资源这五类资源，进行比较分析不同资源类型资源诅咒现象之间关系。其中，能源和矿产资源属于点资源，用传统的绝对丰度从总量上反映资源禀赋情况；而水、耕地、森林属于散资源，需引入相对丰度。相对丰度的度量方法是分别计算各地区各种资源人均拥有量相对于全国人均拥有量的比值。经济发展水平用1978~2004年间GDP的平均增速来表示。

资源绝对丰裕度指数（PRAI）和相对资源丰裕度指数（DRAI）的计算公式为：

$$PRAI = \frac{r_i}{R} \cdot 100\% ; \quad DRAI = \frac{r_i/p_i}{R/P} \cdot 100\%$$

式中：$r_i$ 为 $i$ 种资源量，$R$ 为该资源全国总量，$P_i$ 和 $P$ 分别为 $i$ 地区人口数量和全国人口数量。

计算结果的散点图见图7-2。对X轴（资源丰度）和Y轴

---

[1] 张菲菲、刘刚和沈镭：《中国区域经济与资源丰度相关性研究》，载《中国人口、资源与环境》，2007年第4期。

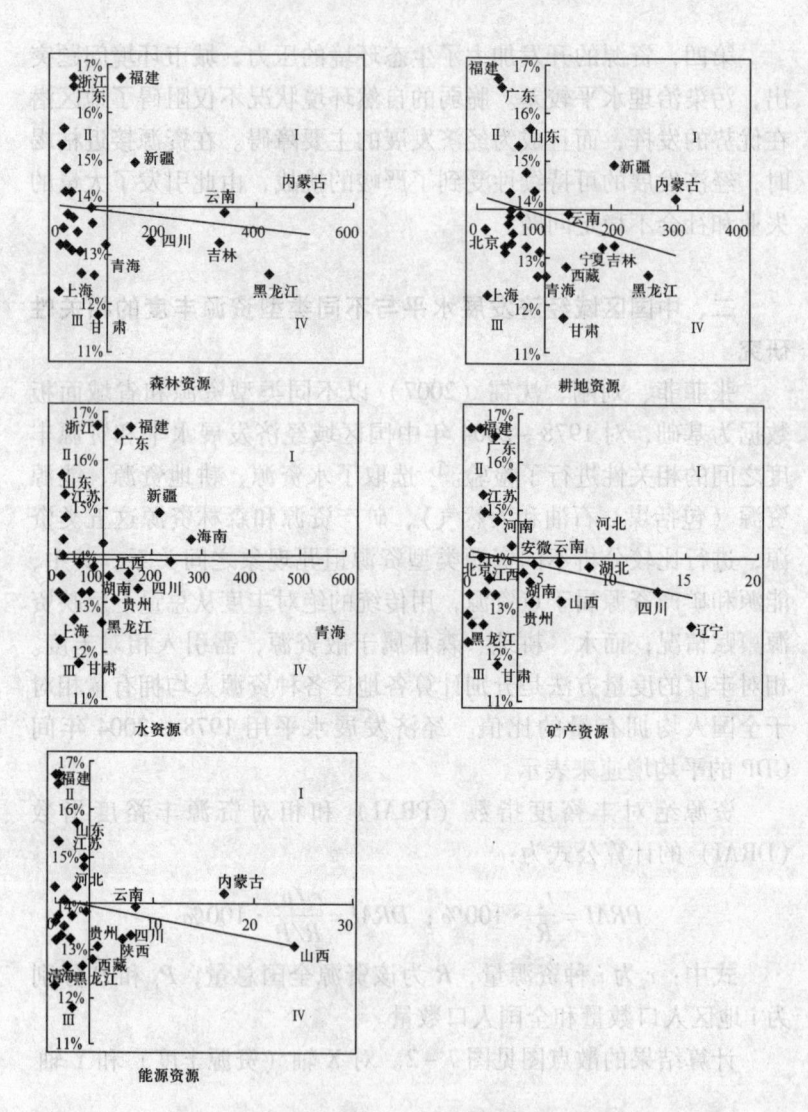

图 7-2 不同资源的丰度与经济发展的相关性

（GDP 平均增速）分别做如下划分：散资源的 X 轴取全国平均数的点即 100% 处，点资源的 X 轴取全部 30 个截面单位的平均点即 3.33% 处；Y 轴取中点即平均增速为 14% 处。由此构造出"资源丰度－经济发展"坐标系，并得到 I、II、III、IV 四个象限。其中，处于第 IV 象限的省份，其资源丰裕度指数在平均水平之上，但经济增长速度却在平均水平之下，显然存在"资源诅咒"。

表 7-2 不同类型的资源在各地区的"资源诅咒"

| 资源类型 | 第 IV 象限省区 | GDP 平均增速比全国平均水平低 (%) | 平均资源丰度比全国平均高 (%) |
| --- | --- | --- | --- |
| 耕地资源 | 黑龙江、吉林、宁夏、云南、西藏、甘肃、青海 | 0.56 | 66.24 |
| 矿产资源 | 辽宁、四川、湖北、山西、云南、安徽、贵州、湖南、江西 | 0.02 | 4 |
| 能源资源 | 山西、云南、四川、陕西、贵州、西藏 | 0.11 | 5.68 |
| 森林资源 | 西藏、黑龙江、吉林、云南、四川 | 0.27 | 1496.59 |

资料来源：张菲菲、刘刚和沈镭：《中国区域经济与资源丰度相关性研究》，载《中国人口、资源与环境》，2007 年第 4 期。

由图 7-2 和表 7-2 可以看出：(1) 在中国省域层面，除水资源丰度与区域经济发展相关性不明显之外，其余四种资源的丰度与区域经济发展都呈现出一定的负相关性。也就是说，这四种资源都遭到了"资源诅咒"，其程度由高到低依次是：耕地资源、矿产资源、能源资源、森林资源；(2) 处于第 IV 象限的省份绝大多数都位于西部地区和东北地区。自然资源的丰裕并没有成为这些地区发展经济的有利条件，反而陷入了"富饶的贫困"。最典型的省份有山西、陕西、云南、贵州、辽宁和甘肃，可以从图7-2中的散点分布状况看得非常清晰。

### 三、中国区域资源优势与经济优势的比较研究

于术桐、黄贤金、李璐璐、陈美（2008）分析了中国31个省、直辖市和自治区包括水资源、耕地资源、森林资源、气候资源、能源资源和矿产资源在内的基础资源优势度，并对资源优势与经济优势进行了对比研究。[①]

#### （一）中国区域资源优势

将基础资源划分为水资源、森林资源、能源资源、矿产资源、耕地资源和气候资源。将资源丰度分为绝对丰度和相对丰度。基本资源优势度的综合比较方法是将绝对丰度与相对丰度进行线性加权，其计算公式为：

$$F_i = \alpha \cdot f_a + (1-\alpha) \cdot f_c$$

式中，$F_i$ 为地区基本资源优势度综合值；$\alpha$ 为权数；$f_a$ 和 $f_c$ 分别为地区资源绝对丰度和相对丰度综合值。表7-3显示了中国各省份的资源绝对丰度综合值、相对丰度综合值和基本资源优势度综合指数及其排位。很明显，资源优势度较好的地区是云南、内蒙古、四川、新疆、黑龙江、贵州等省份，其中云南省的资源优势最明显，其资源优势度值为0.8500。这主要是因为云南省资源组合状况比较好，气候资源、森林资源、水资源、耕地资源和矿产资源都比较丰富；资源优势度较差的地区主要是上海、天津、北京、江苏、海南、浙江等省市，其中上海市的资源优势最弱，其资源优势度值只有0.0911，说明其资源组合较差，

---

① 于术桐、黄贤金、李璐璐、陈美：《中国各省区资源优势与经济优势比较研究》，载《长江流域资源与环境》，第17卷，第2期，2008年3月。

上海市森林资源与耕地资源的人均占有量均排名全国最后,而且能源和矿产资源也比较匮乏。从表7-3还可以看出,全国31个省、直辖市和自治区(不包括港、澳、台)的资源优势差异很大,资源分布很不均匀。

表7-3 中国各省份的基本资源优势度

| 地区 | 资源绝对丰度<br>($f_a$)综合值 | 资源相对丰度<br>($f_c$)综合值 | 优势度 | |
|---|---|---|---|---|
| | | | $F_i$ | 位次 |
| 京 | 0.1833 | 0.3500 | 0.2500 | 29 |
| 津 | 0.0778 | 0.2444 | 0.1444 | 30 |
| 冀 | 0.5556 | 0.4111 | 0.4978 | 18 |
| 晋 | 0.4944 | 0.6000 | 0.5367 | 15 |
| 蒙 | 0.7611 | 0.8333 | 0.7900 | 2 |
| 辽 | 0.5056 | 0.5333 | 0.5167 | 17 |
| 吉 | 0.4833 | 0.6278 | 0.5411 | 14 |
| 黑 | 0.6667 | 0.6667 | 0.6667 | 5 |
| 沪 | 0.0667 | 0.1278 | 0.0911 | 31 |
| 苏 | 0.3889 | 0.2056 | 0.3156 | 28 |
| 浙 | 0.3778 | 0.3000 | 0.3467 | 26 |
| 皖 | 0.6611 | 0.4444 | 0.5744 | 8 |
| 闽 | 0.4889 | 0.4722 | 0.4822 | 20 |
| 赣 | 0.6000 | 0.5333 | 0.5733 | 9 |
| 鲁 | 0.5333 | 0.2722 | 0.4289 | 23 |
| 豫 | 0.6056 | 0.2889 | 0.4789 | 21 |
| 鄂 | 0.5889 | 0.4167 | 0.5200 | 16 |

续表

| 地区 | 资源绝对丰度 ($f_a$) 综合值 | 资源相对丰度 ($f_c$) 综合值 | 优势度 $F_i$ | 位次 |
|---|---|---|---|---|
| 湘 | 0.6556 | 0.4167 | 0.5600 | 12 |
| 粤 | 0.5611 | 0.3000 | 0.4567 | 22 |
| 桂 | 0.6222 | 0.5000 | 0.5733 | 10 |
| 琼 | 0.1944 | 0.5056 | 0.3189 | 27 |
| 渝 | 0.3333 | 0.4056 | 0.3622 | 24 |
| 川 | 0.8222 | 0.5389 | 0.7089 | 3 |
| 黔 | 0.6278 | 0.6556 | 0.6389 | 6 |
| 云 | 0.8611 | 0.8333 | 0.8500 | 1 |
| 藏 | 0.5056 | 0.6278 | 0.5544 | 13 |
| 陕 | 0.6111 | 0.6167 | 0.6133 | 7 |
| 甘 | 0.5167 | 0.6556 | 0.5722 | 11 |
| 青 | 0.3111 | 0.7556 | 0.4889 | 19 |
| 宁 | 0.2333 | 0.5389 | 0.3556 | 25 |
| 新 | 0.6056 | 0.8222 | 0.6922 | 4 |

资料来源：于术桐、黄贤金、李璐璐、陈美：《中国各省区资源优势与经济优势比较研究》，载《长江流域资源与环境》，第17卷，第2期，2008年3月。

（二）中国区域资源优势与经济优势的对比

选取人均GDP作为地区经济优势度的定量指标，将各地区的资源优势度与其经济优势度进行对比。由图7-3可以看出，中国各地区经济优势度与资源优势度的对数值成反比，两条曲线恰好呈相反的趋势。虽然珠江三角洲经济区、长江三角洲经济区和环渤海经济区各省份的基础资源优势度较低，但其经济发展迅速；而广大中、西部及东北地区的基础资源优势较大，但其经济发展仍相对滞后。经济发展重心与资源禀赋重心显著错位。

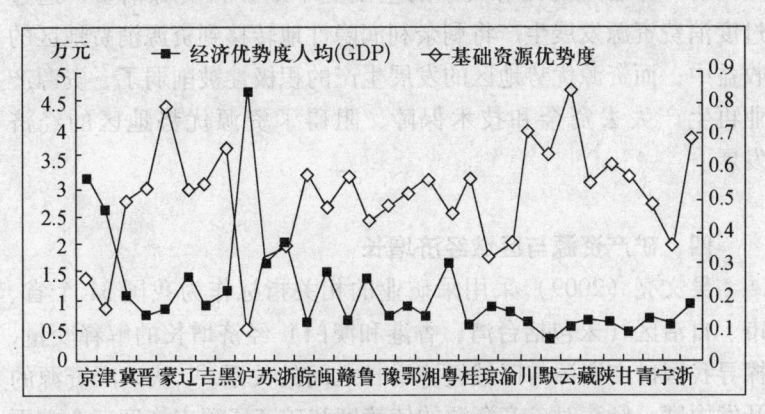

**图7-3 中国区域资源优势与经济优势对比**

资料来源：于术桐、黄贤金、李璐璐、陈美：《中国各省区资源优势与经济优势比较研究》，载《长江流域资源与环境》，第17卷，第2期，2008年3月。

一般地讲，经济优势中可能包含着资源优势的因素，但这并不意味着当地具有资源优势。比如，支持中国东部沿海地区经济腾飞的自然资源多数来自不发达地区的原料输出，它在消耗资源方面所体现的"占有"资源的优势实际上是技术替代的结果。而具有资源优势的地区也不等于具有了经济优势，因为经济优势完全是一个经济概念，由资源优势转化为经济优势的最重要的条件就是资源充分动员和有效流动，只有由存量转入流量，才能诱发出经济效益。这正是出现具有经济优势的地方缺乏当地资源优势，而具有当地资源优势的地方缺乏经济优势这种现象的主要原因。另一方面，中国的资源价值补偿机制尚不健全。由于资源产权界定不清，中国长期以来对资源采取粗放式、掠夺式经营，无价或廉价使用，忽视资源核算和资产管理，造成资源严重的补偿不足，致使资源消费地区的消费在"资源无价、原料低价、产品高价"不合理的比价关系的基础上不断扩张资源消费，通过过度消费资源发展生产将剩余利润隐性地转移到资源消费地区的收益中；而资源优势地区的发展生产的积极性被削弱了，资源产业再生产失去资金和技术保障，阻碍了资源优势地区的经济发展。

**四、矿产资源与区域经济增长**

吴文亮（2009）采用采矿业的相关指标作为我国31个省、市、自治区（未包括台湾、香港和澳门）经济增长的解释变量，探寻我国矿产资源与区域经济增长之间的关系。[1] 从矿产资源的开发力度、经济对矿产资源的依赖度和矿产资源丰裕度三个方面构建指标，对中国矿产资源与区域经济增长的关系进行实证研究。

矿产资源的开发力度采用矿业就业比重和采矿业固定资产投资比重来反映，经济对矿产资源的依赖度通过采矿业工业增加值比重和矿产资源输出量来反映，矿产资源丰裕度则采用矿产资源的基础储量来衡量。此外，按照采矿业就业比重、投资比重和工业增加值比重这三个指标，由宽松到严格，设计了三种分组标准，将全国31个省、市、自治区划分为资源型区域和非资源型区域。第一种划分方法是将考察期内采矿业就业比重、投资比重和工业增加值比重三个指标中任意两个指标值高于该指标全国平均水平的区域划分为资源型区域，即天津、河北、山西、内蒙古、辽宁、吉林、黑龙江、安徽、山东、河南、贵州、陕西、甘

---

[1] 吴文亮：《矿产资源与区域经济增长：基于中国省际层面的实证研究》，载《兰州商学院学报》，总25卷，第5期，2009年10月。

肃、青海、宁夏、新疆16个省、市、自治区划分为资源型区域，其他地区为非资源型区域；第二种划分方法是将考察期内采矿业就业比重、投资比重和工业增加值比重三个指标全部高于全国平均水平的区域划分为资源型区域，即将天津、河北、山西、内蒙古、吉林、黑龙江、河南、陕西、甘肃、宁夏、新疆11个省、市、自治区划分为资源型区域，其他地区为非资源型区域；第三种划分方法是将考察期内采矿业就业比重、投资比重和工业增加值比重三个指标的全国平均水平加上1/2个标准差作为划分标准，各省、市、自治区采矿业三个指标中任意两个指标高于这一标准的区域划分为资源型区域，即将天津、山西、内蒙古、吉林、黑龙江、陕西、青海、宁夏、新疆9个省、市、自治区划分为资源型区域，其他地区为非资源型区域。

(一) 采矿业就业比重与经济增长

按照以上的分组方法，对各组内部采矿业就业比重与经济增长之间的关系进行回归分析，结果表明：无论是资源型区域的省份还是非资源型区域的省份，采矿业就业比重与经济增长均呈反向变动，且系数都在1%的显著性水平下显著，这说明采矿业就业比重对经济增长产生了负面影响。而且，随着资源型区域划分标准的渐趋严格，在资源型区域内，采矿业就业比重的系数的绝对值有变大的趋势，而在非资源型区域，采矿业就业比重的系数的绝对值出现变小的趋势，这说明随着资源型区域特征的增强，采矿业就业比重对经济增长的负面作用增大。

(二) 采矿业投资比重与经济增长

通过对2005~2007年间全国31个省、市、自治区采矿业固定资产投资占全社会固定资产投资比重与各省、市、自治区经济增长速度的一元线性回归，结果表明：无论是资源型区域的省份还是非资源型区域的省份，采矿业固定资产投资比重与经济增长呈反向变动，系数除了第三种分组情况下，都在1%的显著性水平下显著，第三种分组情况下系数在10%的显著性水平下显著，这说明采矿业相对投资规模对经济增长产生了负面影响。同样，随着资源型区域划分标准的渐趋严格，在资源型区域内，采矿业投资比重的系数的绝对值呈变大趋势，而在非资源型区域，采矿业投资比重的系数的绝对值呈变小趋势，这说明随着资源型区域特征的增强，采矿业相对投资规模对经济增长的负面作用增大。

（三）采矿业工业增加值比重与经济增长

对2005~2007年间全国31个省、市、自治区采矿业工业增加值占全部工业增加值比重与各省、市、自治区经济增长速度的一元线性回归，结果表明：对于资源型区域来说，采矿业工业增加值比重的系数均为负数，都在1%的显著性水平下显著，采矿业工业增加值的相对规模对经济增长产生了负作用。随着资源型区域划分标准的渐趋严格，在资源型区域内，采矿业工业增加值比重的系数的绝对值有变大的趋势，说明在资源型区域内，随着资源型区域特征的增强，采矿业工业增加值的相对规模对经济增长的负面作用增大。对非资源型区域来说，只有在第二种分组的情况下，在非资源型区域，采矿业工业增加值比重对经济产生了负面影响。

（四）矿产资源输出与经济增长

主要选取煤炭、石油和天然气这三种能源产品的输出量来分析其与区域经济增长的关系。按照单一能源输出指标，将全国31个省、市、自治区划分为煤炭输出区域、非煤炭输出区域、石油输出区域、非石油输出区域、天然气输出区域和非天然气输出区域。

对2005~2007年间全国31个省、市、自治区煤炭输出量与各省、市、自治区经济增长速度进行一元线性回归表明，煤炭输出量不仅对我国各省、市、自治区的经济增长有促进作用，对我国非煤炭输出区域的经济增长也有促进作用。

通过对2005~2007年间全国31个省、市、自治区油品输出量与各省、市、自治区经济增长速度的一元线性回归，结果显示，油品输出无论是对我国油品输出区域还是对非油品输出区域的经济增长来说，均产生正面作用。

通过对2005~2007年间全国31个省、市、自治区天然气输出量与各省、市、自治区经济增长速度的一元线性回归，结果显示，天然气输出无论是对我国天然气输出区域还是非天然气输出区域的经济增长都有负面影响，在非天然气输出区域这种负面影响的可能性较小。

（五）矿产资源基础储量与经济增长

选取煤炭、石油、天然气这三种最具代表性的能源型矿产资源进行回归分析。通过对2005~2007年间全国31个省、市、自治区煤炭基础储量与各省、市、自治区经济增长速度的一元线性回归表明，煤炭基础储量对我国各省、市、自治区的经济增长有促进作用；煤炭基础储量对我国非煤炭储量丰富区域的经济增长有抑制作用。

对2005~2007年间全国31个省、市、自治区石油基础储量与各省、市、自治区经济增长速度的一元线性回归，结果表明，石油基础储量对我国各省、市、自治区的经济增长有负面作用。按照分组标准，石油储量丰富区域为河北、辽宁、吉林、黑龙江、山东、陕西、新疆，其他省、市、自治区为非石油储量丰富区域，回归结果显示，在我国石油储量丰富区域，石油基础储量与经济增长速度呈现反向变化关系，而在非石油储量丰富区域，石油基础储量对当地经济增长速度产生了促进作用。

通过对2005~2007年间全国31个省、市、自治区天然气基础储量与各省、市、自治区经济增长速度的一元线性回归，按照分组标准，我国天然气储量丰富区域为内蒙古、四川、陕西、新疆。考察期内，内蒙古、四川、陕西、新疆的平均经济增长速度分别为 20.6%、13.4%、13.3%、11.4%，其平均年天然气基础储量分别为 2959.98 亿立方米、5224.53 亿立方米、7157.69 亿立方米、6432.72 亿立方米，天然气基础储量与经济增长速度之间大体呈反向关系。对于非天然气储量丰富区域，天然气基础储量对其经济增长有抑制作用。

从上述分析看，如果矿产资源输出量和基础储量能在很大程度上反映矿产资源的开发力度，它们与经济增长的关系就呈现出反向变化，如果矿产资源输出量和基础储量不能很好反映矿产资源的开发力度，它们与经济增长的关系就呈现出不确定甚至正向变化关系。由此可见，矿产资源输出量和基础储量与经济增长的复杂关系背后隐藏的还是"资源诅咒"这只黑手。

从以上的分析来看，无论是在全国区域层面，还是在各种分组方法下，矿产资源与经济增长均呈现反向关系，这说明在我国确实存在"资源诅咒"现象。主要原因是，矿产资源部门的繁荣削弱了其他产业的发展能力，增大了经济发展的系统风险。矿产资源部门的繁荣将生产要素（资本、劳动力等）从其他部门特别是规模报酬递增的制造业部门转移出来，从而抑制了其他产业特别是制造业的发展，致使产业结构向单一刚性的资源型方向发展，削弱了经济系统的自我调节能力和抗风险能力，为经济的长期稳定发展埋下了隐患。以制造业的发展情况为例，无论是按照第二种还是第三种分组方法，资源型区域制造业就业比重和固定资产投资比重均低于非资源型区域（见表7-4）。采矿业工业增加值占全部工业增加值的比重与制造业就业比重的相关系数为 $-0.38$，与制造业固定资产投资比重的相关系数为 $-0.26$，对制造业的发展造成了负面影响。

表7-4 资源型地区与非资源型地区的制造业就业和制造业投资比较

| 分组方法 | 区域 | 制造业就业/总就业（%） | | | 制造业固定资产投资/固定资产总投资（%） | | |
|---|---|---|---|---|---|---|---|
| | | 2005 | 2006 | 2007 | 2005 | 2006 | 2007 |
| 第二种 | 资源型（11个） | 22.32 | 22.04 | 24.27 | 27.02 | 28.83 | 30.84 |
| | 非资源型（20个） | 30.83 | 31.55 | 31.9 | 31.72 | 32.56 | 33.88 |
| 第三种 | 资源型（9个） | 21.77 | 21.31 | 26.01 | 23.41 | 24.29 | 24.98 |
| | 非资源型（22个） | 29.71 | 30.35 | 30.43 | 31.81 | 32.93 | 34.62 |

资料来源：吴文亮：《矿产资源与区域经济增长：基于中国省际层面的实证研究》，载《兰州商学院学报》，总25卷，第5期，2009年10月。

此外，矿产资源部门的繁荣还阻碍了科学教育事业的发展，限制了人力资本和科技创新能力的积累。表7-5比较了资源型区域和非资源型区域的教育事业费和科学事业费支出占全部财政支出的比重情况。从教育事业费和科学事业费投入的相对情况来看，资源型区域普遍低于非资源型区域。以第三种分组情况为例，2005~2007年，资源型区域各个省、市、自治区对于教育事业费的年平均支出分别为71.16、87.64和133.16亿元，而非资源型区域每个省、市、自治区的年平均支出为140.43、168.02和251.30亿元，分别是资源型区域的1.97、1.92和1.89倍；资源型区域各个省、市、自治区对于科学事业费的年平均支出分别为2.10、2.49和12.15亿元，而非资源型区域每个省、市、自治区的年平均支出为5.51、6.59和34.05亿元，分别是资源型区域的2.62、2.65和2.80倍。

从相关性分析来看，采矿业的就业比重与高等院校在校人数比重、教育事业费支出比重和科学事业费支出比重的相关性分别为-0.21、-0.04和-0.24，采矿业的投资比重与这三个指标的相关性分别为-0.20、-0.14和-0.18，采矿业工业增加值比重与这三个指标的相关性分别为 -0.15、-0.20 和 -0.17，均呈现负相关。总之，对资源型产业和部门的投入造成了对教育和科学事业的投入不足，约束和阻碍了教育和科学事业的发展，致使人力资本和科技创新能力积累不足，最终限制了经济长期健康发展的能力。

表7-5 资源型地区与非资源型地区的科教支出比较

| 分组方法 | 区域 | 教育支出/财政总支出（%） | | | 科学事业费支出/财政总支出（%） | | |
| --- | --- | --- | --- | --- | --- | --- | --- |
| | | 2005 | 2006 | 2007 | 2005 | 2006 | 2007 |
| 第二种 | 资源型（11个） | 14.82 | 14.48 | 17.58 | 0.40 | 0.38 | 1.42 |
| | 非资源型（20个） | 14.83 | 14.84 | 17.53 | 0.62 | 0.62 | 2.57 |
| 第三种 | 资源型（9个） | 13.63 | 13.44 | 16.53 | 0.40 | 0.38 | 1.51 |
| | 非资源型（22个） | 15.10 | 15.05 | 17.78 | 0.59 | 0.59 | 2.41 |

资料来源：吴文亮：《矿产资源与区域经济增长：基于中国省际层面的实证研究》，载《兰州商学院学报》，总25卷，第5期，2009年10月。

## 第二节 典型地区的案例研究

### 一、山西案例研究

山西拥有得天独厚丰富的自然资源，却始终处于一种与其资源禀赋极不相称的落后状态。山西全省的土地面积中含煤面积高达40%，全省煤炭资源总储量占全国煤炭资源已探明储量的44%，全省118个县级行政区中94个县蕴藏有煤炭，91个县有煤矿。山西原煤年产量占全国的1/4以上。山西成为了向全国发达省份、经济快速发展地区实施"西煤东运，北煤南调"最便捷的煤炭产地，晋煤在市场的份额一度达到80%。此外，山西的其他矿产资源储量也很丰富。然而，丰富的自然资源并没有给山西带来经济的快速增长，随着能源生产规模的扩张，山西省的经济实力在全国的位次反而逐年下降。1978~1998年间，山西的综合经济实力由全国第16位下滑至第26位，即使在2002年的资源繁荣期，山西经济仅排在全国第27位。更为突出的是，山西省的城镇居民收入长期滞后，1980年位列全国第23位，1998年是第29位，到1999年和2000年，则连续两年位于全国倒数第一。可见，山西是典型的遭受"资源诅咒"的地区。[①]

景普秋、王清宪（2008）从省域、地级市、县域三个层面，对煤炭资源与山西经济增长、结构演进、区域差异等方面的关系进行了实证研究。[②] 论证了煤炭资源开发给山西经济发展带来的正反两方面影响：既是经济增长的动力，但也加剧了经济增长的波动；既推动了经济与就业的非农化，也是资源产业向制造业、第三产业进一步演进的制约因素；既加快了人口城镇化进程，也造成了工业化与城镇化之间严重的偏差；区域人均收入迅速提高的同时，区域收入差距也在扩大。

（一）煤炭资源开发、区域经济增长与人均收入

山西的煤炭产值对山西名义GDP的影响是正相关的，煤炭产值每增长1%，在其他因素不变的情况下，山西名义GDP增长0.487%。由于山西在煤炭外调和出口的市场上具有一定的垄断性。根据垄断市场理论，煤炭产量与价格之间呈负相关关系，增加煤炭产量是否能增加GDP还得看需求曲线的弹性。根据实证研究的结果看，增加原煤产量对山西名义GDP的影响是反方向的，价格对山西名义GDP的影响是同方向的，这说明中国的煤

---

[①] 王润平、陈凯：《资源富集地区经济贫困的成因与对策研究——以山西省为例》，载《资源科学》，第28卷，第4期，2006年7月。

[②] 景普秋、王清宪：《煤炭资源开发与区域经济发展中的"福"与"祸"：基于山西的实证分析》，载《中国工业经济》，2008年第7期。

炭需求是缺乏弹性的。①

在山西，高经济增长率与缓慢的居民实际收入增长并存。煤炭资源型区域通过资源的销售能够在短时期内给地方经济带来经济总量的迅速提高，但是能够享受资源利益的生产者和消费者毕竟是少数，其他未参与生产的居民并不能得到利益。由于资源产业是弱关联产业，难以带动相关产业发展以及相关就业水平的提高，因而也很难带动居民实际收入水平的提高。如表7-6所示，以全国平均水平为参照，2000~2006年间，山西的人均GDP年均增长率高出全国3个百分点，但城镇居民人均可支配收入、农村居民人均纯收入的年均增长率仅分别高出全国2.4、0.8个百分点。可见，人均GDP提高非常迅速，但城镇居民、农村居民的实际收入提高则相对慢得多。

表7-6　山西人均GDP与人均实际收入的增长

|  | 全国 | | | 山西 | | |
| --- | --- | --- | --- | --- | --- | --- |
|  | 2000年（元） | 2006年（元） | 增长率（%） | 2000年（元） | 2006年（元） | 增长率（%） |
| 人均GDP | 7585 | 16084 | 13.3 | 5722 | 14123 | 16.3 |
| 城镇居民人均可支配收入 | 6280 | 11759 | 11.0 | 4724 | 10028 | 13.4 |
| 农村居民人均纯收入 | 2253 | 3587 | 8.1 | 1906 | 3181 | 8.9 |

资料来源：《中国统计年鉴》（2001、2007）、《山西统计年鉴》（2007）。

### （二）煤炭资源开发与区域经济结构的变化

得益于煤炭资源的大规模开发，山西省的工业化和城镇化进

---

① 李连光、景普秋：《煤炭资源开发与山西经济增长之间关系的实证研究》，载《中北大学学报》，2010年第26卷，第2期。

程非常迅速，在较短时期内就确立了工业在经济发展中的主导地位，就业非农化比重和人口城镇化水平迅速上升。但在经济结构演进的同时，却出现了较为严重的产业结构偏差，以及工业化与城镇化之间的关系偏差。

1. 工业化进程中的结构偏差

工业化进程中的结构偏差表现为：工业比重高，而第三产业比重、人均 GDP 水平却低于同类型地区；工业内部资源产业比重高，而技术含量相对较高、能够带来规模报酬递增的制造业比重低，并有被进一步抑制的趋势；非农产值结构与就业结构之间偏差严重。

偏差一：经济非农化水平高、实际工业化水平并不高。2006年山西省非农产业增加值占 GDP 比重为 94.2%，高于全国 88.3% 的平均水平；非农产业就业人员比重为 59.0%，高于全国 57.4% 的平均水平。可见，山西经济非农化水平高于全国平均水平。然而，从制造业比重和人均 GDP 来看，2006 年山西省制造业就业比重为 20%，远低于全国 28.6% 的平均水平；人均 GDP 为 14123 元，低于全国 16084 元的平均水平。可见，山西省工业化水平低于全国平均水平。

偏差二：产值结构与就业结构之间存在较大偏差。非农就业比重与非农产值比重之间，2006 年全国平均水平相差 30.9 个百分点，山西省相差 35.2 个百分点。按照钱纳里模型，随着非农产值比重的增加，产值与就业比重之间的差距应逐步缩小。尤其是当非农产值比重达到 90% 以上时，产值与就业比重之间的差距就应缩小到 5 个百分点以内。山西的非农产值比重已远远超过 90%，但与非农就业比重之间的差距仍保持在 35.2 个百分点。可见，产值比重与就业比重之间存在较大偏差。

偏差三：工业比重迅速上升，但第三产业比重上升滞缓。从全国来看，1995～2006 年，第一产业比重从 19.7% 下降至

11.7%，下降了 8 个百分点；第二产业比重从 49% 下降至 48.9%；第三产业迅速增加，从 31.3% 上升至 39.4%，增长了 8.1 个百分点。与之相比，山西省产业结构的演进相对滞后：1995~2006 年，第一产业比重显著下降了 9.6 个百分点；第二产业比重上升了 7.9 个百分点，其中工业比重上升了 7.7 个百分点；第三产业比重上升非常缓慢，仅上升了 1.7 个百分点。

偏差四：工业内部制造业比重下降，资源部门比重上升。制造业是能够带来规模报酬递增的产业，而矿产资源是规模报酬递减或不变的产业。因此，一般而言，随着工业化的演进，制造业的比重是上升的，资源产业比重是下降的。在山西省，工业虽然在经济发展中居于主导地位，但制造业部门在工业中的比重并不高。如表 7-7 所示，2005 年，山西省制造业增加值、就业人员在工业中所占比重约为 50%，而采掘业增加值、就业人员分别占到工业的 40.3% 和 43.5%，分别高出全国平均水平 28.1、34.1 个百分点。1995~2005 年，制造业增加值比重呈现缩减的趋势，从 51.8% 减至 49.5%，而采掘业增加值比重呈增长趋势，从 37.3% 增长到 40.3%。

总之，从产业结构及其演进来看，山西省资源产业所占比重大，且有强化的趋势；资源产业的发展制约了制造业部门和第三产业的发展，出现了"反工业化"倾向。

表 7-7 山西工业结构与全国的比较（%）

| | | 采掘业 | 制造业 |
|---|---|---|---|
| 1995 年工业部门中的产业结构 | 全国 | 12.4 | 79.1 |
| | 山西 | 37.3 | 51.8 |
| 2005 工业部门中的产业结构 | 全国 | 12.2 | 79.3 |
| | 山西 | 40.3 | 49.5 |

续表

| 2005年工业部门中的就应结构 | | 采掘业 | 制造业 |
|---|---|---|---|
| | 全国 | 9.4 | 86.1 |
| | 山西 | 43.5 | 51.6 |

数据来源：《中国统计年鉴》、《山西统计年鉴》（1996，2006）。

2. 工业化与城镇化关系的偏差。由于煤炭产业本身对城镇化的需求相对较弱，因此工业化难以起到对城镇化的推动作用。反过来，城镇化发展动力缺乏，进程缓慢，城镇职能缺乏，对工业化的拉动与支撑作用相对也弱，工业化与城镇化之间出现明显的偏差。

偏差一：城镇化率与采掘业就业比重之间同方向、与制造业就业比重之间反方向变化。一般来说，资源产业尤其是矿产资源产业，由于其布局的特殊性（接近原料产地），造成产业分散布局与人口的分散居住，难以在空间上形成集中，因而对城镇化的演进具有弱推动力。而制造业的生产活动的空间格局演化的最终结果将会产生集聚效应，会吸引周边生产要素与人口的集中，进而推动城镇化进程。但研究表明，山西省的城镇化率与采掘业从业人员比重呈同方向变化、与制造业从业人员比重呈反方向变化。这说明，资源产业的发展吸引了当地的各类经济要素，不仅制约了制造业的发展，也制约了具有城市产业特征的第三产业的发展。

偏差二：人均GDP与第三产业就业比重之间的反向变化。从山西省的工业化进程来看，采掘业占了相当大的比重并有强化趋势。而采掘业大多是分散在山区，人们在生活方式上并没有城镇化，对第三产业的需求相对较弱，因而导致工业化水平（用人均GDP表示）与第三产业就业比重之间呈现反方向变化趋势。可见，山西省的工业化对城镇化的推动作用相对较弱。

偏差三：城市与城镇的规模小、功能弱、环境差。由于上述两方面的偏差，导致山西城镇化发展质量普遍不高，具体表现为：城市规模普遍小于全国平均水平，尤其是区域中心城市的规模小，难以起到带动区域发展的作用；城市服务职能相对不足；城市生态恶化，环境污染严重。

（三）煤炭资源开发与区域收入差距扩大

2000~2006年，煤炭资源价格处于上升周期，推动了一大批煤炭资源型县域的快速发展，也导致了县域之间的收入差距的扩大。如表7-8所示，2000~2006年，山西省96个县（市）人均GDP平均值从3663元提高到11294元，增长了2.08倍；人均GDP最高值从10078元增长到46031元，增长了3.57倍；而人均GDP最小值仅增长了不到1倍。2000年，最高收入县域与最低收入县域的人均GDP相差9165元，到2006年这一差距扩大到44234元；2000年最高收入县域人均GDP是最低收入县域的11倍，到2006年扩大到25.6倍；2000年最高收入县域人均GDP是平均值的2.8倍，到2006年扩大到4.1倍；2000年最低收入县域人均GDP是当年平均值的1/4，到2006年不到1/5。可见，最高收入、最低收入的差距在显著扩大，且最高收入、最低收入与平均值的距离也在显著拉大。

表7-8 2000年和2006年山西各县（市）收入差距的比较（元）

| 年份 | 人均GDP平均值(1) | 人均GDP最大值(2) | 人均GDP最小值(3) | (2)-(3) | (2)/(3) | (2)/(1) | (3)/(1) |
| --- | --- | --- | --- | --- | --- | --- | --- |
| 2000 | 3663 | 10078 | 913 | 9165 | 11 | 2.8 | 0.25 |
| 2006 | 11294 | 46031 | 1797 | 44234 | 25.6 | 4.1 | 0.16 |

数据来源：《山西统计年鉴》（2001，2007）。

二、鄂尔多斯案例研究

程志强（2008）对煤炭繁荣与鄂尔多斯经济发展进行了实

证研究。① 鄂尔多斯是我国的第一产煤大市，其煤炭资源的大规模开发开始于 1990 年代中期，煤炭储量高达 1496 亿吨。2005 年煤炭产量达到 15252.72 万吨，在国有及规模以上工业企业中，煤炭工业增加值达到 108.5 亿元，比重达到 48.3%。因此，煤炭资源繁荣对其经济发展的影响非常深远。

近年来，鄂尔多斯市的经济增长迅猛。"十五"期间，其人均 GDP 年均增长 26.3%，但是，这种经济增长模式过于依赖煤炭繁荣这一特殊背景和煤炭资源的初级开发。自 2001 年煤炭资源繁荣以来，鄂尔多斯市的全要素生产率增长率呈明显下降趋势。这意味着鄂尔多斯可能存在"资源诅咒"。

20 世纪 90 年代中期以来，由于煤炭资源的大规模开发，鄂尔多斯经济呈现持续快速增长，实际人均 GDP 年增长率基本上在 15% 以上，尤其是进入煤炭资源繁荣期（2001 年以来），鄂尔多斯的经济增长速度基本上在 20%～30% 以上，被称为"鄂尔多斯现象"。

（一）要素投入、全要素生产率与经济增长

一般而言，经济高速增长的原因大致可以分为三个方面：一是资本、劳动力、能源等生产要素投入的高速增长，二是产业结构升级所带来的效率提高，三是全要素生产率（TFP）的增长，主要表现为技术进步、制度变迁等。而全要素生产率的提高才是经济持续增长的真正动力，而前两者则很难具有可持续性。

表 7-9 列出了 1994～2006 年间各类要素投入对鄂尔多斯市经济增长的贡献。物质资本存量的增长对经济增长的贡献最大，在不含煤炭产量生产函数的假设下，物质资本的贡献率平均达到 50% 以上；在含煤炭产量生产函数的假设下，物质资本的贡献平

---

① 程志强：《煤炭繁荣给鄂尔多斯带来了什么?》，http://finance.sina.com.cn/economist/xueshulunheng/20081010/11245376884.shtml

均达到38%以上，煤炭产量的贡献在28%以上。劳动力增长的贡献率则明显偏低。从时间序列来看，对比煤炭资源繁荣前后的情况。在两种生产函数的假设下，1994~2006年间，物质资本

表7-9　1994~2006年资本存量、劳动力数量、煤炭产量对
经济增长的贡献（%）

| 年份 | 生产函数中不含煤炭产量 | | 生产函数中含煤炭产量 | | |
|---|---|---|---|---|---|
| | 资本存量的增长对GDP增长的贡献 | 劳动力的增长对GDP增长的贡献 | 资本存量的增长对GDP增长的贡献 | 劳动力的增长对GDP增长的贡献 | 煤炭产量的增长对GDP增长的贡献 |
| 1994 | 86.8 | 0.5 | 66.0 | 0.5 | 35.0 |
| 1995 | 65.1 | 2.0 | 49.5 | 1.7 | 68.7 |
| 1996 | 37.1 | 4.2 | 28.2 | 3.5 | 4.8 |
| 1997 | 26.1 | 4.3 | 19.9 | 3.6 | 31.1 |
| 1998 | 13.4 | -2.5 | 10.2 | -2.1 | 7.4 |
| 1999 | 17.9 | 1.5 | 13.6 | 1.2 | -11.1 |
| 2000 | 22.0 | 9.0 | 16.7 | 7.7 | 4.8 |
| 2001 | 44.9 | 9.3 | 34.2 | 7.9 | 57.4 |
| 2002 | 37.6 | 7.3 | 28.6 | 6.2 | 76.2 |
| 2003 | 57.5 | 1.8 | 43.8 | 1.5 | 28.6 |
| 2004 | 82.5 | 5.2 | 62.8 | 4.4 | 39.1 |
| 2005 | 70.4 | 1.1 | 53.5 | 0.9 | 11.0 |
| 2006 | 96.9 | 2.0 | 73.7 | 1.7 | 11.0 |
| 平均值 | 50.6 | 3.5 | 38.5 | 3.0 | 28.0 |

资料来源：程志强：《煤炭繁荣给鄂尔多斯带来了什么？》，http://finance.sina.com.cn/economist/xueshulunheng/20081010/11245376884.shtml

存量的贡献呈现先降后升的过程，煤炭产量的增长率呈现出先降后升，可见，煤炭行业的繁荣提高了物质资本对经济增长的贡献率。在含煤炭产量的生产函数的假设下，煤炭产量对经济增长贡献的变化经历了先降后升再降的过程。在1994~1995年和2001~2004年两个煤炭产量增长速度较快的时期，其对经济增长的贡献基本上达到40%以上；在2005~2006年间，其贡献率下降至11%左右。总之，煤炭行业的繁荣提高了要素投入对经济增长的贡献，进而影响到全要素生产率对经济增长的贡献率。在其他条件不变的前提下，煤炭行业的繁荣可能会降低全要素生产率的贡献。

采用生产函数法和潜在产出法估算1981~2006年鄂尔多斯市的全要素生产率水平，考察资本和劳动等要素投入之外的技术进步和制度变迁等所导致的产出增加，即为索洛残值。结果表明，鄂尔多斯市全要素生产率的变迁过程分为两个阶段：第一阶段是1994年以前，除个别年份外，鄂尔多斯全要素生产率处于负增长状态。其经济增长主要依赖于要素投入尤其是资本投入，因此，这一阶段的经济增长被锁定在低水平的"均衡陷阱"中；第二个阶段是1994年之后（恰恰是该地区煤炭年产量突破1000万吨的年份）。1994~2006年间，鄂尔多斯的全要素生产率基本上呈增长的趋势，这说明，在这个阶段，鄂尔多斯的经济增长处于向更高的均衡水平转移的过程中。但是，在煤炭资源繁荣期（2001~2006），鄂尔多斯的全要素生产率平均增长率却比资源繁荣前（1994~2000）的水平低5~7个百分点（见表7-10）。而且，资源繁荣期全要素生产率的增长率的波动也不同于资源繁荣前。1994~2000年间全要素生产率的增长是先增加然后相对平稳，在2001~2006年间，则是先突然下降，然后逐渐回升，到2005年后又开始出现下降的趋势。而与此同时，要素投入增长的贡献率，尤其是资本投入增长的贡献率则明显上升，就业结构变动对劳动生产率的贡献也明显增加,这意味着全要素生产率的平均增长率的下降,表明了煤炭资源繁荣促进了短期内经济迅速增长,但并没有促进全要素生产率的上升。

表7-10 资源繁荣期和资源繁荣前TFP的平均增长率(%)

|  | 生产函数法<br>(不含煤) | 生产函数法<br>(含煤) | 潜在产出法<br>(不含煤) | 潜在产出法<br>(含煤) |
| --- | --- | --- | --- | --- |
| 1994~2000 | 11.817 | 9.829 | 12.384 | 10.396 |
| 2001~2006 | 7.104 | 3.294 | 7.688 | 3.877 |
| 差额 | 4.713 | 6.535 | 4.696 | 6.518 |

资料来源:程志强:《煤炭繁荣给鄂尔多斯带来了什么?》,http://finance.sina.com.cn/economist/xueshulunheng/20081010/11245376884.shtml

(二)产业结构与"荷兰病"

1998~2005年,鄂尔多斯的制造业增加值占工业增加值的比重从58.5%下降至31.7%,而采掘业的比重则从26.9%迅速上升至48.3%。从工业结构的变化情况来看,"荷兰病"的症状比较明显。

对制造业各行业全要素生产率的变化进行分析,结果表明,2000~2005年,14个制造业中,除了皮革、毛皮、羽毛绒及其制品行业的全要素生产率水平较2000年有微增之外,其他行业的全要素生产率水平均有不同程度的下降,尤其是纺织业。纺织业一直是鄂尔多斯市制造业中份额最大的行业,其全要素生产率在2001年出现了大幅度的下降,至今处于较低水平。在重化工业中,除了医药制造业之外,其他行业2005年的全要素生产率较2000年都有不同程度的提高。化学原料及化学制品制造业、有色金属冶炼及压延工业和非金属矿物制品行业的全要素生产率水平不断提高,而黑色金属冶炼及压延工业和金属制品行业的全要素生产率水平则波动很大。煤炭繁荣期以来,传统劳动密集型轻工业的全要素生产率出现了下降或者停滞,这可能与"荷兰病"机制有关。由于鄂尔多斯的煤炭行业发展迅速,带动了地区性工资水平的提高,导致该市的羊绒行业面临不断提高的工资成本,大量熟练工流失到其他工资水平较高或者工作强度较低的行业,纺织行业以女工为主,这些工人通常转向服务性的第三产业,纺织行业因此被"挤出"。

(三) 人力资本投资和配置

2000~2005 年,市政府的教育支出从 18893 万元增加至 58006 万元,但是所占财政支出的比重则从 11.7% 逐步下降到 8.9%;其中,农村人均教育支出从 239 元增加到 689 元,所占收入的比重从 10.1% 提高到 14.9%;城镇居民的人均教育支出 579 元增加到 982 元,但是占收入的比重则从 9.2% 下降至 7.5%。

为了量化人力资本是否存在部门误配问题,分析不同教育程度劳动者从业行业的选择问题,且主要关注采掘业和制造业的选择。根据鄂尔多斯的家计调查数据,利用 Probit 模型得到回归结果,发现资源繁荣导致该市资源部门工资溢价较高,吸引拥有较高人力资本存量的劳动力进入该行业,而制造业部门的人力资本存量偏低且流失严重,人力资本在部门间的配置可能存在误配的问题。程志强(2007)的调研结果也印证了这一点。关于"对孩子所从事行业的期望"这一问题的回答来看,依次为煤炭工人、科研人员、干部、教师、老板、医生,选择煤炭工人的比重高达 37.5%。这种对于微观个体而言的理性选择可能会造成集体的非理性,导致人力资本在各部门间的配置不合理,尤其是更能体现出规模收益递增效应的制造业部门若长期缺少人力资本的投入,显然不利于该地区的经济长期增长。

(四) 公共支出的波动和结构

鄂尔多斯具有典型的"资源诅咒"地区的财政特征。首先表现为财政不稳定。在资源繁荣期,财政支出的快速扩张;一旦煤炭行业进入萧条期,财政支出的顺周期波动将不可避免,从而引发一系列问题。不容忽视的是,该市长期处于财政赤字,即使在资源繁荣期间,直到 2005 财政收入才超过财政支出。但由于相当一部分财政收入需上交,因此,支出一直大于收入,且绝对额基本上呈递增趋势。财政压力即使在资源繁荣期仍较大,很难确保财政稳定。

(五)环境污染

环境污染是威胁一个地区可持续发展的基本因素之一。对于煤炭资源丰富地区而言,面对煤炭繁荣,如何处理好污染问题非常关键。尤其是鄂尔多斯市境内生态环境比较脆弱,分布大量黄土高坡、草原和沙漠,如此脆弱的生态环境很难承载煤化工和冶金工业地发展。煤炭资源繁荣以来,鄂尔多斯的环境污染问题呈不断加重的趋势。其中,2002~2005 年间,工业粉尘、工业烟尘以及工业固体废物等排放量逐年上升,其增长率都远高于全国同期的增长水平。

(六)煤炭繁荣与居民福利水平

资源繁荣以来,鄂尔多斯市城乡居民的居民福利水平(以消费支出和结构)虽有明显提升,并超过全国的平均水平,但是存在两个问题:一方面,福利水平的增长速度远低于其 GDP 的增长速度,即经济增长的利益并没有惠及该地区所有居民,存在利益外流等现象(典型的资本外流);另一方面,福利水平的分布并不均匀,更多的集中在中心区域的高收入阶层,福利水平的差距呈扩大趋势。资源繁荣以来,该市城镇居民的可支配收入有明显提高,但收入差距、行业间的工资水平差距也呈扩大趋势。

### 三、新疆案例研究

姚文英（2009）通过计算资源贫困指数来验证新疆存在"资源诅咒"效应。① 资源贫困指数是用来反映"资源诅咒"现象的程度。指数大于1，说明有资源诅咒现象发生；指数越高，"资源诅咒"现象越严重。资源贫困指数 $\rho$ 的计算公式为：

$$\rho = k \frac{M}{G}$$

式中：$M$ 为地区某资源产值；$G$ 为地区生产总值；$k$ 为同期国内生产总值与全国矿业产值的比值。

1995~2006年，新疆能源、石油、天然气和煤炭资源贫困指数如表7-11所示。其中，新疆能源资源贫困指数平均为2.97，最低为1995年的2.45，最高达到3.21；天然气和煤炭资源贫困指数分别平均高达10.05和7.86，呈现较为严重的资源诅咒现象，尤其是天然气资源贫困指数增速很快。资源贫困指数说明新疆已呈现较为明显的"资源诅咒"效应。

表7-11 新疆资源贫困指数

| 年份 | 能源资源贫困指数 | 石油资源贫困指数 | 天然气资源贫困指数 | 煤炭资源贫困指数 |
|---|---|---|---|---|
| 1995 | 2.45 | 4.67 | 1.42 | 7.44 |
| 1996 | 2.82 | 5.52 | 1.66 | 8.21 |
| 1997 | 2.92 | 7.71 | 1.80 | 7.86 |
| 1998 | 3.11 | 7.76 | 1.99 | 7.63 |
| 1999 | 3.21 | 9.39 | 2.10 | 7.37 |
| 2000 | 3.06 | 8.62 | 2.07 | 6.86 |
| 2001 | 3.06 | 10.24 | 2.07 | 6.97 |

---

① 姚文英：《新疆"资源诅咒"效应验证分析》，载《新疆农业大学学报》，2009年第4期。

续表

| 年份 | 能源资源贫困指数 | 石油资源贫困指数 | 天然气资源贫困指数 | 煤炭资源贫困指数 |
|------|------|------|------|------|
| 2002 | 3.19 | 11.18 | 2.09 | 7.60 |
| 2003 | 2.93 | 10.66 | 1.79 | 8.12 |
| 2004 | 2.75 | 10.14 | 1.64 | 8.49 |
| 2005 | 3.14 | 15.11 | 1.54 | 8.41 |
| 2006 | 3.00 | 19.63 | 1.45 | 9.40 |
| 平均 | 2.97 | 10.05 | 1.80 | 7.86 |

资料来源：姚文英：《新疆"资源诅咒"效应验证分析》，载《新疆农业大学学报》，2009年第4期。

存在"资源诅咒"现象的资源富集地区，大多反映为居民收入水平较低，新疆地区的情况也如此。表7-12显示了新疆城镇居民家庭人均可支配收入、农村居民家庭人均纯收入和职工平均工资这三项指标在全国的位次。2004年后，新疆城镇居民家庭人均可支配收入和职工平均工资的下降幅度和速度均呈现明显加强的趋势，2005年、2006年连续两年新疆城镇居民家庭人均可支配收入位列第31名，而这两年却是新疆能源输出量达到历史最高值的年份，如此巨大的反差充分说明新疆"资源诅咒"效应显著。

表7-12　新疆人均财富及位次

| 年份 | 城镇居民 | | 农村居民 | | 新疆职工 | |
|------|------|------|------|------|------|------|
| | 家庭人均可支配收入（元） | 在全国的排名 | 家庭人均可支配收入（元） | 在全国的排名 | 平均工资（元） | 在全国的排名 |
| 1990 | 1314 | 15 | 684 | 13 | 2289 | 8 |
| 1991 | 1476 | 20 | 703 | 15 | 2455 | 8 |

续表

| 年份 | 城镇居民 | | 农村居民 | | 新疆职工 | |
|---|---|---|---|---|---|---|
| | 家庭人均可支配收入（元） | 在全国的排名 | 家庭人均可支配收入（元） | 在全国的排名 | 平均工资（元） | 在全国的排名 |
| 1992 | 1952 | 16 | 740 | 16 | 2742 | 11 |
| 1993 | 2423 | 16 | 778 | 20 | 3238 | 14 |
| 1994 | 3170 | 18 | 936 | 23 | 4253 | 17 |
| 1995 | 4163 | 12 | 1137 | 25 | 5348 | 11 |
| 1996 | 4650 | 14 | 1290 | 26 | 5987 | 11 |
| 1997 | 4845 | 16 | 1500 | 24 | 6644 | 11 |
| 1998 | 5001 | 15 | 1600 | 25 | 7121 | 12 |
| 1999 | 5320 | 17 | 1473 | 25 | 7611 | 12 |
| 2000 | 5645 | 16 | 1618 | 25 | 8717 | 13 |
| 2001 | 6215 | 14 | 1710 | 25 | 10278 | 12 |
| 2002 | 6554 | 14 | 1863 | 25 | 11605 | 13 |
| 2003 | 7006 | 18 | 2106 | 24 | 13255 | 10 |
| 2004 | 7503 | 25 | 2245 | 25 | 14484 | 13 |
| 2005 | 7990 | 31 | 2482 | 25 | 15558 | 19 |
| 2006 | 8871 | 31 | 2737 | 25 | 17819 | 21 |
| 2007 | 10313 | 28 | 3183 | 24 | 21434 | 18 |

资料来源：姚文英：《新疆"资源诅咒"效应验证分析》，载《新疆农业大学学报》，2009年第4期。

自1978年以来，新疆能源资源输出逐年增加，源源不断地运往内地。新疆能源资源输出增长率仅在1991年、1998年、2004年和2006年为负增长，在其他年份均为正增长。在能源输出增速最快的2005年其能源输出增长率高达57.61%。而发展较快的广东、福建和江苏省的能源资源调入量逐年增加。采用区域经济学中的区位商来判断新疆的资源生产专业化水平。一般来说，区位商大于2，说明该产品生产有较高的专业化水平，生产主要为区外服务；区位商在1~2之间，说明该产品生产有一定的专业化水平，能向区外提供一定的服务；区位商小于1，则说明该产品生产的专业化水平较低，只能为区内服务。2005年，新疆的天然气和原油的区位商分别高达15.73和9.82，这说明新疆的天然气和原油生产主要是为区外提供服务的。新疆自然资源的大量开发，以及原油和天然气的外调，虽然在一定程度上维持了新疆经济总量的快速增加，但是，资源所带来的更多收益却并未增加新疆的福利水平。与全国平均GDP增长率相比，1980~1991年，除个别年份外，新疆的GDP增长率大多时候均高于全国平均水平，其中1990年新疆的GDP增长率是全国GDP增长率的3.1倍。但在1992年之后，新疆的GDP增长率在大部分年份均低于全国水平，且波动较大。新疆GDP水平远低于东部地区。数据显示，1980年，新疆和广东省的GDP占全国GDP的比重分别为1.17%和5.50%，到2007年，这两个地区的GDP占全国GDP的比重分别为1.41%和12.46%。可见，广东省的GDP在全国GDP总值中的比重明显比新疆增长得快得多。尽管新疆拥有丰富的自然资源，但与自然资源相对缺乏的东部省区的经济差距却逐年扩大，出现了典型的"资源诅咒"效应。

## 第三节　"资源诅咒"的单要素分析

### 一、能源开发与研发（R&D）行为

邵帅、齐中英（2009）将一个纯资本密集型的能源开发部

门引入罗默的 R&D 增长模型中，并在最终产品生产函数中加入能源生产要素，建立了能源输出型城市的四部门内生增长模型，对能源开发与 R&D 行为之间的关系进行了市场竞争动态均衡分析及平衡增长路径的比较静态分析，为我国能源输出型城市遭受的"资源诅咒"现象提出了一种理论解释，即能源开发对 R&D 行为的挤出效应。[①]

首先在罗默的 R&D 增长模型基础上，考虑一个一国内部的小型区域经济体系，其包含四个部门：最终产品部门、中间产品部门、R&D 部门和能源开发部门。整个经济体系的运行机制是：创新部门使用投入的劳动力结合已有的技术知识存量进行研发，然后将新研发出来的中间产品设计方案注册为永久性专利并出售给下游的中间产品生产商；中间产品生产商使用购买来的设计方案和物质资本生产中间产品并将其出售给下游的最终产品部门；最终产品部门使用中间产品、能源开发部门生产的一部分能源，同时雇佣一定数量的劳动力生产一种既可用于消费也可进行物质资本积累的最终产品。劳动力可以在最终产品部门和 R&D 部门之间无成本地自由流动。其次，假定区域内生产的最终产品仅用于满足当地消费者需求和物质资本投资，而能源开发带来对最终产品的额外需求则由能源对外输出换回的等价值的最终产品来满足；一国内部的最终产品是同质的，最终产品和能源的价格分别由国内市场和中央政府统一外生给定。不考虑区域间金融资产、劳动力、中间资本品及技术知识资本（设计方案）的交易和流动，R&D 行为带来的技术进步为区域生产能力提高和经济增长的源泉，且 R&D 行为仅发生在区域内部。

市场竞争动态均衡分析和平衡增长路径的比较静态分析得出

---

① 邵帅、齐中英：《基于"资源诅咒"学说的能源输出型城市 R&D 行为研究——理论解释及其实证检验》，载《财经研究》，2009 年第 1 期。

两个命题：(1) 在将能源开发部门视为纯资本密集型部门的条件下，能源输出型城市的能源禀赋水平越高，意味着其稳态时劳动力的供给水平和 R&D 部门的劳动力投入比重都越低；中央政府分配给能源输出型城市进行最终产品生产的能源份额越高，意味着其稳态时劳动力的供给水平和 R&D 部门的劳动力投入比重都越高。(2) 在将能源开发部门视为纯资本密集型部门的条件下，能源输出型城市的能源禀赋水平越高，意味着其稳态时的总收入增长率和知识增长率都越低；中央政府分配给能源输出型城市进行最终产品生产的能源份额越高，意味着其稳态时的总收入增长率和知识增长率都越高。

可见，在能源开发部门对技术创新不存在贡献，且不考虑其技术进步的条件下，能源的生产可以通过对 R&D 行为的挤出效应而导致能源输出型城市遭遇资源诅咒的原因主要有两个：一是丰裕的能源资源使劳动力供给水平降低，直接阻碍了总收入增长率的提高；二是丰裕的能源资源通过减少 R&D 部门劳动力投入的比重使知识增长率降低，间接阻碍了总收入增长率的提高。因此，能源资源禀赋水平较高的能源输出型城市在稳态时的劳动力供给和知识增长率均较低，其经济增长步伐就会放缓。但是，如果中央和地方政府允许能源输出型城市不完全将能源作为初级产品向外输出，而是更多地将其作为生产要素进行最终产品生产，那么消费者就会减少闲暇时间而投入更多的时间进行劳作，同时这种对能源的开发利用也会因对相应生产技术需求的提高而增加 R&D 部门的劳动力比重，并间接促进最终产品部门和 R&D 部门产出增长率的提高，从而使经济发展朝着有利的方向演化。

以中国 36 个典型的地级能源输出型城市为代表（包括 28 个

煤炭城市和 8 个油气城市），① 利用这些城市的相关统计数据，对中国能源输出型城市的能源开发和 R&D 行为之间的关系进行实证考察，以验证前文的经济理论解释。面板数据回归模型为：

$$Z_t^i = \alpha_0 + \alpha_1 \ln GP_{t-1}^i + \alpha_2 E_t^i + \varepsilon_t^i$$

式中：被 Z 是技术创新变量，$\ln GDP_{t-1}$ 表示滞后一期的人均 GDP 的自然对数，E 为能源丰度变量，i 对应于各个城市截面单位，t 代表年份，$\alpha_0$ 为常数向量，$\alpha_1$ 和 $\alpha_2$ 为系数向量，$\varepsilon$ 为随机扰动项。

分析结果表明，在加入滞后一期人均 GDP 变量作为控制变量情况下，能源丰度与两种技术创新变量之间均呈负相关关系，说明能源开发确实对技术创新行为具有挤出效应。无论从系数的绝对数量水平还是显著水平上来看，能源丰度与被解释变量 R&D 的关联程度更高，有效地验证了能源输出型城市的能源开发对 R&D 行为具有挤出效应的理论推断。

在我国，与其他制造业相比，能源工业的产业关联程度、技术更新速度、技术创新动力水平及其对高技能劳动力的需求均较低，对其投入加大必然会导致对其他制造业投入的减少，这样从全社会来看，高份额的能源工业会间接导致那些对高技能劳动力和先进技术需求较大、产品附加值较高的制造业的衰退，从而制约区域经济发展中的技术扩散能力，进一步减缓能源输出型城市的科技进步和人力资本积累，最终阻碍经济增长。另外，我国的能源工业大部分属于国家垄断行业，尤其是石油和天然气的生产和经营都是由国家或地方政府统一调配和控制，私人几乎唯一有可能涉足的煤炭采选业又是能源工业中技术含量和技术进步率最

---

① 根据《中国矿业年鉴 2006》，煤炭城市包括：邢台、大同、阳泉、长治、晋城、朔州、乌海、赤峰、抚顺、阜新、鸡西、双鸭山、鹤岗、七台河、徐州、淮南、淮北、龙岩、萍乡、淄博、枣庄、济宁、平顶山、鹤壁、焦作、六盘水、铜川、石嘴山；油气城市包括：盘锦、松原、大庆、东营、濮阳、南阳、茂名、克拉玛依。

低的行业,这势必在很大程度上会导致能源工业份额较大的能源输出型城市缺乏企业家行为和生产技术创新的动力,有才能的企业家要么流向更大的其他城市和地区,要么去从事技术含量较低的煤炭采选业的生产,并在特定社会背景下有意识或无意识地把精力放在寻租活动上而不是管理和技术创新上,因此,能源开发对 R&D 行为产生了挤出效应,从而抑制经济增长。

李栋华、王霄 (2010) 以 1978~2004 年中国省际层面的数据资料为基础,利用 Malmquist 指数分解经济增长,对全要素生产率变化、技术进步率角度与自然资源的丰裕度之间的关系进行实证研究。面板数据的计量结果表明,1978~2004 年间,自然资源与技术进步效率和全要素生产率间存在负向关系,"资源诅咒"在中国省际层面上成立,且主要通过影响地区的创新来制约经济增长效率的提升。传导机制上,资源丰裕地区在创新氛围和创新能力上均要低于资源相对贫瘠地区。每万人中在校大学生数越高,创新氛围越高,技术进步效率和全要素生产率越高,表明"资源诅咒"的机制在于丰裕的资源带来创新的抑制。"意外之财"有可能使资源丰裕地区在自然禀赋的比较优势陷阱中越陷越深。资源丰裕地区的政府官员为快速出政绩,往往不愿意进行产业结构升级和科技教育扶持等长期才能见效的改革,而是将主要精力放在短期经济增长上,从而加剧短暂的繁荣换来的长久"诅咒"。[①]

## 二、资源经济与区域技术效率

经济的增长体现在两个方面:一是技术进步,二是技术效率的提升。王强、侯强 (2010) 采用随机前沿分析,以中国省际

---

[①] 李栋华、王霄:《中国省际经济发展的"资源诅咒"》,《暨南学报》(哲学社会科学版),2010 年第 1 期。

数据为基础，分析资源经济对区域技术效率提升的影响，检验资源经济是否限制了地区技术效率的提升及其对技术效率提升的影响程度。[①]

采用 2000~2004 年中国省际数据，基于对数柯布—道格拉斯生产函数的 SFA 模型，分析资源经济对我国技术效率提升的影响。实证分析发现，资源的流出和资源产出水平增加均对资源地区技术效率的提升有着显著的负影响，制约了区域技术效率的提升。且二者比较而言，资源流动的影响更大。资源生产大省和资源流出大省的资源效率低主要是由资源配置效率低、人力资本积累弱和市场发展滞后导致的，更深层次而言，是由我国的资源管理体制和资源经济发展的特点共同决定的。

对资源经济制约技术效率提升的经济解释是：技术进步的实现更多地需要技术创新，而技术效率的提升更多需要组织创新和制度创新。资源经济是通过影响组织创新和制度创新制约技术效率提升的，具体而言体现在资源配置效率低、人力资本积累弱和市场发展滞后这三个方面。

首先，对于资源配置效率，从直接影响的角度，由于在资源产业发达地区，资源产业在该地区具有的经济优势和制度的比较优势，导致了制造业部门需要更高的成本来吸引资本，影响了制造业的发展；从间接影响的角度，资源经济发达地区的产业结构特征就是以采掘和原料工业为主导产业，而这类产品加工链较短，中间产品比例高，挤占了附加值高的最终产品工业和高新技术产业的发展，对制造业产生挤出效应，由于资源经济技术专业性强，干中学效果不明显，限制区域技术效率的提升；另外，由于在资源产业中国家资源产权的虚置或弱化，在产权制度不清

---

[①] 王强、侯强：《资源经济与区域技术效率：跨省随机前沿分析》，载《企业经济》，2010 年第 1 期。

晰、法律制度不完善的情况下，导致资源的成本不清、资源开采的环境和其他成本由国家和地方承担，但收益却为少数政府官员和经营者所享有，而未来的不可预期，个体的利益最大化动机必然导致急功近利的掠夺性开采，进而进一步降低资源的配置效率，使得技术效率难以提升。

其次，从人力资本积累的角度，在现代经济中，人力资本是提高技术效率的主要动力。由于资源地区的主导产业是以采掘业及与其相关的制造业为主，这类产业对劳动力的技术水平要求相对较低，人力资本的投入得不到有效的补偿，人才则难以实现自身价值，由此，一方面会导致人们接受教育的意愿普遍降低，教育投入低，人力资本开发滞后；另一方面也会导致人才引进困难的同时人才流出严重，难以形成人力资本的积累，进而使得技术效率难以提升。

此外，由于资源的成本不清为各参与主体提供了可寻的"租"，导致机会主义行为和寻租活动和腐败现象的广泛存在，使得该地区市场化程度低。根据樊纲、王小鲁、张立文等（2003）的研究，资源流出大省的市场化指数都很低。依据2000年的市场化指数，在30个省份排名中，山西排名第26，内蒙排名第24，贵州排名第25，陕西排名第27。[①] 可见，由于资源经济寻租行为的存在，公平竞争的环境遭到破坏，制约了区域技术效率的提升。

### 三、制度弱化与资源诅咒

制度因素是各国经济增长差异的一个非常重要的解释变量。研究表明，制度质量与经济增长呈正相关性。制度质量越高，自

---

① 樊纲、王小鲁、张立文、朱恒鹏：《中国各地区市场化相对进程报告》，载《经济研究》，2003年第3期。

然资源诅咒效应越小。当制度质量大于 53.87 的门槛值,自然资源能有效地促进经济增长。①

杜凯、周勤、蔡银寅（2009）也论证了制度的弱化是造成"资源诅咒"效应存在的根本原因。② 研究表明,自然资源禀赋的差异导致了政府对环境的管制呈现两级分化,即一个地区制造业发展越快,政府决策愈加透明,环境管制效果愈加明显;而产业结构单一的资源丰富地区,政府决策往往容易受到资源的红利的"诱惑",环境管制作用失效。

从"资源诅咒"的传导机制来看,自然资源的垄断性决定了政府具有制定资源政策导向的权利,而且环境污染属于"市场失灵"问题,往往无法通过市场竞争的机制来解决。由于政府在自然资源的开采和出售方面享有绝对的控制权,所以一旦制度出现弱化,自然资源对生态环境的诅咒效应将不可避免。因此,需要从政府的角度来进一步探究这种"诅咒"效应的内在机制。以环境管制的失效为例,采用排污费征收强度（$LEPS$）来测度政府的环境管制,其具体计算公式为:$LEPS$ = 地区排污费收入/ 地区交纳排污费企业个数。$LEPS$ 值越大,说明单位企业交纳的排污费就越多,表明该地区政府的环境管制力度也比较大。分析模型为:

$$LEPS = \alpha_i + \delta_t + d_1 ManuK + d_2 MiningK + d_3 MiningL + d_4 ManuL \\ + d_5 NRP + d_6 NRO + d_7 Afflue + d_8 City + d_9 Open + d_{10} Tech + e_{it}$$

式中,$MiningK$ 表示采掘业固定资产投资占全部固定资产投资的比重,$ManuK$ 表示制造业固定资产投资占全部固定资产投资的比重;$MiningL$ 表示采掘业从业人员占全部从业人员的比

---

① 徐康宁、王剑:《自然禀赋与经济增长:对"资源诅咒"命题的再检验》,载《世界经济》,2006 年第 11 期。

② 杜凯、周勤、蔡银寅:《自然资源丰裕、环境管制失效与生态"诅咒"》,载《经济地理》,2009 年第 2 期。

重，ManuL 表示制造业从业人员占全部从业人员的比重；NRP 代表资源部门的生产规模，用采掘业总产值占 GDP 的比重来衡量；NRO 代表资源部门的外贸规模，用采掘业总产值占出口贸易总值的比重来衡量；Afflue 表示人均 GDP，主要考虑富裕程度的驱动因素；City 表示城市化进程，主要考虑人口的驱动因素，采用城镇从业人员占全部从业人员的比重来衡量；Open 代表经济开放度，主要考虑社会发展的驱动因素，采用进出口总值占 GDP 的比重来衡量；Tech 表示技术因素，用单位能源消耗强度来衡量；$\alpha_i$ 和 $\delta_t$ 分别代表地区和时间的特殊效应，$e_{it}$ 代表随机误差项。

模型的估计结果表明，随着制造业部门投入水平的扩大，政府环境管制的力度不断加大，不论是从资本投入（$K$）还是劳动力投入（$L$）来说，制造业发达地区的环境管制力度都是非常明显的。但对于采掘业资源比较丰富的地区来说，不论是从资本投入（$K$）还是劳动力投入（$L$）来说这种管制效应都是不显著的，且随着采掘业投入规模的扩大，环境管制的力度下降。采掘业总产值占出口贸易总值的比重与排污费征收强度之间也存在同样的关系。可见，自然资源对生态环境存在着"诅咒"，而采掘业环境管制的失效更强化了这种"诅咒"效应。由于自然资源禀赋的差异，造成了政府环境管制出现"两极分化"：对制造业部门的环境管制显著，但对采掘业部门缺乏有效管制。资源丰裕地区需要大量开采和出售资源以支撑地方财政，因此地方政府会因过于追求经济增长目标而对环境管制有所忽视。随着富裕度（Afflue）的增加，环境管制力度扩大；城市化进程（City）显示出了与环境管制显著的正向关系。这意味着在资源有限的前提下，随着城市化进程的加快，新增人口和就业在总量上将会对环境保护提出更高的要求，因此政府将实施更加严格的环境标准；随着经济开放程度（Open）的扩大，政府环境管制的力度下降，但这种关系并不显著的；技术因素（$Tech$）显示了与环境管制力度的负相关。

## 第四节 不同类型资源产业的"诅咒"效应

胡健、焦兵（2010）选择我国西部煤、石油和天然气等产业为研究样本，对我国西部能源产业的技术溢出效应进行了比较分析，并且对其技术溢出效应是否提高制造业的生产率进行了实证检验。[①]

根据 Jaffe 技术距离法，为了度量能源产业的技术溢出效应，首先需要计算能源产业与关联产业之间的技术距离，如果两个产业间的技术距离越近，则两个产业之间发生技术溢出的可能性也越大；然后将产业间的技术距离作为权数，再乘以产业的研发投入，就可以得到某产业从其他产业得到的技术溢出水平。

（一）测算产业间的技术距离

西部地区在煤炭产业、石油和天然气产业和 27 个制造业中的每个产业进行 R&D 投入占全国该产业 R&D 总投入的比例可以表示为：$f_i = (f_{i1}, \cdots, f_{in})$，i = 1，2，3，$\cdots$，29。产业间的技术距离为：

$$P_{ij} = (f_i f'_j) [(f_i f'_i)(f_j f'_j)]^{-1/2}, 0 \leq P_{ij} \leq 1$$

式中：$P_{ij}$ 越接近于 0，产业间的技术距离越远，技术溢出的可能性越；$P_{ij}$ 越接近于 1，产业间的技术相邻程度越近，技术溢出的可能性越大。

结果如表 7-13 所述，我国西部地区能源产业中的石油天然

---

[①] 胡健、焦兵：《中国西部能源产业技术溢出效应的比较研究》，载《资源科学》，2010 年第 3 期。

气产业和煤炭产业对制造业可能产生的技术溢出效应是不同的。西部地区煤炭产业和石油天然气产业与制造业的技术距离平均值分别为0.42和0.56，可见，石油天然气产业对制造业可能产生的技术溢出要多于煤炭产业对制造业的技术溢出效应。从表7-13还可看出，我国西部地区能源产业技术距离最近的制造业排序存在很大的不同，如西部地区距石油天然气产业技术距离最近的5个产业分别是专用设备制造业（0.80）、普通机械制造业（0.78）、电气器械及器材制造业（0.77），化学原料及化学制品制造业（0.76）和化学纤维制造业（0.75）；距煤炭产业技术距离最近的5个产业分别是专用设备制造业（0.73），普通机械制造业（0.67），交通运输设备制造业（0.63），有色金属冶炼及压延加工业（0.62）和黑色金属冶炼及压延加工业（0.59）。可见，石油天然气产业最可能产生技术溢出的行业是装备制造业和化学化工业，而煤炭产业最可能产生技术溢出的行业则是装备制造业和金属冶炼业。

表7-13　中国西部地区能源产业与制造业间的技术距离

|  | 石油天热气 | 煤炭 |
| --- | --- | --- |
| 食品加工 | 0.45 | 0.23 |
| 食品制造 | 0.55 | 0.27 |
| 饮料 | 0.59 | 0.38 |
| 烟草 | 0.41 | 0.24 |
| 纺织 | 0.54 | 0.40 |
| 服装及其他纤维制品制造 | 0.56 | 0.35 |
| 皮草毛皮羽绒及其制造 | 0.34 | 0.31 |
| 木材加工及竹藤棕草制品 | 0.32 | 0.13 |
| 家具制造 | 0.37 | 0.26 |
| 造纸及纸制品 | 0.39 | 0.22 |
| 印刷业记录媒介的复制 | 0.51 | 0.40 |

续表

|  | 石油天热气 | 煤炭 |
|---|---|---|
| 文教体育用品制造 | 0.46 | 0.26 |
| 化学原料及化学制品制造 | 0.76 | 0.52 |
| 医药制造 | 0.65 | 0.56 |
| 化学纤维制造 | 0.75 | 0.54 |
| 橡胶制品 | 0.49 | 0.53 |
| 塑料制品工 | 0.42 | 0.31 |
| 非金属矿物制品 | 0.70 | 0.47 |
| 黑色金属冶炼及压延加工 | 0.64 | 0.59 |
| 有色金属冶炼及压延加工 | 0.52 | 0.62 |
| 金属制品 | 0.57 | 0.36 |
| 普通机械制造 | 0.78 | 0.67 |
| 专用设备制造 | 0.80 | 0.73 |
| 交通运输设备制造 | 0.71 | 0.63 |
| 电气机械及器材制造 | 0.77 | 0.54 |
| 电子及通信设备制造业和仪器仪表 | 0.72 | 0.42 |
| 办公机械制造 | 0.45 | 0.35 |
| 平均 | 0.56 | 0.42 |

资料来源：胡健、焦兵：《中国西部能源产业技术溢出效应的比较研究》，载《资源科学》，2010年第3期。

（二）测算产业间的技术溢出效应

产业间的技术溢出效应的计算公式为：

$$S_i = \sum P_{ij} \cdot r_j$$

式中：$r_j$ 指产业 $j$ 的研发投入，产业 $j$ 的研发投入乘以产业 $j$ 与产业 $i$ 的技术距离就得到产业 $j$ 对产业 $i$ 的技术溢出水平。

测算结果如表 7-14 所述，由于石油天然气产业是典型的高技术、高投入、高风险的"三高"行业,因此与煤炭产业相比,其 R&D 投入要高得多。而且,由于石油天然气产业与关联制造业的技术距离也比煤炭产业高,因此,我国西部地区石油天然产业对制造业的技术溢出效应是煤炭产业的 5 倍多。从计算结果中还可以发现,我国西部地区的石油天然气产业和煤炭产业都对制造业或多或少地产生了技术溢出效应,但是这些技术溢出是否都对制造业生产率产生了正向促进作用,还需要进一步对技术溢出与制造业生产率关系进行回归分析。

表7-14 2007年西部地区能源产业技术溢出效应的比较

| 产业 | R&D 投入（$\eta$） | | | | | | | | | 技术距离 ($\Sigma P_{ij}$) | 技术溢出 ($s_i$) |
|---|---|---|---|---|---|---|---|---|---|---|---|
| | 新疆 | 青海 | 陕西 | 甘肃 | 宁夏 | 内蒙 | 云南 | 重庆 | 四川 | 贵州 | | |
| 石油天然气 | 10.40 | 1.69 | 5.95 | 0.08 | 0.02 | 0.42 | 0.00 | 0.02 | 0.12 | 0.01 | 15.12 | 283.00 |
| 煤炭 | 0.86 | 0.20 | 0.12 | 1.46 | 0.01 | 0.81 | 0.01 | 0.03 | 0.44 | 0.19 | 11.34 | 46.83 |

资料来源:胡健、焦兵:《中国西部能源产业技术溢出效应的比较研究》,载《资源科学》,2010年第3期。

（三）TFP 的整体实证检验

首先从整体上考察西部的能源产业的技术溢出效应是否提高了制造业的全要素生产率。具体的回归模型如下:

$$\log(TFP) = \beta_1 \log(K) + \beta_2 \log(L) + \beta_3 \log(A) + \beta_4 \log(s_1) + \beta_5 \log(s_2) + \beta_0 + \varepsilon$$

式中:$K$ 是制造业的资本投入;$L$ 是制造业的劳动投入;$A$ 是制造业的科技投入;$s_1$ 是石油天然气产业的技术溢出;$s_2$ 是煤炭产业的技术溢出。选取 2007 年制造业固定资产净值年均余额作为资本投入（$K$）,并用 2007 年固定资产投资价格指数进行平减;选取 2007 年制造业职工人数表示劳动投入（$L$）;选取 2007

年制造业的科技支出总额代表科技投入（$A$）。

结果显示，制造业自身的科技投入是促使我国西部地区制造业全要素生产率增长的主要因素，其强度系数为 0.7581，资本投入和劳动投入也对制造业全要素生产率的增长起到了正向的促进作用。石油天然气产业的技术溢出效应和煤炭产业的技术溢出效应对制造业全要素生产率提高产生了不同的影响：石油天然气产业技术溢出效应对制造业全要素生产率的提高产生了正向促进作用，而煤炭产业技术溢出效应则产生了负向阻碍作用，即我国西部地区煤炭资源开发产生的技术溢出效应并没有弥补其对制造业引发的挤出效应，而油气资源的开发则部分的弥补了其对制造业的挤出效应。实证检验的结果还表明，天然气产业技术溢出效应对制造业全要素生产率的提高的正向促进作用很小，只有 0.01627，这可能是与西部区域创新平台的缺失有关，石油天然气产业的研发成果不能直接及时有效地与关联制造业的实际生产相结合，因此不能更有效的促进制造业全要素生产率的提高。

（四）TFP 的分项实证检验

根据 Malmquist 生产力指数，将 TFP 变动分解成技术效率变动（TE）和技术变动（TC），以检验我国西部地区能源产业通过影响技术效率和技术变动进而对全要素生产率变动的影响。

$$\log(TE) = \beta_1 \log(K) + \beta_2 \log(L) + \beta_3 \log(A) + \beta_4 \log(s_1) + \beta_5 \log(s_2) + \beta_0 + \varepsilon$$

$$\log(TC) = \beta_1 \log(K) + \beta_2 \log(L) + \beta_3 \log(A) + \beta_4 \log(s_1) + \beta_5 \log(s_2) + \beta_0 + \varepsilon$$

式中：$TE$ 表示制造业的技术效率；$TP$ 表示制造业的技术进步。从我国西部地区能源产业技术溢出效应对关联制造业全要素生产率的分项检验结果可以发现，不论是石油天然气产业还是煤炭产业的技术溢出效应都对制造业的技术效率产生了正向推动作用，但是由于能源产业的繁荣还是挤出了制造业的研发投入，从而对制造业的技术进步都产生了负向阻碍作用，这就减弱或抵消了技术溢出效应的正向作用。

总之，实证研究的结果表明：（1）我国西部石油天然气产业和煤炭产业虽然都对关联制造业产生了技术溢出效应，但是石油天然气产业对关联制造业产生的技术溢出效应是煤炭产业的5倍；（2）我国西部石油天然气产业和煤炭产业的技术溢出效应对制造业全要素生产率的影响是不同的，石油天然气产业的影响是正的，煤炭产业的影响是负的；（3）能源产业的繁荣不可避免的对制造业的资本、劳动以及科技的投入产生挤出效应，但是能源产业产生的技术溢出效应也会带来制造业全要素生产率的提升。因此，只要能源产业对制造业正面的技术溢出效应超过负面的"挤出"效应，能源富集地区的"资源诅咒"陷阱还是可以规避的。

## 第五节　小结与政策建议

### 一、"资源诅咒"在中国

"资源诅咒"理论可以用来解释中国区域经济发展中的很多现象：（1）区域经济差距问题。中国资源分布与经济发展都很不均匀，资源较丰富的地区往往是经济发展较落后的地区，而资源相对贫乏的地区往往是经济高速发展的地区，资源赋存中心与经济重心错位明显。中国快速的经济增长始终存在着区域差距。改革开放以来，资源丰富的西部地区由于遭到"资源诅咒"，与东部地区的发展差距不仅继续存在，且呈现出扩大的趋势。由于技术进步的替代作用、资源流动成本的降低，以及东部地区资源利用效率的提高等因素，更加剧了西部地区资源优势的丧失。

(2)矿业资源城市的问题。目前，大量资源型城市都面临着资源枯竭后的转型和可持续发展问题，这证明了我国的资源型城市存在明显的"资源诅咒"现象。这些资源型城市表现出对能源和矿业高度的依赖性，资源的存在是工业区和城市存在的基本条件，资源的储量、品位和禀赋直接影响着城市和主导企业的效益与生命周期。(3)"资源丰富—区域贫困—生态脆弱"的恶性循环。我国西部地区资源丰富，但同时也是生态脆弱地区。资源的掠夺性开采和粗放利用，导致了资源型地区的可持续性丧失，加上区域发展基础尤其是交通设施等的薄弱，出现了所谓的"代价型贫困"或者"富饶的贫困"现象。资源丰富、经济贫困和生态脆弱这三大特性的叠加循环作用很容易形成恶性循环，从而陷入"资源诅咒"而不可自拔。

## 二、摆脱"资源诅咒"的政策建议

进入21世纪以来，我国经济进入了重化工业阶段，加大了对能源和原材料等投资品的需求。在这一轮新的地区经济竞争格局中，资源丰裕地区也许面临良好的发展机遇，与发达地区的经济差距有可能被缩小。但是，如果资本和劳动力在利润的驱动下过度流入了资源型产业，也有可能导致原本畸形的产业结构产生更大程度的扭曲。一旦国际原材料价格下降或者我国经济走出了资源约束的重化工业阶段，那么这些资源丰裕地区就将陷入更长时间的经济衰退。因此，应警惕在新一轮的地区经济竞争中中国区域经济发展的差距可能进一步扩大。对于存在"资源诅咒"的地区，应实施以下几方面的政策和战略调整：

（一）提高资源的开采率，避免过度开采的短期行为

要科学规划资源丰裕地区资源的开采度，提高资源的开采率，避免过度开采的短期行为。因为资源价格升高诱发的过度开采行为将导致生产要素从制造业部门的加速移出，一旦资源价格

回落，经济的萧条和衰退将难以避免；而且，许多能源都是非再生能源，有效控制非再生能源的产量是可持续发展的需要。因此，应加快出台能源产量控制措施办法，可以借鉴石油输出国组织（OPEC）的模式，建立能源配额机制。通过政府公开拍卖配额，既能保证公共资源的最大收益，又能保持能源价格的科学性；同时还能促进能源产业的整合，提高生产集中度，也可加强能源的安全生产。

以中国的稀土产业为例。稀土是重要的战略矿产，它被广泛应用于制导、卫星、探测、通讯、激光、夜视、光纤等以军事为先导的尖端高精技术领域。中国是世界第一大稀土资源大国，但多年来，中国大量开采稀土，以低廉的价格供应世界90%的稀土消费量；而没有稀土资源却是稀土消费大国的日本，则是从20世纪80年代开始将从中国进口的稀土用钢板焊接密封起来或沉入海底，以备不时之需。自从中国以低廉的价格大量出售稀土后，世界大部分国家就停止了开采。近年来，随着金属资源消耗的增加和价格的上涨，我国稀土出口量呈上升趋势，使得我国稀土储量锐减现象日益突出。由于过度开采，我国稀土等稀有金属资源优势正在逐渐消失。20世纪60年代，仅白云鄂博的稀土工业储量就占世界储量的80%以上，而目前中国的稀土工业储量占世界储量的比重已经下降至32%。与此同时，大量的外资企业纷纷在中国通过投资办厂等方式，逃避稀土出口配额限制，对稀土资源进行掠夺式开采。仅内蒙古包头市就有外资稀土企业10多家，他们仅对稀土资源进行简单加工后就出口。目前，我国有稀土开采企业100多家，年处理能力在2000～5000吨的企业仅有10家，大部分的稀土开采企业年产量只有几百吨，而在美国，稀土行业只有两家企业。这表明我国的稀土产业集中度偏低，直接导致了国内稀土开采产能过剩，稀土价格因此持续低迷。目前，我国稀土年生产能力16万吨，而国际市场需求不超过8万吨。为了提高稀土产业的竞争力和产品定价权，中国政府加强了稀土生产的管理和储备。在未来6年，中国将不再审批新的稀土矿采矿权，每年的稀土出口配额总量将控制在3.5万吨以内，并严禁出口镝、铽、铥、镥、钇等稀土金属。此外，中国还将通过宏观调控和市场资源配置等手段，对稀土产业进行大规模兼并重组，使稀土冶炼分离企业由目前的100多家缩减为20家左右。①

（二）开发与环境保护并重，建立和完善生态环境补偿机制

在我国许多资源富集地区，随着资源大规模开发，矿区脆弱的生态环境已遭到了严重的破坏。开采区地表塌陷、水源渗漏、植被枯死、土地无法耕种，失地农民人数迅速增加，许多村庄因丧失了基本生存条件而不得不整体搬迁，被城镇化了。据统计，2009年，中国共发生12起金属污染事件，导致4000多人中毒和32起群体事件；2010年又接连在湖南、陕西、江苏和广东等省发生重金属毒害事件，这都是由于一些资源企业在生产过程中造成汞、砷、铅、铬、镉等有毒金属的泄漏，对水资源和耕地资源产生了严重的威胁。

因此，要按照"资源有偿使用"的原则，严格征收各类资源有偿使用费，完善资源的开发、利用、节约和保护机制；按照"谁破坏、谁恢复"的原则，严格实行排污总量收费，促进企业加大治理污染的力度；研究探索建立生态恢复保证金制度，要求因开发建设损害生态功能与生态价值的单位与个人缴纳生态恢复保证金；按照"谁受益、谁补偿"的原则，建立国家、省两级能源开采生态补偿机制。

---

① 程刚：《从白云鄂博感受稀土之争》，《环球时报》，2010年6月24日，第7版。

(三)调整和优化产业结构,大力发展新兴产业

产业结构升级是落后地区实现跨越式发展的重要途径。我国资源丰裕地区产业结构是相当落后的,附加值高的制造业不发达。资源丰裕地区的产业结构调整既要立足于地区的比较优势,又要避免单纯以资源开采为导向,而是要将资源开发与发展高附加值的制造业结合起来,每年从资源产业受益中拿出一定比例,大力发展先进的制造业和高新技术产业,从而延长资源产业链,将资源原产品的提供转化为成品的提供,增加自然资源开发利用中价值增值。同时,将旅游业、生态农业、环保产业等新兴产业作为重要的战略产业和支柱产业,促进资源型地区多样化产业和接替产业的稳步发展和升级,从而增强地区的可持续发展的能力。

(四)加大人力资本投入,培育经济增长新的动力

由于资源丰裕地区的人力资本不断地被资源产业资本所"挤出",因此,人力资本的积累与发达地区的差距很大。资源丰裕地区摆脱"诅咒"就要加大人力资本的投资力度,包括增加对资源型地区的教育投入,改善不合理的教育投资体制,加强基础教育以及成人教育和培训,吸引外来的技术人才和知识人才,积累宝贵的人力资本;加大对公共卫生系统建设的支持力度,实施公平的基本公共卫生服务,实现基本医疗保险的合作疗保障制度。只有通过增加教育投资、提高健康水平的人力资源开发,才能显著提高劳动生产率,促进经济增长和国民收入提高,有助于实现人口、资源与经济社会的协调发展。

(五)改革现行的资源税,增强地方财政能力

近年来,虽然煤、油、气等资源性产品价格大幅度上涨,但由于资源税实行从量计征且税额偏低,使资源富集地区无法享受资源产品价格上涨所带来的税收收益。资源税是我国税制体系中的一个小税种,资源税收入占全国税收总收入的比重不超过

1%，在各省财政收入中所占的份额最多也不高于4%，资源税的征收未构成资源禀赋不同的区域财政能力的明显差距。例如，2001~2007年，榆林市仅资源税额偏低就造成税收背离达21.9亿元。因此，首先，应改革资源税的征收办法，将能源税的征收分成两部分：第一部分从量征收，按照可开采量征收，不仅能确保必要的资源税最低收益，也可促使资源开采者提高开采率，减少浪费；第二部分试行从价征收，按照资源销售收入征收。其次，还应实行非再生能源资源定价改革，合理调整资源性产品比价，充分体现资源成本与环境成本。资源成本是需要通过完善资源的基础市场来实现的，而环境（生态）成本则是需要通过资源税费制度改革实现的。再次，由于资源型省份在过去对其他省份的间接转移支付因素，政府应适当提高资源税征收的范围，加大对资源型城市的返还和留成比例。这样不但可以使资源丰裕但经济落后的地区积累更多的发展资金，而且也能减轻中央对贫穷省份的转移支付的压力。但是，这种利益的重新分享一定要和落后地区的产业升级挂钩，要有助于落后的资源丰裕地区改善环境、培养人力资本等，否则就会更加驱使资源型省份继续扩张资源性产业，最终反而会放大"资源诅咒"的效应。

（六）设立资源基金，增强经济体的抗风险能力

由于煤炭等资源行业管理体制落后，行业进入门槛低，因此一旦资源价格回升，市场需求加大，大量资本和劳动力纷纷投入资源行业生产，推动资源富集区的经济发展，财政收入增加。而资源价格一旦回落，市场需求减少，其经济发展便陷入困境。实践证明，资源依赖型地区经济发展缺乏自主增长能力，其经济发展随着资源产品价格的波动而发生波动，抗风险能力极差。为降低地区经济发展的脆弱性，应借鉴国外经验，设立资源基金，资源基金是规避"资源诅咒"的一个重要手段。具体做法是：设定一个合理的资源价格，如果市场价格超过此价格，基金收入增

加，以此来防止增加的收入转化为预算支出，制约政府投资扩张；如果市场价格低于此价格，基金收入的一部分进入政府预算中以稳定预算支出，以此抵抗由于资源价格降低造成对经济体的冲击，从而保持经济发展的稳定性和持续性。资源基金一方面可以增强政府的宏观调控能力，另一方面可以用于治理资源行业发展带来的空气污染和环境破坏等问题。当然这需要一系相关的法律和制度为保障。目前，我国对资源型城市，特别是资源枯竭地区的财政援助，主要采取中央财政转移支付的方式，尚未从真正意义上形成长效机制。在当前资源产品价格高涨的有利时期，应尽快建立起资源基金，这对资源型城市的经济转型和可持续发展是一个明智的选择。

（七）提高资源租的使用效率，建立有效透明的监督机制

如何使用资源税和转移支付等直接和间接的资源租，建立有效机制实现产业结构调整是资源丰裕地区长期快速发展的关键。在我国一些资源丰裕的落后地区，大量的资源租被用于政府的消费性支出，效率很低。为了有效利用有限的地方资源税和转移支付资金，必须建立透明的监督机制与社会公众参与机制，建立严格的专向拨款审批制度。政府公共财政的支出应主要投向支持经济持续增长的基础设施和公共服务领域，将教育、交通、水利、公共卫生、科学研究、环境保护等作为首选投入部门，将有限的资金投入到成本效益最高、受益面最广的社会发展领域。

（八）改变资源收入分配不合理，促进资源地区经济社会的和谐发展

资源丰裕地区内部的贫富分化问题也比较突出。[1] 尤其是近年来煤炭、天然气等能源产品价格持续走高，造就了一批暴富人

---

[1] 殷耀、储国强、丛峰：《利益失衡，矛盾重重——晋陕内蒙古"金三角"贫富差距调查》，载《半月谈》，2010年第12期。

群,资源开发企业从业人员享受着高出其他行业几十倍甚至上百倍的薪酬。而大部分从事传统产业的居民仍十分贫穷,反差很明显。这说明,资源收益的初次分配极不合理:少数人的暴富掩盖了多数人的贫穷;财政增长速度远远快于居民收入,财政的富裕掩盖了老百姓的贫穷。由于贫富分化日益凸显,冲突也频繁发生。因此,首先,资源丰裕地区的政府应通过加强教育、医疗、住房以及社会保障等投入,修正初次分配环节的畸形扭曲,实施提高居民财产性收入等一系列民生政策;其次,进一步完善矿业用地制度,确保农民的土地权力,解决失地农民的民生问题;第三,应改变当前资源开发利用的模式,加大资源的就地加工比例,拉长资源地的资源产业链,给资源地提供更多的就业机会。对失地农民进行培训,使他们能够进入非农行业就业,从而缓解资源开发和农业生产、资源利益和农民利益之间的矛盾,促进资源地区经济社会的和谐发展。

(九)推进制度改革,减少寻租和腐败

首先,实际经营过程中资源所有权的虚置或弱化为政府官员进行"政治寻租"提供了可能。其次,矿业权真实价值的缺失未能真实地反映资源获得成本,资源价格体制的不合理客观上为寻租和腐败的产生提供了动力和土壤。最后,缺乏完善的监管机制和惩罚机制使官商勾结等腐败现象屡禁不止。要从根本上减少寻租和腐败行为的发生,必须加快推进矿业权制度改革,制定规范产权的法律制度,从法律上保证矿产资源的所有权得到实现;明晰矿产资源的使用权和收益权;制定与完善资源税征收制度,理顺资源产品价格,使资源价格确实反映资源破坏与环境治理成本;针对可能出现腐败的环节制定完善的监管机制和惩罚机制,如加大对资源开采权行政审批等容易发生权力滥用和腐败问题的监督和约束。总之,减少政府对经济活动的干预,降低滥用权力的行为,提高市场化程度。

总之，尽管丰裕的自然资源容易对经济增长产生抑制作用，但这种"诅咒"并非无法破解。一些成功国家发展的经验事实告诉我们，在高质量的政府管理和对资源收入合理分配并在促进增长的其他方面上同时改善的条件下，资源开发完全能够对经济增长起到良好的推动作用。

# 结语:"后资源经济"时代资源开发利用新模式的探索

所谓"后资源经济"时代,是指现阶段的经济发展不可能再像以往那样依赖于资源要素的大量投入。因为,由于人类长期过度开发和消耗自然资源,一些资源已趋于枯竭状态,自然资源的高价时代已经到来。而且,长期以来的人类活动已经产生了明显的生态灾难如全球气候变暖、自然灾害频发。因此,发展以低能耗、低污染为基础的"低碳经济"已成为世界各国新的共识。2009年在哥本哈根召开的联合国气候变化大会标志着"资源经济"时代的终结和"后资源经济"时代的开启。但是,在人类社会经济发展的任何阶段,资源仍然是最重要的物质基础。为此,无论资源丰裕国家还是资源贫乏的国家,都在加紧研究和探索在这一新背景下资源开发和利用的新模式。

## 一、厄瓜多尔:世界首个"绿色石油协议"

自墨西哥湾原油泄漏事件之后,人们意识到,石油开采的影响不仅仅在技术层面,还有许多风险是无法控制的,因此"后石油经济"需要创造新的资源消费与生产模式。

厄瓜多尔政府与联合国开发计划署(UNDP)于2010年8月3日在基多签署协议,通过建立信托管理基金的模式向厄瓜多尔提供36亿美元的经济援助，换取厄瓜多尔放弃开发有环保争议的伊斯平戈—坦博科查—蒂普蒂尼（ITT）油田，以支持厄瓜多尔保护亚马孙热带雨林地区的生物多样性，避免因石油开采而可能产生的温室气体排放。该信托基金由联合国开发计划署进行管理，主要用于保护厄瓜多尔境内其他国家公园共计480万公顷的土地，以及新能源开发，以减少该国对石油的依赖；这笔资金每年将获得7%的回报，用于厄瓜多尔的社会发展的项目，如修建学校和医院、退耕还林、发展环保旅游业等。在该协议的谈判过程中，绿色和平组织、世界自然基金会和欧佩克成员国也起了积极的作用。

厄瓜多尔是拉美第五大石油生产国，该国现有可采石油储量为49.82亿桶。石油是厄瓜多尔的最大出口产品，其收入占其政府预算收入的22%。伊斯平戈—坦博科查—蒂普蒂尼油田位于厄瓜多尔东部亚苏尼国家公园内，该油田面积为675平方英里（约1087平方公里），其已探明的石油储量约有40亿桶，约占全国石油储量的1/5。将这些石油留在地下、不开采、不消耗，可减排约4.1亿多吨的二氧化碳，相当于法国和巴西两国二氧化碳年排放量的总和。

厄瓜多尔与联合国签订的绿色石油协议，是世界上第一个真正的绿色能源协议，被称为开创性的协议，因为它不同于以往的任何条款，这份独特的、具有法律效力的、价值数十亿美元的石油协议不是出售石油资产的开采权，而是用来购买石油的"不开采权"或购买"封存"的石油，对生态环境的保护起到了非常重要的作用。因为亚尼苏公园位于亚马孙河、安第斯山脉和赤道的交界处，是全球物种最丰富的地区之一，早在1989年，该公园就被联合国列为全球生物多样性重点保护区。这一地区的生态价值要远远大于经济价值。

该绿色石油协议将至少持续10年，提供资金的国家将与厄瓜多尔签订亚苏尼保证协议。如果厄瓜多尔政府以后违反协议，重新开采亚苏尼国家公园的石油，必须连本带息向提供资金的国家进行赔偿；如果到2011年12月，信托基金的资金还达不到1亿美元，厄瓜多尔政府就有权取消这一方案，同时，政府将会把所收到的资金归还给提供者，然后决定是否对伊斯平戈—坦博科查—蒂普蒂尼油田进行开采。

该协议可以说是一个"先锋"项目，如果这一方案奏效，世界其他国家也会效仿，因为哥伦比亚、秘鲁和菲律宾等国目前也面临着保护生态和石油开发难以两全的困境。由富裕国家对贫困国家进行财政补偿，而贫困国家则放弃开采本国生态重地内的石油资源。也许这种方式是制止贫困国家以破坏环境的方式开发石油资源的最根本、最有远见的方法，或许10年后这甚至有可能成为一种规则。

其实早在2007年，厄瓜多尔就提出了为保护亚苏尼国家公园放弃石油开采的方案，呼吁国际社会和发达国家提供援助。当时厄瓜多尔政府开价3.5亿美元叫卖亚尼苏国家公园石油的"不开采权"，但国际社会对此反应冷淡。2009年哥本哈根气候大会之前，厄瓜多尔总统科雷亚曾到英国、法国、瑞典和加拿大访问，希望这些国家支持这一方案，但未得到明确答复。直到2010年8月3日，这一方案终于迈出了第一步，由相关国家出资，厄瓜多尔政府、联合国开发计划署共同管理的信托基金模式为这一方案提供了可能。时至今日，亚尼苏国家公园石油的"不开采权"的价格已是当时的10倍，但厄瓜多尔政府表示，36亿美元的价格并不高，因为按照目前的市场价格来算，仅该地区石油储量的价值就高达70亿美元。加上消费这些石油将产生4.07亿吨的二氧化碳，在全球碳交易市场上的价值约为50亿美元。该方案的签署，使厄瓜多尔成为世界上第一个为减缓气候变暖而放弃开采石油的国家。目前德国率先承诺，在今后的13

年里，每年向厄瓜多尔提供5000万美元的资金援助；西班牙预计将提供2.5亿美元；法国、瑞典、比利时、荷兰、挪威、意大利和美国也表示将向该基金注资。

当然，我们也应充分考虑到签订绿色石油协议背后的种种政治因素，这一方案是否最终能达到预期的效果还将拭目以待。但无论如何，绿色石油协议是"后资源经济"时代资源开发新模式的一种具有开创性的探索。

**二、中国："绿色煤炭"**

（一）"后资源经济"时代中国面临的挑战

在全球气候变暖和自然灾害频发的背景下，通过市场机制下的经济手段激励推动低碳经济的发展，以减缓人类活动对气候的破坏，并逐渐达成一种互相适应的良性发展状态，已经成为世界各国和各地区新的共识，发展以低能耗、低污染为基础的"低碳经济"成为全球的焦点问题。欧美发达国家已着手推进以高能效、低排放为核心的"低碳革命"，着力发展"低碳技术"，对产业、能源、技术、贸易等政策进行重大调整，以抢占先机和产业制高点。例如，奥巴马上任伊始就在"美国复兴和再投资计划"中，将发展"绿色经济"作为投资的重点，尤其是高效电池、电网改造、碳储存和碳捕获、可再生能源等，意图通过新经济增长点来振兴美国经济，创造更多的就业机会。低碳经济的争夺战已在全球悄然打响，这对中国既是压力，也是挑战。

挑战之一：工业化、城市化、现代化加快推进的中国，正处在能源需求快速增长阶段，大规模基础设施建设不可能停止；长期贫穷落后的中国，以全面小康为追求，致力于改善和提高13亿人民的生活水平和生活质量，带来能源消费的持续增长。"高碳"特征突出的"发展排放"，成为中国可持续发展的一大制约。怎样既确保人民生活水平不断提升，又不重复西方发达国家以牺牲环境为代价谋发展的老路,是中国必须面对的难题。

挑战之二:"富煤、少气、缺油"的资源条件,决定了中国能源结构以煤为主,低碳能源资源的选择有限。电力中水电占比只有20%左右,火电占比达77%以上,"高碳"占绝对的统治地位。据计算,每燃烧一吨煤炭会产生4.12吨二氧化碳气体,比燃烧一吨石油和天然气分别多30%和70%。而且,未来20年中国能源部门电力投资将达1.8万亿美元,火电的大规模发展对环境的威胁不可忽视。

挑战之三:中国经济的主体是第二产业,这决定了能源消费的主要部门是工业,而工业生产技术水平落后,又加重了中国经济的高碳特征。资料显示,1993~2005年,中国工业能源消费年均增长5.8%,工业能源消费占能源消费总量约70%。采掘、钢铁、建材水泥、电力等高耗能工业行业,2005年能源消费量占了工业能源消费的64.4%。调整经济结构,提升工业生产技术和能源利用水平是一个重大课题。

挑战之四:作为发展中国家,中国经济由"高碳"向"低碳"转变的最大制约是整体科技水平落后和技术研发能力有限。尽管《联合国气候变化框架公约》规定,发达国家有义务向发展中国家提供技术转让,但实际情况与之相去甚远。据估计,以2006年的GDP计算,中国由高碳经济向低碳经济转变,年需资金250亿美元。这样一个巨额投入,对中国来说显然是一个沉重的负担。

(二)"绿色煤炭"

所谓"绿色煤炭"是指使用低碳技术以实现"低开采率、高回收率",从源头上做到煤炭资源的节约。煤炭是我国能源的根本。近十几年来,我国国民经济保持了10%左右的增长速度,拉动了以煤炭为主体的能源需求快速增长,但是煤炭行业的快速发展是以煤炭资源的加速枯竭、土地资源的过度占用、煤系伴生矿产资源的大量浪费和生态环境的严重污染为代价的。这种以煤为主的能源结构和传统煤炭生产和利用的方式在长远看来是不可能持续的，而且它所带来的一系列问题也无法得到有效的解决。

然而，要解决由于煤炭企业超强度、超环境容量长期超能力开采引发的煤炭资源型地区环境、安全等一系列的社会问题，还必须依靠发展本身，不应将发展视为产生这些问题的根源，而应将发展作为解决上述问题的手段和目的。因此，必须寻求一种新的发展方式。这种发展应该建立在可持续的基础之上，不仅能给煤炭企业本身带来良好的经济效益，还要有利于社会发展和环境的改善，发展的目的就是要建立一种新型的资源节约、环境友好的煤炭工业体系，即绿色煤炭工业体系，简单的说就是煤炭工业要实现煤炭资源的节约、废弃物的回收与循环再利用、伴生矿产资源的充分利用和环境最小程度的污染。

1. 绿色开采：合理控制煤炭产能

我国现有煤炭地质储量约 1.02 万亿吨，折合有效储量约 3000 亿吨，2009 年末煤炭产量达到 30 亿吨，预计到 2025 年，煤炭产量将达到 50 亿吨的顶峰。我国现有储量足够挖 60 年，我国尚未探明的煤炭预测地质储量约 4.55 万亿吨，地质资源总量（探明+预测）5.57 万亿吨，假设最终能探明煤炭资源总量的 70%，则还能找到 2.88 万亿吨的地质储量，约合 8500 亿吨的有效储量，将可延长开采 170 年，那么，我国煤炭资源有可能将在 230 年后彻底枯竭。目前，我国煤炭赋存生产地，除晋陕蒙地区和新青地区，其他地区的煤炭资源开采已达最大化状态，未来煤炭资源呈现逐步枯竭状态。预计到 2020 年我国对煤炭的需求将达到 35~40 亿吨，而煤炭产能的增加只能在山西、陕西、内蒙古、甘肃、青海等煤炭资源丰富的地区，但这一地区正是生态环境脆弱和水资源贫乏的地区。国家经济发展对能源的需求保障和煤炭资源型地区生态环境保护的矛盾日益突出。

环境是经济发展的空间，资源是经济发展的基础，煤炭资源型地区不能再走以忽视和牺牲环境效益、浪费资源和破坏生态平衡为代价发展经济的老路。应控制开发总量，推行绿色开采，走资源利用率高、环境保护好、安全有保障的可持续发展之路。

（1）以环境容量为前提，科学控制煤炭开采规模。煤炭开采受生态环境、水资源、资源赋存条件、开采技术等多方面的制约，煤炭资源型地区应根据环境容量合理开发和布局。

（2）发展先进技术，实现绿色开采，推行资源与环境协调开发。绿色开采的内涵主要表现在，改革开采技术减轻对地表的扰动和水土破坏、减少废弃物排放，如采用保水开采技术、煤与瓦斯共采技术、采矿与生态恢复一体化技术等，达到"资源与环境协调开发"的矿区可持续发展模式。对此国家应制定相应的鼓励或优惠政策。

（3）加快对煤炭资源型地区科学产能和环境承载容量的研究，建立煤炭开采地区超能力供给的国家补偿机制。从煤炭资源型地区的资源储量、环境容量、科学产能、补偿标准、责任义务等方面予以明确。

2. 高碳资源低碳化利用

2009年的哥本哈根气候变化大会标志着全球进入"低碳"时代。我国已承诺，到2020年，中国单位GDP二氧化碳排放比2005年下降40%~45%。目前我国仍然是以煤炭为主、多种能源互补的能源结构，但煤炭仍占65%的比重，这种以煤为核心的能源结构在现在以及以后相当长的时期内都很难改变。煤炭的消耗将成为碳减排的最大阻力。

作为煤炭消费大国，我国2009年的煤炭产量达到29.6亿吨，消费量近28亿吨。由于煤炭是碳排放系数最高的高碳能源，也是最重要的化石能源，因化石能源消费造成的二氧化碳排放量约占其总排放量的70%以上，其中仅煤炭的二氧化碳排放量就占 40%。减少碳排放的全球目标无疑形成了严峻挑战。目前，国家在十大产业振兴规划中注入了低碳元素，如严格控制钢铁总量，加大淘汰落后产能力度；三年安排 100 亿元专项资金重点支持汽车企业技术创新、技术改造和新能源汽车及零部件发展；制造业要实现高效清洁发电、关注环保；石化业要增加技改投入，采用洁净煤气化和能源梯级利用技术等。

但是，目前面临最大的挑战还是技术还不成熟，发达国家在低碳技术的转让方面存在一定的技术封锁和技术垄断；而国内产业准备还不充分，企业盈利模式还未完全形成。中长期来看，发展无污染的清洁煤发电技术是中国实现低碳经济的关键，整体煤气化联合循环发电技术（IGCC）将成为未来煤电主流。目前我国 IGCC 相关项目刚刚启动，关键部件尚不能国产，但超临界机组和超超临界机组发展迅速，已经基本完成国产化，具备了批量化建造的能力，这些新型的机组拥有更高的发电效率和更低的煤炭消耗，并从技术上给整体煤气化联合循环发电系统和多联产技术的发展提供了良好的基础。

作为碳减排的骨干力量，煤炭企业的碳减排应当受到足够的重视。因此，国家应根据煤炭企业的高碳能源领域的碳排放实际，对资源综合利用好、乃至无碳排放的煤炭企业制定相关产业、财税、信贷、投资等方面优惠政策，鼓励煤炭企业的低碳利用和发展。

（1）制定支持煤炭企业参与低碳经济发展的产业政策，健全奖罚财税政策，强化财税政策的激励和约束作用。在一系列的政府刺激计划中，有 1/3 都投入绿色项目，预计未来每年可高达 1 万亿美元。从事低碳技术开发的煤炭企业可享受一定的所得税减免，吸引煤炭企业积极进行低碳技术的研发；对煤炭企业用于购置环境保护型设备的投资，可按一定比例实行税额抵免，鼓励煤炭企业对先进环保设备的购置与使用，并对环保设备实行加速折旧；通过实行低碳投资退税等优惠政策，吸引国内外资金，鼓励低碳产业投资；采取物价补贴、企业亏损补贴、财政贴息、税前还贷等财政补贴措施，支持低碳企业发展；加大对节能技术改造项目的信贷支持，支持符合条件的企业发行节能方面的企业债券；扩大财政创业风险投资，对风险高、具有重大意义的低碳新技术，采取风险投资的方式予以支持。

（2）制定有利于低碳技术发展的税收激励政策。对低碳技术的研究、开发、转让、引进和使用予以税收鼓励，积极引进国外先进技术，促进国内外技术交流，提高我国企业技术水平，包括技术转让收入的税收减免、技术转让费的税收扣除、对引进技术的税收优惠等。

（3）在煤炭行业推广低碳经济发展试点，推出低碳经济示范企业，并推出一系列税收及融资的优惠政策，鼓励煤企低碳发展。

（4）对煤炭企业拟进行的洁净煤技术等低碳经济技术的研发进行补贴，鼓励新型煤化工低碳项目的产业化运作。

# 参考文献

1. [英] 莱斯利·贝瑟尔主编：《剑桥拉丁美洲史》（中文版），北京：当代世界出版社，2000年版，第6卷（上册）。
2. [英] 阿列克·凯恩克劳斯著，李琮译：《经济学与经济政策》，商务印书馆，1990年版。
3. 程志强：《资源诅咒假说：一个文献综述》，载《财经问题研究》，2008年第3期。
4. 程志强：《煤炭繁荣给鄂尔多斯带来了什么？》，http://finance.sina.com.cn/economist/xueshulunheng/20081010/11245376884.shtml
5. 丁勇、李秀萍、刘朋臀、贾晋峰：《自然资源价值新论——自然资源价值评估》，载《内蒙古科技与经济》，2005年第10期。
6. 杜凯、周勤、蔡银寅：《自然资源丰裕、环境管制失效与生态"诅咒"》，载《经济地理》，2009年第2期。
7. 段利民、马鸣萧：《"资源诅咒"问题研究理论综述》，载《未来与发展》，2009年第5期。
8. 冯宗宪、于璐瑶、俞炜华：《资源诅咒的警示与西部资源开发难题的破解》，载《西安交通大学学报（社会科学版）》，2007年第2期。
9. 樊纲、王小鲁、张立文、朱恒鹏：《中国各地区市场化相对进程报告》，载《经济研究》，2003年第3期。

10. 郭波、吕守庆：《从比较优势到竞争优势——西方自由贸易理论的演变轨迹及其启示》，载《大连大学学报》，2006年第1期。

11. 郭熙保主编：《发展经济学经典论著选》，北京：中国经济出版社，1998年版。

12. 韩孟：《宏观经济形式与资源环境禀赋分析》，载《科学》，2009年第3期。

13. 洪柳文：《煤炭资源型城市如何破解"资源诅咒"定律》，载《现代商业》，2007年第24期。

14. 洪银兴：《从比较优势到竞争优势——兼论国际贸易的比较利益理论的缺陷》，载《经济研究》，1997年第6期。

15. 洪银兴：《经济全球化条件下的比较优势和竞争优势》，《经济学动态》，2002年第12期。

16. 胡健、焦兵：《油气资源禀赋与区域经济发展的"资源诅咒"问题研究》，载《统计与信息论坛》，2008年第2期。

17. 胡健、焦兵：《中国西部能源产业技术溢出效应的比较研究》，载《资源科学》，2010年第3期。

18. 胡援成、肖德勇：《经济发展门槛与自然资源诅咒——基于我国省际层面的面板数据实证研究》，载《管理世界》，2007年第4期。

19. 黄溶冰：《资源型经济摆脱"资源诅咒"的财政调节机制》，载《现代经济探讨》，2008年第11期。

20. 黄毅：《资源型经济转型与资源诅咒的化解》，载《云南社会科学》，2009年第2期。

21.【美】吉利斯、波金斯、罗默和斯诺德格拉斯著，彭刚等译：《发展经济学》（第4版），北京：中国人民大学出版社，1999年版。

22. 景普秋、王清宪：《煤炭资源开发与区域经济发展中的"福"与"祸"：基于山西的实证分析》，载《中国工业经济》，2008年第7期。

23. 【美】安妮·克鲁格著：《发展中国家的贸易与就业》，李实、刘小玄译，上海三联书店，1995年版。

24. 李栋华、王霄：《中国省际经济发展的"资源诅咒"》，《暨南学报》（哲学社会科学版），2010年第1期。

25. 李莉：《"资源诅咒"研究》，载《时代经贸（学术版）》，2008年第11期。

26. 李连光、景普秋：《煤炭资源开发与山西经济增长之间关系的实证研究》，载《中北大学学报》，2010年，第26卷，第2期。

27. 李明利、诸培新：《自然资源丰裕度与经济增长关系研究述评》，载《生态经济》，2008年第9期。

28. 李天籽：《自然资源丰裕度对中国地区经济增长的影响及其传导机制研究》，载《经济科学》，2007年第6期。

29. 林毅夫：《经济发展与转型：战略、思潮与自生能力》，北京大学出版社，2008年版。

30. 刘少英：《汇率变动、可耗竭资源和经济增长》，载《财经科学》，2009年第3期。

31. 刘鑫：《破除西部经济发展中的自然资源比较优势"陷阱"》，载《吉林地质》，2005年第1期。

32. 鲁金萍：《广义"资源诅咒"的理论内涵与实证检验》，载《中国人口·资源与环境》，2009年第1期。

33. 罗浩：《自然资源与经济增长：资源瓶颈及其解决途径》，载《经济研究》，2007年第6期。

34. 马子红：《自然资源与经济增长关系研究综述》，载《经济学动态》，2006年第2期。

35. 邵帅、齐中英：《西部地区的能源开发与经济增长——基于"资源诅咒"假说的实证分析》，载《经济研究》，2008年第4期。

36. 邵帅、齐中英：《基于"资源诅咒"学说的能源输出型城市R&D行为研究——理论解释及其实证检验》，载《财经研究》，2009年第1期。

37. 安德烈·施莱弗、罗伯特·维什尼编著，赵红军译，《掠夺之手：政府病及其治疗》，中信出版社，2004年版。

38. 苏振兴主编：《拉丁美洲的经济发展》，北京：经济管理出版社，2000年版。

39. 孙寒冰、江美丽：《破解资源诅咒》，载《资源与人居环境》，2007年第9期。

40. 孙寒冰、李世平：《破解"资源诅咒"促进城市转型》，载《安徽科技》，2006年第6期。

41. 王力、徐松：《发展中国家贸易战略的效应分析》，载《华东经济管理》，2007年第10期。

42. 王强、侯强：《资源经济与区域技术效率：跨省随机前沿分析》，载《企业经济》，2010年第1期。

43. 王润平、陈凯：《资源富集地区经济贫困的成因与对策研究——以山西省为例》，载《资源科学》，第28卷，第4期，2006年7月。

44. 王永丰：《内蒙古存在"资源诅咒"吗?》，载《工会博览·理论研究》，2009年第7期。

45. 王云：《"资源诅咒"的实证分析及破解》，载《经济问题》，2008年第1期。

46. 文礼朋、郭熙保：《初级产品出口导向发展理论述评——自然资源丰富的中小国家的经济发展思路》，载《国外社会科学》，2008年第1期。

47. 武芳梅：《"资源的诅咒"与经济发展——基于山西省的典型分析》，载《经济问题》，2007年第10期。

48. 吴文亮：《矿产资源与区域经济增长：基于中国省际层面的实证研究》，载《兰州商学院学报》，总25卷，第5期，2009年10月。

49. 徐康宁、韩剑：《中国区域经济的"资源诅咒"效应：地区差距的另一种解释》，载《经济学家》，2005年第6期。

50. 徐康宁、王剑：《自然资源丰裕程度与经济发展水平关系的研究》，载《经济研究》，2006年第1期。

51. 徐康宁、王剑：《自然禀赋与经济增长：对"资源诅咒"命题的再检验》，载《世界经济》，2006年第11期。

52. 闫美娜：《资源诅咒——基于我国省际层面面板数据的实证分析》，载《科协论坛（下半月）》，2009年第10期。

53. 杨上广、丁金宏：《自然资源合理定价的理论研究》，载《福建地理》，2006年第2期。

54. 姚文英：《新疆"资源诅咒"效应验证分析》，载《新疆农业大学学报》，2009年第4期。

55. 殷俐娟：《资源富集地区避免"资源诅咒"效应的策略》，载《国土资源科技管理》，2008年第2期。

56. 于术桐、黄贤金、李璐璐、陈美：《中国各省区资源优势与经济优势比较研究》，载《长江流域资源与环境》，第17卷，第2期，2008年3月。

57. 赵奉军：《关于"资源诅咒"的文献综述》，载《重庆工商大学学报》，2006年第2期。

58. 张炳淳：《论自然资源费制度》，载《政法论丛》，2006年第6期。

59. 张菲菲、刘刚和沈镭：《中国区域经济与资源丰度相关性研究》，载《中国人口·资源与环境》，2007年第4期。

60. 张复明：《资源型经济：理论解释、内在机制与应用研究》，北京：中国社会科学出版社，2007年版。

61. 张贡生：《"资源诅咒"论：一个值得商榷的命题》，《财贸研究》，2008年第6期。

62. 张冀磊、任婧萍：《论矿产资源与城市经济发展》，载《金卡工程》，2009年第5期。

63. 张举刚、周吉光：《自然资源禀赋与发展中国家经济分析》，载《石家庄经济学院学报》，2005年第6期。

64. 张举钢、周吉光：《自然资源禀赋与经济发展的悖论——发展中国家经济现状成因及发展方向的探讨》，载《中国国土资源经济》，2005年第10期。

65. 张亚斌、周琛影：《再论比较优势与竞争优势》，载《国际经贸探索》，2002年第3期。

66. 赵丽芳：《如何看待国际分工理论的回归现象》，载《山西高等学校社会科学学报》，2005年第8期。

67. 赵灵、张景华：《我国西部资源诅咒的传导机制与路径选择》，载《统计与决策》，2008年第21期。

68. 朱民、马欣：《新世纪的全球资源商品市场》，载《世界经济导刊》，2007年第1期。

69. Acemoglu, D., S. Johnson and J. A. Robinson, "The Colonial Origins of Comparative Development: An Empirical Investigation", *American Economic Review*, Vol. 91, No. 5, 2001.

70. Acemoglu, D., S. Johnson and J. A. Robinson, "An Africa Success Story: Botswana", in D. Rodrik ed., *In Search of properity: Analytical Narratives on Economic Growth*, Princeton, NJ, Princeton University Press, 2003.

71. Acemoglu, D., S. Johnson and J. A. Robinson, "Institutions as the Fundamental Cause of long - Run Growth", *The Hand-*

book of *Economic Growth* edited by Philippe Aghion and Steve Durlauf, 2004.

72. Acemoglu, D., D. Ticchi and A. Vindigni, "*Emergence and Persistence of Inefficient State*", MIT Working Paper, 2007.

73. Aghion, P., "Schumpeterican Growth and the Dynamics of Income Inequality", *Econometrica*, Vol. 70, 2002.

74. Aghion, P. and P. Howitt, "A Model of Growth through Creative Destruction", *Econometrica*, Vol. 60, No. 2, 1992.

75. Altman, Morris, "Staple Theory and Export – led Growth: Constructing Differential Growth", *Australian Economic History Review*, Vol. 43, No. 3, 2003.

76. Angrist, J. D. and A. D. Kugler, "*Rural Windfall or a New Resource Curse? Coca, Income, and Civil Conflict in Colombia*", NBER working paper, wl1219, 2005.

77. Aroca, Patricio, "Impacts and development in local economies based on mining: The case of the Chilean II region", *Resources Policy*, Vol. 27, No. 2, 2001.

78. Auty, R. M., *Resource – based Industrialization: Sowing the Oil in Eight Developing Countries*, Clarendon Press, Oxford, UK, 1990.

79. Auty, R. M., *Sustaining Development in Mineral Economies: The Resource Curse Thesis*, Routledge, London, 1993.

80. Auty, R. M., "Industrial policy reform in six large newly industrialized countries: The resource curse thesis", *World Development*, Vol. 12, 1994.

81. Auty, R. M., *Patterns of Development: Resources, Policy, and Economic Growth*, Edward Arnold, London, 1994.

82. Auty, R. M., "The resource curse thesis: Minerals in Bo-

livian development 1970 - 1990", *Journal of Tropical Geography*, Vol. 15, No. 2, Singapore, 1994.

83. Auty, R. M. , "Natural Resources, the State and Development Strategy", *Journal of International Development*, Vol. 9, 1997.

84. Auty, R. M. , "*Resource Abundance and Economic Development*", Oxford: Oxford University Press, 2001.

85. Auty, R. M. and Alan G. Gelb, Political Economy of Resource Abundant States, in R. M. Auty, *Resource Abundance and Economic Development*, Oxford, UK: University Press, 2001.

86. Balassa, Bela, *Policy reform in developing countries*, Oxford, New York: Pergamon Press, 1977.

87. Baldwin, Robert E. , "Patterns of Development in Newly Settled Region", *Manchester School of Social and Economic Studies*, Vol. 24, 1956.

88. Banco Central de Venezuela, *Serie estadística*, various years.

89. Barro, R. and Jong - Wha Lee, "*Sources of Economic Growth*", Carnegie - Rochester Conference on Public Policy, U. S. A. , 1994.

90. Barro, R. and Sala - i - Martin, "*Economic Growth*", Harvard University, 1994.

91. Benabou, R. , "*Inequality and Growth*", NBER working paper 5658, 1996.

92. Bidarkota P. and M. J. Crucini, "Commodity Prices and the Terms of Trade", *Review of International Economics*, Vol. 8, No. 4, 2000.

93. Billon, Philippe Le, "The political ecology of war: natural resources and armed conflicts", *Political Geography*, Vol. 20, 2001.

94. Bleaney, Michael F. and David Greenaway, "Long - run trends in the relative price of primary commodities in the terms of trade of developing countries", *Oxford Economic Papers*, Vol. 45, 1993.

95. Bloch H. and D. Sapsford, "Some Estimates of the Prebisch and Singer Effects on the Terms of Trade between Primary Producers and Manufactures," *World Development*, Vol. 25, No. 11, 1997.

96. Bloch, H. and D. Sapsford, "Whither the terms of trade? An elaboration of the Prebisch - Singer hypothesis", *Cambridge Journal of Economics*, Vol. 24, 2000.

97. Bourguignon, François and Thierry Verdier, "Oligarchy, Democracy, Inequality and Growth", *Journal of Development Economics*, Vol. 62, No. 2, 2000.

98. Brunnshweiler, C. N., "*Cursing the Blessings? Natural Resource Abundance, Institutions and Economic Growth*", http://economics.ca/2006/papers/0490.pdf., 2006.

99. Birdsall, N., Thomas Pinckney and R. Sabot, "*Natural Resources, Human Capital and Growth*", Carnegie Endowment for International Peace Working Paper, 2001.

100. Brunnshweiler, C. N. and E. H. Bulte, "*The Resources Curse Revisited and Revised: A Tale of Paradoxes and Red Herrings*", Center of Economic Research at ETH Zurich Working Paper, No. 06/61, 2006.

101. Campos, Neantro F. and Jeffrey B. Nugent, "Development Performance and the Institutions of Governance: Evidence from East Asia and Latin America", *World Development*, Vol. 27, 1999.

102. Capriles, Ruth, La corrupción al servicio de un proyecto político económico, en Peréz Perdomo y Ruth Capriles (comps.),

*Corrupción y control: Una perspectiva comparada*, Caracas, Ediciones IESA, 1991.

103. Carl, Terry Lynn, *The Paradox of Plenty: Oil Booms and Petro-States*, Berkeley: University of California Press, 1997.

104. Cashin P. and C. J. McDermott, "*The Long-Run Behavior of Commodity Prices: Small Trends and Big Variability*," IMF Staff Papers, Vol. 49, No. 2, 2002.

105. Chenery, H., *Industrialisation and Growth*, Oxford University Press, Oxford, 1986.

106. Clarida, Richard H. and Ronald Findlay, "Government, Trade and Comparative Advantage", *American Economic Review*, Vol. 82, No. 2, 1992.

107. Collier, Paul and Anke Hoeffler, "On the economic causes of civil war", *Oxford Economic Papers*, Vol. 50, No. 4, 1998.

108. Collier, Paul and Anke Hoeffler, "Greed and Grievance in Civil Wars", www.worldbank.org, 2001.

109. Cuddington, J. T., "Rodney Ludema and Shamila A. Jayasuriya, Prebisch-Singer Redux", *Natural Resources ——Neither Curse nor Destiny*, edited by Daniel Lederman and William F. Maloney, A copublication of Stanford Economics and Finance, an imprint of Stanford University Press, and the World Bank, 2007.

110. Davis, Graham A., "Learning to love the Dutch disease: Evidence from the mineral economies", *World Development*, Vol. 23, No. 10, 1995.

111. Davis, Graham A., "The minerals sector, sectoral analysis, and economic development", *Resources Policy*, Vol. 24, No. 4, 1998.

112. Dauner, Isabelle, *Chile: In Search of a Second Wind*,

NSEAD, Fontainebleau, France, 2002.

de Ferranti, David, Guillermo E. Perry, Daniel Lederman, William F. Maloney, *From Natural Resources to the Knowledge Economy: Trade and Job Quality*, The World Bank, Washington, D. C., 2002.

113. Diago, édouard, "*Venezuela: The oil curse*", IV Online magazine : IV353, September 2003, http://www.internationalviewpoint.org/spip.php?article170

114. Diakosavvas D. and P. L. Scandizzo, "Trends in the Terms of Trade of Primary Commodities 1900 – 1982: The Controversy and Its Origins," *Economic Development and Cultural Change*, 1991.

115. Dixit, A. K., "*Some Lessons from Transaction – Cost Politics for Less – Developed Countries*", unpublished manuscript, Princeton University, www.princeton.edu, 2001.

116. Rodríguez, Francisco, "*Plenty of Room? Fiscal Space in a Resource – Abundant Economy*", paper presented to UNDP project on Fiscal Space in Less Developed Countries, Dakar, Senegal, 2006.

117. Easterly, William and Ross Levine, "Tropics, Germs and Crops: How Endowments Influence Economic Development", *Journal of Monetary Economics*, Vol. 50, 2003.

118. Edwards, Sebastian, "*Crises and Growth: A Latin American perspective*", working paper 13019, April 2007.

119. ECLAC, *Latin America and the Caribbean in the World Economy*, 2007 · 2008 *Trends*.

120. ECLAC, *Statistics YearBook for Latin America and The Caribbean*, 1999 ~ 2006.

121. ECLAC, *Social Panorama of Latin America* 2007, May 2008, Santiago, Chile.

122. Edwards, Sebastian, "*Globalization, Growth and Crises:*

*The View From Latin America*", working paper 14034, May 2008, http://www.nber.org

123. Engerman, Stanley L. and Kenneth L. Sokoloff, "*Factor Endowments, Inequality, and Paths of Development Among New World Economics*", NBER Working Paper 9259, October, 2002.

124. Fajnzylber, Pablo and Daniel Lederman, "*Economic Reforms and Total Factor Productivity Growth in Latin America and the Caribbean, 1950 – 95: An Empirical Note*", http://www.worldbank.org

125. Fearon, James and David Laitin, "Ethnicity, Insurgency, and Civil War", *American Political Science Review*, Vol. 97, No. 1, Feb. 2003.

126. Findlay, Ronald and Mats Lundahl, "Natural Resources, Vent – for – Surplus and the Staples Theory", in Gerald M Meir ed., *From Classical Economics to Development Economics*, New York, St. Martins Press, 1994.

127. Garcia, Patricio, Peter F. Knights, John E. Tilton, "Labour productivity and comparative advantage in mining: The copper industry in Chile", *Resources Policy*, Vol. 27, 2001.

128. Giménez, Gregorio, "La dotación de capital humano de América Latina y el Caribe", *CEPAL Revista* 86, 2005.

129. Gregorio, José De, "*Economic Growth Chile and Copper*", Central Bank of Chile, September 2009.

130. Grilli E. R. and M. C. Yang, "Primary Commodity Prices, Manufactured Goods Prices and the Terms of Trade of Developing Countries: What the Long Run Shows," *The World Bank Economic Review*, Vol. 2, No. 1, 1988.

131. Gruben, William C. and Sarah Darley, "The Curse of

Venezuela", *Southwest Economy*, Federal Reserve Bank of Dallas, May – June 2004.

132. Gylfason, Thorvaldur, "Natural Resources, Education and Economic Development", *European Economic Review*, Vol. 45, 2001.

133. Hadass Y. and J. Williamson, "*Terms of Trade Shocks and Economic Performance 1870 – 1940: Prebisch and Singer Revisited*", NBER Working Paper 8188, 2001.

134. Hausmann, R., "*Shocks Externos y Ajuste Macroeconómica*", Caracas: Banco Central de Venezuela, 1990.

135. Herrick, Bruce and Charles P. Kindleberger, *Economic Development*, 4th Ed., McGraw – Hill, New York, 1983.

136. Hirschman, Albert O., *The Strategy of Economic Development*, Yale University Press, 1958.

137. Hirschman, Albert O., "The Political Economy of Import – Substituting Industrialization in Latin America", *The Quarterly Journal of Economics*, Vol. 82, No. 1, 1968.

138. Iimi, A., "*Did Botswana Escape the Resource Curse?*", IMF Working Paper05/138, 2006.

139. Isham, Jonathan, Lant Pritchett, Michael Woolcock and Gwen Busby, *The Varieties of Rentier Experience: How Natural Resource Endowments Affect the Political Economy of Growth*, Washington D. C.: World Bank, 2002.

140. John, Jonathan Di, *From Windfall to Curse?: oil and Industrialization in Venezuela, 1920 to the Present*, The Pennsylvania State University Press, 2009, p23.

141. Krautkraemer, Jeffrey A., "Nonrenewable resource scarcity", *Journal of Economic Literature*, Vol. 36, No. 4, 1998.

142. Krugman, Paul, "The Narrow Moving Band, The Dutch

Disease and the Competitive Consequences of Mrs Thatcher: Notes on Trade in the Presence of Dynamic Scale Economies", *Journal of Development Economics*, Vol. 27, 1987.

143. Lane, Philip and Aaron Tornell, "Power, Growth and the Voracity Effect", *Journal of Economic Growth*, Vol. 1, 1996.

144. Lederman, Daniel and William Maloney, "Open questions about the link between natural resources and economic growth: Sachs and Warner revisited", World Bank Working Paper, The World Bank, Washington, D. C., 2002.

145. Lederman, Daniel and William F. Maloney, *Natural Resources: Neither Curse nor Destiny*, Stanford University Press, 2006.

146. Lewis, W. Arthur, *The Theory of Economic Growth*, George Allen and Unwin Ltd., 1955.

147. Loser, Claudio M., "Global Financial Turmoil and Emerging Market Economies: Major Contagion and A Shocking Loss of Wealth?", *Global Journal of Emerging Market Economies*, Vol. 1, 2009.

148. Matsuyama, Kiminori, "Agricultural Productivity, Comparative Advantage and Economic Growth", *Journal of Economic Theory*, Vol. 58, 1992.

149. McMahon, Gary and Felix Remy, *Large Mines and the Community: Socioeconomic and Environmental Effects in Latin America*, IDRC Books, Ottawa, 2001.

150. Meier, G. M., *The International Economics of Development*, Harper & Row, New York, 1968.

151. Meier G. M. and R. E. Baldwin, *Economic development: Theory, History and Policy*, New York: John Wiley, 1957.

152. Murshed, S Mansoob, "Short-Run Models of Natural Re-

source Endowment", in R. M. Auty ed. , *Resource Abundance and Economic Development*, Oxford, UK: Oxford University Press, 2001.

153. Murshed, S Mansoob, "Civil War, Conflict and Underdevelopment", *Journal of Peace Research*, Vol. 39, 2002.

154. Myint, Hla M, "The Classical Theory of International Trade and the Underdeveloped Countries", *Economic Journal*, Vol. 68, 1958.

155. Naím, Moisés, *Paper Tigers and Minotaurs: The Politics of Venezuela's Economic Reforms*, Carnegie Endowment for International Peace, 1993.

156. Naím, M. and A. Francés, "The Venezuelan Private Sector: From Courting the State to Courting the Market", in L. Goodman, J. Forman, M. Naím, J. Tulchin, and G. Bland (eds.), *Lessons from the Venezuelan Experience*, Baltimore: Johns Hopkins University Press, 1995.

157. Naím, Moisés, "The Devil's Excrement: Can oil – rich countries avoid the resource curse?", Sept. ~ Oct. , 2009. http://www. foreignpolicy. com/articles/2009/08/17/the_ devil_ s_ excrement? page = full

158. Neary, J Peter and Sweder van Wijnbergen eds. , *Natural Resources and the Macroeconomy*, Oxford, UK: Blackwell, 1986.

159. Ocampo, J. A. , "Latin America and the Global Financial Crisis", *Cambridge Journal of Economics*, Vol. 33, 2009.

160. OECD, *Latin American Economic Outlook* 2008.

161. Papyrakis, E. and R. Gerlagh, "The Resource Curse Hypothesis and its Transmission Channels", *Journal of Comparative Economics*, Vol. 32, 2004.

162. Parente, S. and E. Prescott, "Monopoly Rights: A Barrier

to Riches", *The American Economic Review*, Vol. 89, No. 5, 1999.

163. Pearson, T. and G. Tabellini, "*Political Economics: Explaining Economic Policy*", MIT Press, 2000.

164. Perälä, Maiju, *Explaining Growth Failures: Natural Resource Type and Growth*, UNU/WIDER and University of Notre Dame, 2000.

165. Perdomo, Pérez, *Políticas judiciales en Venezuela*, Caracas, Ediciones IESA, 1995.

166. Pessoa, Argentino, "*Growth failures and Institutions: The Natural Resources Curse Revisited*", http://www.fep.up.pt/conferencias/eaepe2007/papers% 20and % 20abstracts _ CD/pessoa.pdf., 2007.

167. Powell, Andrew, "Commodity and developing country terms of trade: What does the long run show?" *Economic Journal*, Vol. 101, 1991.

168. Power, Thomas M., *Digging to Development? A Historical Look at Mining and Economic Development*, Oxfam America, Boston, 2002.

169. Prebisch. Raul, *The Economic Development of Latin America and its Principal Problems*, United Nations, NY., 1950.

170. Rodriguez, Francisco and Jeffrey Sachs, "Why do Resource Abundant Economies Grow More Slowly? A New Explanation and an Application to Venezuela", *Journal of Economic Growth*, Vol. 4, 1999.

171. Ross, Michael L., "The political economy of the resource curse", *World Politics*, Vol. 51, 1999.

172. Ross, Michael L., "Does Oil Hinder Democracy", *World Politics*, Vol. 53, No. 3, 2001.

173. Rosser, A. , "*The Political Economy of the Resource Curse: A Literature Survey*", Institute of Development Studies (IDS), Working Paper268, 2006.

174. Sachs, J. D. , "Resource Endowments and the Real Exchange Rate: A Comparison of Latin America and East Asia", in Takatoshi Ito and Anne Krueger ed. , *Changes in Exchange Rates in Rapidly Developing Countries: Theory, Practice and Policy Issues*, Chicago: University Press, 1999.

175. Sachs, J. D. and A. M. Andrew, "*Natural Resource Abundance and Economic Growth*", NBER, Working Paper No. 5398, 1995.

176. Sachs, J. D. and A. M. Warner, "Fundamental Sources of Long – run Growth", *The American Economic Review*, Vol. 87, 1997.

177. Sachs, J. D. and A. M. Warner, "Natural Resource Intensity and Economic Growth", in Jörg Mayer, Brian Chambers and Ayisha Farooq ed. , *Development Policies in Natural Resource Economies*, Cheltenham, UK: Edward Elgar, 1999.

178. Sachs, J. D. and A. M. Warner, "The Big Push, Natural Resource Booms and Growth", *Journal of Development Economics*, Vol. 59, 1999.

179. Sachs, J. D. and A. M. Warner, "The Curse of Natural Resources", *European Economic Review*, Vol. 45, 2001.

180. Sala – i – Martin, Xavier and A. Subramanian, "*Addressing the natural resource curse: An illustration from Nigeria*", NBER Working Paper 9804, 2003.

181. Sarkar, P. , "The Singer – Prebisch Hypothesis: A Statistical Evaluation", *Cambridge Journal of Economics*, Vol. 10, 1986.

182. Sarkar P. and H. W. Singer, "Manufactured Exports of Developing Countries and Their Terms of Trade since 1965", *World Development*, Vol. 19, No. 4, 1991.

183. Segarra, N., "Como evaluar la gestión de la empresas públicas venezolanas", in J. Kelly de Escobar (ed.), *Empresas del Estado en América Latina*, Caracas: Ediciones IESA, 1985.

184. Singer, Hans W., "The distribution of gains between investing and borrowing countries", *American Economic Review*, Vol. 40, No. 2, 1950.

185. Sokoloff, Kenneth L. and Stanley L. Engerman, "Institutions, Factor Endowments and Paths of Development in the New World", *Journal of Economic Perspectives*, Vol. 14, No. 3, 2000.

186. Solimano, Andrés and Raimundo Soto, "*Latin American Economic Growth in the Late 20th Century: Evidence and Interpretation*", Woring Paper No. 276, ECLAC, Santiago, Nov. 2004.

187. Spasford, D., "The Statistical Debate on the Net Barter Terms of Trade Between Primary Commodities and Manufactures: A Comment and Some Additional Evidence", *Economic Journal*, Vol. 95, 1985.

188. Stevens, Paul, "Resource impact: Curse of blessing? A literature survey", *Journal of Energy Literature*, Vol. 9, No. 1, 2003.

189. Thomas, Victor Bulmer, *The Economic History of Latin America Since Independence*, Cambridge University Press, 1994.

190. Tilton, John E., "*The terms of trade debate and the implications for primary product producers*", Unpublished paper presented at the annual meeting of the Mineral Economics and Management Society, Washington, D. C., 2005.

191. Todaro, M. P., *Economic Development*, Sixth edition,

New York: Longman, 1997.

192. Transparency International, *Corruption Perceptions Index*.

193. United Nations Conference on Trade and Development (UNCTAD), *The Least Developed Countries Report* 2002, United Nations, New York, 2002.

194. United Nations Development Programme (UNDP), *Human Development Report* 2004, Oxford University Press, New York, 2004.

195. UNESCO, *Statistical Yearbook*, various years.

196. U. S. Geological Survey, *Mineral Commodity Summaries* 2006.

197. van Wijnbergen, Sweder, "The 'Dutch disease': A disease after all?", *Economic Journal*, Vol. 94, 1984.

198. Watkins, Melville H., "A Staple Theory of Economic Growth", *The Canadian Journal of Economics and Political Science*, Vol. 29, No. 2, 1963.

199. Weller, Jürgen, *Economic Reforms, Growth and Employment: Labour Markets in Latin America and the Caribbean*, CEPAL, 2001.

200. Woolcock, Michael, Lant Pritchett and Jonathan Isham, "The Social Foundations of Poor Economic Growth in Resource-Rich Countries", in R. M. Auty ed., *Resource Abundance and Economic Development*, Oxford, UK: Oxford University Press, 2001.

201. World Bank, *World Development Indicators*, Washington DC: The World Bank, 1989, 2002, 2007, 2009.

202. World Bank, *World Development Report* 1989, The World Bank, Washington, D. C., 1989.

203. Wright, Gavin and Jesse Czelusta, "The myth of the resource curse", *Challenge*, Vol. 47, No. 2, 2004.